"사자의 위엄과 여우의 지혜를 가져라!"

– 위대한 마키아벨리의 삶과 사상

니콜로 마키아벨리Niccolò Machiavelli, 1469~1527에 대하여

법률 고문이었던 부친 베르나르도의 둘째 아들로 피렌체에서 태어났다. 1494년
에 메디치가가 몰락할 무렵 피렌체의 '평화와 자유의 10인 위원회' 서기장이 되었
으며, 외교 사절로서 신성 로마 제국 등 여러 외국 군주들에게 사절로 파견되었다.
그는 외교와 군사 방면에서 크게 활약하였다. 그러나 1512년 스페인의 침공에 의
해 피렌체 공화정이 무너지고 메디치가가 피렌체의 지배권을 회복하면서 공직에
서 추방되어 독서와 글을 쓰며 지냈다. 1513년 메디치 군주정에 대한 반란 음모
에 가담한 혐의로 투옥되었다가 같은 해 교황 레오 10세의 특사로 석방되었다.
1527년 며칠간 병상에 있다가 6월 21일 58세를 일기로 사망하였다.
그가 쓴 『군주론』은 혁신적이고 독창적인 정치적 견해를 담았으며, 출간 때부터
커다란 논란거리였다. 셰익스피어는 '살인적인 마키아벨리', 레오 스트라우스는
'악덕의 스승' 등으로 폄하했다. 이에 반해 스피노자와 루소는 '공화주의의 대변
자'라며 높이 평가했고, 20세기 최고의 지성인으로 일컬어진 한나 아렌트는 서양
의 사상사를 마키아벨리 전후로 나눌 정도로 극찬했다.

"사랑받기보다는 두려운 지도자가 되라!"

샤를 8세, 피렌체를 공격하다

1494년 10월, 프랑스 왕 샤를 8세는 피렌체를 공격하여 약탈을 자행했다. 피렌체의 통치자인 피에로 데 메디치는 싸우지도 않고 항복했다. 이는 피렌체에 피해를 주지 않는 조건이었으나, 피사와 리보르노 등의 주요 도시를 내주고 거액을 바쳐야만 했다. 마키아벨리의 나이 25세 때의 일이다.

무력을 갖추지 못해 패망한 사보나롤라

샤를 8세의 이탈리아 침공을 틈타 도미니코파의 수도원장이었던 사보나롤라가 메디치가의 추방과 시민정부의 수립을 주도했다. 프랑스 군이 피렌체에 큰 피해를 입히지 않는 조건으로 입성한 것을 두고, 피렌체 백성들은 그의 덕분이라고 믿었다. 이를 기반으로 그는 신정을 꿈꿨다.

무력한 군주의 최후

1498년 5월, 마키아벨리는 사무실 창 너머로 보이는 시청 앞 광장에서 벌어지는 사보나롤라의 화형식을 목도했다. 마키아벨리는 화형식을 보며, 무력을 보유하지 못한 자는 패망할 수밖에 없다는 진리를 분명하게 깨달았을 것이다.

"군주는 때론 악행도 감수해야 한다!"
– 강력한 군주의 원형, 체사레 보르자

마키아벨리의 외교활동 기간 중 주목할 것은 체사레 보르자와의 만남이다. 마키아벨리는 한때 이탈리아의 통일을 이룰 바람직한 군주의 모습을 체사레 보르자에게서 보기도 했다.

그러나 이후 마키아벨리는 로마에서 그의 비참한 최후를 목도하며 크게 실망하고 말았다.

체사레 보르자는 아버지인 교황 알렉산데르 6세의 비호를 받아 자신의 업적을 쌓아갔다. 알렉산데르 6세의 소원대로 체사레가 프랑스의 원조를 받아 이탈리아 중부 로마냐 지방에 자신의 나라(로마냐 공국)를 세움에 따라 나폴리 왕국, 피렌체 공화국, 밀라노 공국, 베네치아 공화국 등과 어깨를 나란히 할 수 있었다.

마키아벨리는 때로는 무자비하기까지 한 그의 악행이 결과적으로 로마냐 공국의 질서가 바로 잡혀 통일되고, 백성들이 평화롭고 충성스러워진 것에 주목했다.

Vorstellung des bereits in der Luft aufgezogenen
Inquisiten

예상하지 못한 파면,
그리고 낙향

메디치가의 새 정부가 들어선 이후,
마키아벨리는 곧바로 면직되었을 뿐만
아니라 1년 동안 피렌체 시에서 쫓겨
났다. 설상가상으로, 그는 반反메디치
역모사건에 연루되어 결박한 양 손목
에 줄을 달아 공중에 매다는 '스트라파
도 고문'을 받았다.

산 카시아노의 산탄드레아에 있는 작은
산장으로 낙향하게 된 마키아벨리의 나
이는 불과 43세였다.

명성에 상응하는 찬사를 받지 못한 위대한 사상가

로렌초 데 메디치

무위로 돌아간 공직 복귀

『군주론』은 메디치가에 봉헌하려는 목적으로 저술되었으나, 헌정 받을 대상이었던 로렌초 데 메디치가 이를 받아들여 읽었을 지의 여부는 명확하지 않다. 다만 실제로 헌정이 이루어졌다면, 읽지 않을 가능성이 높다는 것이 전문가들의 이론이다.

마키아벨리는 자신이 그렇게도 바라던 공화정이 실현되었는데도 결국 끝까지 등용되지 못했다.

1527년, 갑작스레 세상을 등진 마키아벨리

1527년 6월 20일, 마키아벨리에게 가벼운 두통과 소화불량 증세가 나타났다. 이때 그는 자신이 만든 환약을 복용했으나 6월 21일 급성복막염으로 짐작되는 증세를 보이며 숨을 거두고야 말았다. 그의 나이 향년 57세였다.

교황청 금서목록 표지

"마키아벨리의 모든 책을 읽지 말라!"

교황 비오 4세 때 설립된 종교 재판소는 1557년 『금서 목록』을 작성한 뒤 1559년 공식 발표했다. 교황청을 공격한 이유로 『군주론』을 포함한 마키아벨리의 모든 저술이 금서 목록에 올랐다.

"현실에 입각한 가장 강력한 통치술"
– 마키아벨리의 사상

뒤러의 「네메시스(포르투나)」

마키아벨리의 사상적 스승, 아리스토텔레스

『군주론』의 많은 내용이 아리스토텔레스의 『정치학』과 유사하다. 일찍이 아리스토텔레스는 『정치학』 제7권에서 국가지도자의 삶을 크게 두 가지 유형으로 나누었다. '철학적 삶'과 '정치적 삶'이 그것이다.

마키아벨리는 '열정'을 지닌 잠재적 참주를 국가공동체의 '수호자'로 만들기 위해서 '좋은 삶'을 가르치는 것은 가능하지도 않을 뿐만 아니라 바람직하지도 않다고 생각했다. 현실과 동떨어진 발상이기 때문이다.

마키아벨리와 포르투나

마키아벨리는 『군주론』 및 희곡 「만드라골라」에서뿐만 아니라 여러 서한에서 정의의 여신인 '포르투나'를 언급한다. 마키아벨리가 『군주론』에서 말하듯이 '포르투나'는 어원에서부터 '남성(비르, vir)'라는 뜻으로, 남성적 미덕과 불가분의 관계이다. 또한 '포르투나'는 『군주론』을 관통하는 키워드 중 하나로 요약되기도 한다.

악덕의 스승인가, 위대한 사상가인가
– 마키아벨리의 사상

『군주론』 1550년 판본 표지

지금도 엇갈리는 마키아벨리에 대한 평가들

셰익스피어는 '살인적인 마키아벨리', 레오 스트라우스는 '악덕의 스승' 등으로 폄하했다. 이에 반해 스피노자와 루소는 '공화주의의 대변자'라고 높이 평가하며 극찬했다.

또한 루소는 마키아벨리의 '숨은 의도'를 언급하며 『군주론』 곳곳에 마키아벨리가 진정 말하고자 하는 바를 숨겨 놓았다고 말한 바 있다.

군주는 악행까지도 할 수 있어야 한다고 역설한 마키아벨리의 시각은 도덕을 앞세운 전통적인 입장과 완전히 배치된다. 그렇다고 그가 자기 마음대로 통치하는 '전제자'를 옹호한 것은 아니다. 그 역시 한비자처럼 잠재적 참주가 '전제자'가 아닌 국가 공동체를 적극 수호하는 '독재자'의 길로 나아가기를 바랐다. 무슨 일이 있든 반드시 외세의 침공으로부터 국가공동체를 방어할 수 있어야 한다고 역설했다.

21세기 최강의 위기극복과 자기혁신법

마키아벨리의 시골집과 돌벽에 붙은 탄생 400주년 기념 석판

난세를 극복하는
마키아벨리 리더십!

마키아벨리가 활약할 당시의 이탈리아 혼란상은 춘추전국시대와 아무런 차이가 없었다. 마키아벨리가 볼 때 조국 이탈리아의 통일과 로마제국 영광의 재현에 대한 염원이 그만큼 절실했다. 『군주론』이 춘추전국시대에 나온 제자백가서와 다를 바 없는 이유다.

『군주론』은 서양에서 난세의 군주 리더십을 논한 고전 가운데서도 압권이다. 객관적으로 볼지라도 서양의 역대 사상가 가운데 마키아벨리만큼 난세를 깊이 연구한 학자는 없다.

지난 2013년 마키아벨리의 『군주론』집필 500주년을 기념한 학술 행사가 한국을 비롯한 전 세계에서 동시다발적으로 열렸다. 이를 기념이라도 하듯 관련 서적이 우후죽순으로 쏟아져 나왔다. 마키아벨리의 『군주론』만큼 지속적인 논쟁을 불러온 책이 그리 많지 않다는 반증이기도 하다.

탁월한
사람을
모방하라

마키아벨리처럼

위기를 창조적 도약으로 바꾸는 자기혁신법

탁월한 사람을 모방하라 - 마키아벨리처럼

초 판 1쇄 2015년 07월 01일
초 판 2쇄 2015년 07월 07일

지은이 신동준
펴낸이 류종렬

펴낸곳 미다스북스
등록 2001년 3월 21일 제313-201-40호
주소 서울시 마포구 서교동 486 서교푸르지오 101동 209호
전화 02) 322-7802~3
팩스 02) 333-7804
홈페이지 http://www.midasbooks.net
블로그 http://blog.naver.com/midasbooks
트위터 http://twitter.com/@midas_books
전자주소 midasbooks@hanmail.net

ⓒ 신동준, 미다스북스 2015, *Printed in Korea.*

ISBN 978-89-6637-393-2 04320
값 20,000원

미다스북스는 다음세대에게 필요한 지혜와 교양을 생각합니다.

위기를 창조적 도약으로 바꾸는 자기혁신법

탁월한 사람을 모방하라

신동준 21세기 경영연구원 원장

마키아벨리처럼

미다스북스

3천 년 인문의 숲에서 마키아벨리 리더십을 새롭게 만나다
왜 지금 새롭게 마키아벨리인가?

21세기와 군주 리더십

동서의 고전 가운데 많은 사람들이 최고의 난세 리더십 텍스트로 꼽는 것은 『한비자』와 『군주론』이다. 두 고전을 관통하는 키워드는 군주의 강력한 리더십이다. 난세에는 붕당을 지어 사리사욕을 꾀하며 보위를 노리는 자들이 많아지기 때문이다. 그렇기에 두 사람이 군주의 눈과 귀를 가리고 권력을 갖고자 하는 '권신權臣'부터 제압하라고 주문했다.

　동서고금을 막론하고 군주를 가장 위협하는 자는 바로 권신이다. 한비자와 마키아벨리가 호랑이의 '조아爪牙'와 사자의 '포효咆哮'를 역설한 것은 바로 이 때문이다.

　『군주론』보다 1700년 앞서 나온 『한비자』 「팔설」에 이렇게 말하고 있다.

"호랑이처럼 사나운 짐승일지라도 발톱과 어금니를 잃으면 그 위력은 작은 생쥐와 같게 된다. 군주가 좋아하는 자를 이롭게 하지 못하고, 싫어하는 자를 해롭게 하지 못하면 아무리 백성들로부터 '두려움과 존경의 대상'이 되고자 할지라도 이는 불가능한 일이다."

조아는 공을 세운 신하에게 상을 주고 잘못을 범한 신하에게 벌을 내리는 상벌권과 인사권을 상징한다.

마키아벨리도 같은 생각을 갖고 있었다. 그는 『군주론』 제17장에 이렇게 썼다.

"군주가 신민들로부터 '두려움과 사랑의 대상'이 되는 것이 가장 바람직하나 이는 지극히 어려운 일이다. 두려움과 사랑 중 부득불 하나를 포기해야 한다면 사랑보다는 두려움을 사는 것이 낫다."

'사랑'은 한비자가 말한 '존경'과 통한다. 마키아벨리는 어차피 하나밖에 택할 수 없다면 신민들로부터 사랑을 받는 '관정寬政' 대신 두려움의 대상이 되는 '맹정猛政'을 택하라고 한 것이다.

천하는 넓기에 신하들의 도움이 없으면 다스릴 길이 없다. 그러나 이는 군권君權의 신권臣權에 대한 우위를 전제로 한 것이다. 중국의 역대 황제가 겉으로는 유가의 관정을 내세우면서도 속으로는 법가의 맹정을 구사한 것은 이 때문이다. 이를 '외유내법外儒內法'이라고 한다.

마키아벨리도 외유내법의 취지에 공명했다. 『군주론』 제18장에서 그는 사자의 용맹과 여우의 지혜를 겸비하라고 했다. 한비자가 군주는 신하를 교묘히 제압하는 '제신술制臣術'을 습득해야 한다고 역설한 것과 같은 취지다.

주의할 것은 이를 은밀히 숨겨야 한다는 점이다.『군주론』제18장에는 이렇게 말한다.

"군주가 '짐승의 방법'을 동원할 때 주의할 점은 속셈을 잘 윤색해 깊이 감추고, 능숙한 위선자가 되어야 한다는 점이다. 우리는 속이고자 작심하면 허황된 기만에도 쉽게 넘어가는 인간을 도처에서 발견할 수 있다."

이 또한 한비자가 언급한 '잠심술潛心術'과 비슷하다. 속셈을 전혀 드러내지 않는 계책을 말한다.『한비자』「주도主道」는 이를 보다 구체적으로 설명하고 있다.

"군주는 반드시 속뜻을 깊이 숨겨야 한다. 그렇지 않으면 곧 간사한 무리가 생겨나고, 이내 흑심을 품은 자가 군주를 시해하고 그 자리를 차지한다. 이를 일컬어 '사나운 범'이라고 부른다. 군주의 곁에 있으면서 군주의 틈을 노리는 까닭에 '도적'이라고도 한다."

군주가 속마음을 드러내면 간신들이 군주의 눈과 귀를 가린 뒤 붕당을 만들어 사적인 이익을 챙기고 끝내는 군주마저 시해한다고 경고한 것이다. 두 사람이 난세를 타개하는 비책으로 군주의 강력한 리더십을 역설한 것은 모두 이 때문이다.

주목할 것은 마키아벨리의 사상적 스승은 아리스토텔레스였다는 점이다.『군주론』의 많은 내용이 아리스토텔레스의『정치학』과 유사하다. 일찍이 아리스토텔레스는 『정치학』 제7권에서 국가 지도자의 삶을 크게 두 가지 유형으로 나누었다. '철학적 삶φιλοσοφικδς βίος'과 '정치적 삶πολιτικδς βίος'이 그것이다. 철학적 삶은 '관조적 삶' 또는 '이론적 삶'으로도 표현한다. 정치적 삶이 '활동적 삶' 또는 '실제적 삶'으로 표현되는 것과 대비할 수 있을 것이다. 양자는 마치 『대학』에서 말하는 '수신제가修身齊家'와 '치국평천하治國平天下'의 관계와 닮았다.

동양에서는 예로부터 경전을 읽는 '독경讀經'과 사서를 읽는 '독사讀史'를 하나로 묶어서 보았다. 헤겔의 말을 인용하여 표현하면 "독사를 배제한 독경은 맹목적이고, 독경을 배제한 독사는 공허하다"는 것이다. 독경은 '수신제가', 독사는 '치국평천하'에 방점을 찍고 있다.

양자의 조화를 취하는 것이 바로 공자를 시조로 한 유가를 비롯해 제자백가 학문이 존립하는 목적이었다. 동서의 성현들이 언급한 지도자의 삶의 유형을 도식화하여 표현하면 다음과 같다.

동서고금을 관통하는 지도자의 삶의 유형
철학적 삶 = 관조적 삶 = 이론적 삶 = 이상적 삶 = 독경讀經 = 수제修齊 = 왕도王道 = 덕치德治
정치적 삶 = 활동적 삶 = 실제적 삶 = 현실적 삶 = 독사讀史 = 치평治平 = 패도覇道 = 역치力治

서양에서 '철학적 삶'을 역설한 대표적인 사상가는 플라톤이다. 동양에서는 왕도와 덕치를 역설한 맹자를 대비시킬 수 있을 것이다. '정치적 삶'을 강조한 서양의 대표적인 사상가는 마키아벨리이다. 동양에서는 패도와 법치를 강조한 한비자가 이에 대응한다. 소크라테스와 공자, 아리스토텔레스와 순자는 '정치적 삶'과 '철학적 삶'을 하나로 녹이는 절충주의의 입장을 보였다.

　동서고금의 역사가 증명하듯이 치세에는 '철학적 삶'이나 왕도가 바람직하지만, 난세에는 '정치적 삶'이나 패도가 바람직하다. 소크라테스의 '독배 사건'의 경우를 보면 이를 알 수 있다. 당시 소크라테스는 자신을 비판하는 자들의 잘못된 표결에 의해 자신이 억울하게 죽음을 당하게 되었다는 사실을 정확히 알고 있었다. 그럼에도 이를 받아들여 독배를 들이킨 것은 도저히 어찌할 수 없는 부득이한 상황에 몰린 탓이다.

　당대 최고의 현자인 소크라테스가 독배를 마신 것은 아테네 민주주의가 이미 타락할 대로 타락했다는 명백한 증거이다. 민주주의가 타락하면 이런 모습이 나타난다. 실제로 아테네는 이후 쇠락의 길로 치달았다. 최상의 정치체제로 간주된 민주주의가 타락하면 군주제나 공화제의 타락한 모습보다 더 무서운 양상을 보일 수 있다는 사실을 명심할 필요가 있다.

　원래 마키아벨리의 조국 이탈리아는 서로마제국이 무너진 후 1천년 가까이 무수한 소국으로 분열되어 있다가, 13세기부터 몇 나라로 정리되기 시작했다. 마키아벨리가 살았던 시기에는 그 판도가 대체로 확정되어 북부에는 밀라노, 동북부에는 베네치아, 중부에는 피렌체와 교황령, 남부에는 나폴리 왕국이 자리 잡았다.

이렇게 되기까지 각국 간에 급격한 충돌과 치열한 경쟁이 있었음은 말할 것도 없다. 피렌체만 하더라도 해안을 끼고 있는 피사를 정복해 지배해야 했고, 이웃의 루카와는 늘 갈등을 빚고 있었다. 모든 도시국가가 이런 부단한 갈등과 불안 속에 있었기에 결과적으로 이탈리아는 커다란 분열을 드러냈고, 알프스 이북 통일국가의 침략을 당했을 때 속수무책일 수밖에 없었다.

실제로 1492년 마키아벨리가 23세 되던 해에 프랑스의 샤를 8세가 피렌체를 침공했을 때 메디치 정권은 곧바로 붕괴하고 말았다. 비록 경제적으로 번영되고 또한 문화와 예술로 유럽을 제압했을지라도, 정치적으로 통일국가를 이룩하지 못했던 탓에 통일된 프랑스의 무력을 이겨내지 못한 것이다. 피렌체는 외형으로는 공화정 체제였으나 실제로는 각 계층의 불안정한 연합으로 운영되고 있었다. 표면상의 평화에도 불구하고 각 계층 간의 불화와 갈등이 끊이지 않은 것은 이 때문이다.

프랑스가 통일국가를 완성해 인근의 약소국을 도모할 당시 이탈리아는 국가적 통일을 이루지 못한 채 여러 소국으로 나뉘어 상호 대립과 충돌을 일삼고 있었다. 이탈리아의 소국들은 또 제각기 외세와 결탁해 자국의 방위를 도모하고, 또 어떤 때는 가까운 나라를 침공하기도 했다. 자유도시 피렌체는 내부에 많은 위험을 안고 있었다.

명목상 공화정 체제를 유지하고 있었으나 요즘과 같은 민주정치를 실현하고 있었던 것은 아니다. 정치는 각 직능을 대표하는 대 조합과 소 조합이 담당하고 있었다. 두 조합의 불화와 갈등이 늘 불안요인으로 남아 있었다.

정치사적으로 볼 때 당시는 근대 국가의 형성기였다. 근대 국가는 요약하면 민족을 단위로 하는 국가이다. 그 이전의 서양사회는 봉건 국가가 지배하고 있었다. 각처를 봉건영주가 나누어 지배하고 있는 가운데 같은 민족 안에서도 여러 봉건영주가 군립하고 있었다. 근대 국가는 이런 봉건제를 깨뜨리고 민족을 기반으로 한 통치체제를 구축한 것이다. 당시 이탈리아를 제외한 유럽의 대다수 지역에서 이런 근대 국가가 형성되고 있었다. 외교관으로서 유럽의 여러 나라를 방문했던 마키아벨리는 이런 시대적 변이를 직접 목도하고 경험했다.

마키아벨리는 이탈리아의 통일을 이루기 위해서는 알프스 이북의 대륙 국가처럼 강력한 군주가 나타나야 한다고 생각했다. 실제로 서양의 근대 국가 형성기 때 강력한 군주가 등장해 주변의 영주를 평정해 통일왕조를 이뤘다. 이들 왕국은 국왕의 절대권으로 유지되었다. 그리고 국왕의 권한은 하늘의 신으로부터 유래했다고 보았다.

장 보댕이 역설한 이른바 '왕권신수설王權神授說'이 그것이다. 그는 국왕의 권력을 신성불가침한 것으로 만들어 놓았다. 프랑스의 루이 14세가 "짐이 곧 국가이다"라는 말을 서슴지 않고 내뱉은 배경이 이 것이다.

이후 군주는 시대의 흐름을 좇아 계몽군주로 바뀌었다. 계몽군주는 제한군주 또는 입헌군주의 성격을 띠고 있었다. 입헌군주는 법의 제약을 받는다는 점에서 이전의 군주와 달랐다. 군주제는 현대의 영국이나 일본과 같이 종신제일 수도 있고, 말레이시아처럼 한시적일 수도 있다.

그러나 제한적 성격을 갖는다는 점에서는 같다. 그런 점에서 대통령 또는 수상 등으로 타이틀만 바뀌었을 뿐『군주론』에 나오는 군주의 특징과 본질은 21세기 현재까지도 크게 변한 게 없다.

마키아벨리는 생전에 많은 작품을 남겼다. 그 가운데 가장 널리 알려진 것은『군주론』이다.『군주론』이『한비자』와 더불어 난세 리더십의 보고로 간주되는 것은 전적으로 21세기 새로운 난세의 특징에 기인하는 것이다.

21세기는 안방과 문밖의 구별이 없다. 동과 서를 하나로 묶는 새로운 지성이 우후죽순으로 등장하는 때이다. 특히 우리가 사는 한반도는 미, 중, 일, 러 등 4강이 치열하게 각축하는 한복판에 있다. 최고 통치권자를 위시해 기업 CEO에 이르기까지 동양을 대표하는『한비자』와 서양을 대표하는『군주론』을 통해 이 난세 리더십을 숙지할 필요가 있다.

민족의 염원인 통일도 초 강대국 미국과 중국이 치열한 각축을 벌이는 G2시대 난세 속에 이뤄질 공산이 크기에 더욱 그렇다. 주도적으로 판을 이끌고 나가야 한다.

『한비자』와 『군주론』은 기본적으로 인간의 속성에 대한 이해에서 출발한다. 대표적으로 '호리지성好利之性'을 들 수 있다. 가장 가까운 부부와 부자지간은 물론 모든 인간관계가 이해관계로 얽혀 있고, 인간은 너나 할 것 없이 이익을 향해 무한 질주하고 있다고 보기 때문이다. 『한비자』와 『군주론』 모두 이러한 인간의 속성을 연구해 군주가 그들을 움직여 더욱 강한 국가로 발전할 수 있는 방법을 모색했다.

『한비자』와 『군주론』 모두 지도자는 부하의 이야기를 맹신하지 말고, 아첨을 멀리해야 한다고 역설한 것 또한 같은 맥락으로 볼 수 있다. 개인 간은 물론 국가 간의 배신행위가 만연한 21세기 G2시대의 관점에서 볼 때 이 고전들이 암시하는 바가 매우 크다.

한비자와 마키아벨리의 사상에 입각해 인간관계를 파악할 경우 최소한 터무니없는 일을 당하는 것만은 면할 수 있다. 윤리와 도덕은 과거에도 그랬지만 21세기 현재 역시 매우 중요하며, 앞으로도 역시 그럴 것이다. 그러나 최고 지도자만큼은 마키아벨리가 지적했듯이 "어떻게 살고 있는가" 하는 현실을 외면한 채 "어떻게 살아야 하는가" 하는 당위 논제에 함몰되어서는 안 된다. 공동체 전체에 커다란 화를 초래할 수 있기 때문이다.

지난 2014년 초 전 국민을 거대한 슬픔의 도가니로 몰아넣은 '세월호 사건'이 보여주듯이 현재 한국은 혁명에 가까운 국가 차원의 변법變法이 절실히 요구되고 있다. 살벌한 경제전의 최전선에서 맹

활약하고 있는 기업 CEO 역시 더욱 분발이 요구되고 있다.

이런 시대적 요구에 부응하면 우리나라는 한 차원 높은 단계로 도약할 수 있다. 조속한 한반도 통일을 통한 명실상부한 '동북아 허브 국가'의 건설이 그것이다. 지금 이를 이뤄내지 못하면 나라가 패망하고 백성이 식민지의 노예로 전락한 1백 년 전의 전철을 다시 밟을 수도 있다.

각계 지도자들의 대오각성과 심기일전의 자세를 확립하는 일이 절실하다.

4장

원할 때 들을 수 있는 조언자를 두는 리더십

5장

사자의 위엄과 여우의 지혜를
동시에 가지는 리더십

01

용신

시련과 난관 속에서도
자신을 끊임없이
단련하는 리더십

用
身

시련 속에 자신을 강철같이 단련하라

"유능한 개혁가들 모두 숱한 시련을 겪었다. 모든 위험은 자신의 계책을 실천에 옮기는 단계부터 다가온다. 뛰어난 자질로 이를 차례로 극복해 나가지 않으면 안 되는 이유다. 일단 위험을 극복하고 정상에 오른 뒤 시기하는 자들을 제거하면 이후 더욱 강력하고 안정된 기반 위에 명성과 번영을 누릴 수 있다."

_군주론 제6장 〈자신의 힘과 자질로 성립된 새 군주국에 관해〉

마키아벨리는 이 대목에서 자신의 소망을 관철시키고자 하는 불굴의 의지를 강조하고 있다. 위험을 극복하고 정상에 오르면 더욱 안정된 기반 위에서 번영을 누릴 수 있다고 강조하고 있는 것이다. 이는 동양의 '고진감래苦盡甘來'와 같은 뜻이다. 마키아벨리는 이 구절과 같은 제6장에서 『구약성서』에 나오는 모세와 로마의 건국자 로물루스 등을 예를 들어 고진감래의 이치를 다시 강조하고 있다. 마키아벨리는 이렇게 말한다.

"모세의 출현을 위해서 유대인이 이집트인에 의해 노예 상태로 억압받을 필요가 있었다. 실제로 당시 유대인들은 이집트의 예속을 벗어나기 위한 전 단계로 이미 모세를 기꺼이 따를 준비가 되어 있었다. 로물루스도 로마의 건국자이자 왕이 되기 위해서는 출생지인 알바에서 태어나자마자 받아들여지지 않고 내버려져야만 했다. 페르시아의 왕 키루스 2세[1] 역시 메디아인의 지배에 불만을 품은 페르시아인과 오랜 평화로 인해 나약해진 메디아인이 필요했다."

그가 구체적인 설명을 덧붙인 인물은 기원전 270년부터 기원전 215년까지 재위한 시라쿠사의 군주 히에론Hietone 2세이다. 이 사람이야말로 마키아벨리가 볼 때 불굴의 의지로 마침내 자신이 바라던 바를 이룬 '고진감래'의 대표적인 사례로 꼽기에 적당한 인물이다.

유능한 개혁가들은 모두 숱한 시련을 겪었다

원래 히에론 2세는 일개 평민 신분이었다. 그는 군대에 들어간 다음 탁월한 역량을 유감없이 발휘하기 시작했다. 그렇게 해서 그리스 북서쪽의 에페이로스의 왕 피로스의 휘하에서 장군을 지냈다. 이후 피로스가 로마군에 패해 철수하자 절망적인 상황에 빠진 시라쿠사의 시민들은 그를 사령관으로 선출했다. 그는 곧바로 시라쿠사의

---

1) 키루스 2세는 바빌로니아에 포로로 잡혀 있던 유대인을 석방한 인물로, 그의 이름이 『구약성서』에 나온다. 마키아벨리는 많은 사람들이 이들에 대해 잘 알고 있다고 판단해 구체적인 설명을 덧붙이지는 않았다.

명망가인 레프티네스의 딸과 결혼해 입지를 강화한 다음, 시라쿠사 북쪽에 있는 그리스 식민지 메시나를 제압했다. 단번에 국위를 크게 떨친 것이다. 시라쿠사의 백성들이 이에 환호한 것은 두말할 나위가 없다. 그렇게 해서 기원전 270년 백성들의 전폭적인 지지로 시라쿠사의 왕에 선출된다.

보위에 오른 뒤 그가 보여준 일련의 개혁정책은 더욱 괄목상대했다. 그는 우선 구식 군대를 해체하고, 신식 군대를 확립하여 무력을 대폭 강화시킨다. 제1차 포에니 전쟁에서는 카르타고를 지지하며 로마에 대적한다.

그러나 막강한 무력을 보유한 로마를 이기는 것은 쉬운 일이 아니었다. 기원전 263년 로마군과 접전해 대패한 뒤, 시칠리아의 일부를 할양하는 조건으로 강화조약을 맺었다. 이후 그는 죽을 때까지 로마 편에 섰다. 두 번 다시 같은 실수를 저지르지 않고자 한 것이다. 그의 치세 때 시라쿠사는 크게 번영을 구가했다. 마키아벨리가 그의 이런 면모를 호평했다. 히에론 2세는 '득국得國'과 '치국治國' 과정 모두 모범이 될 만한 군주였다.

실제로 마키아벨리는 히에론 2세를 언급하면서 그가 구사한 일련의 가혹하면서도 기만적인 계책에 대해서는 아무런 언급도 하지 않았다. 플라톤의 『국가론』에 나오는 도덕적 잣대를 들이대서 재단하는 것을 거부했다. 그는 오로지 '백성의 지지'를 통해 권력을 획득했으며, 독자적으로 군대를 확보했으며, 외세의 침공으로부터 백성을 보호한 사실만을 강조했다. '백성의 지지'로 보위에 오른 '시민 군주국'의 참주의 고뇌를 적극 수용한 것이다.

마키아벨리는 같은 제6장에서 히에론 2세의 삶을 이처럼 총평하며 극찬했다.

"그는 자신의 군대와 믿을 만한 동맹을 갖게 되자 이를 토대로 자신이 평소 원하던 나라를 만들어갔다."

마키아벨리는 히에론 2세를 예로 들어 "유능한 개혁가들 모두 숱한 시련을 겪었다"는 자신의 주장을 뒷받침하고자 한 것이다. 마키아벨리가 히에론 2세를 언급하기에 앞서, 모세와 로물루스, 키루스 2세 등을 두루 언급한 것도 같은 맥락에서의 일이다.

마키아벨리는 이들 이외에도 시련을 극복한 대표적인 인물로 테세우스theseus를 들고 있다.

"아테네인이 분열되어 있지 않았다면 테세우스도 자신의 뛰어난 자질을 발휘하지 못했을 것이다."

테세우스는 고구려 유리왕과 유사한 전설을 지니고 있다. 그는 아테네의 왕 아이게우스의 아들로 태어나 어머니 아이트라의 고향인 트로이젠에서 자랐다. 청년이 되었을 때 어머니가 일러주는 대로 큰 바위를 들어 올려 부왕 아이게우스가 숨겨둔 왕가의 검과 샌들을 찾아낸 뒤 이를 들고 아테네로 향했다. 안전한 해로 대신 육로를 택해 온갖 위험을 무릅쓰고 부왕을 찾아간 덕에 왕자로 인정을 받았다.

얼마 후 그는 당시 아테네인이 크레타 왕에게 제물로 보내는 젊은 남녀 각 7명 가운데 끼여 크레타 섬으로 건너갔다. 섬의 미궁迷宮에 사는 반은 인간이되 반은 소의 모습을 한 괴물 미노타우로스의 제물이 될 운명이었다. 크레타의 왕녀 아리아드네는 테세우스를 보고 한눈에 반해 미궁에서 그가 살아 돌아올 수 있도록 검과 실을 전해주었다. 이 실의 끝을 미궁의 입구에 매어둔 덕분에 그는 괴물을 퇴치한 뒤, 무사히 밖으로 나와 일행과 함께 아리아드네를 데리고 섬을 빠져나올 수 있었다. 돌아오는 도중 낙소스 섬에 아리아드네를 혼자 떼어놓았다. 아테네 항구 가까이 배가 이르렀을 때 무사하다는 표시로 흰 돛을 달기로 한 약속을 잊은 까닭에, 부왕 아이게우스는 비통해하다가 바다에 몸을 던졌다.

보위를 계승한 테세우스는 사방으로 영토를 확장해 아테네를 융성하게 했다. 여기서 여인의 나라인 아마존을 정복한 전설이 나온다. 아마존은 보복을 위해 아테네를 공격했으나 격렬한 전투 끝에 테세우스에게 멸망당했다. 테세우스가 지옥을 뜻하는 명계冥界를 정복한 전설도 있다.

불굴의 의지로 시련을 극복해 위업을 이뤄라

마키아벨리가 히에론 2세를 비롯해 모세와 테세우스 등을 두루 이야기한 것은, 불굴의 의지로 모든 시련을 극복해나간 위인들을 모방해 위업을 이루라는 뜻이다. 이 역시 바로 고진감래와 상통하는 뜻이다.

동양의 제자백가 가운데 고진감래를 역설한 대표적인 인물로 맹자를 들 수 있다. 『맹자』의 「고자 하」에는 이를 뒷받침하는 대목이 나온다.

"순舜은 밭두둑에서 농사를 짓다가 몸을 일으키고, 은나라 고종 때의 부열傅說은 성벽을 쌓는 노비의 일을 하다가 등용되었으며, 주 문왕 때의 교력膠鬲은 어물과 소금 장사를 하다가 기용되었고, 춘추시대 제나라의 관중은 옥에 갇혀 있다가 기용되었으며, 초나라의 손숙오孫叔敖는 바닷가에 살다가 기용되었고, 진秦나라의 백리해百里奚는 시장에서 장사를 하다가 등용되었다.

하늘은 장차 큰 임무를 어떤 사람에게 내리려고 할 때 반드시 먼저 그 심지心志를 괴롭게 하고, 그 근골筋骨을 힘들게 하고, 그 몸을 굶주리게 하고, 그 신분을 궁핍하게 만들고, 그 행하는 바를 어지럽힌다. 이는 마음을 분발시키고 성질을 가라앉혀 그가 할 수 없었던 일을 마침내 해낼 수 있도록 도와주기 위한 것이다.

사람은 늘 잘못을 저지른 연후에 고치고, 마음속으로 번민하고 이리저리 생각한 연후에 분발하고, 얼굴에 드러나고 목소리로 나온 연후에 깨닫는다. 안으로 법도를 아는 가문과 보필하는 선비가 없고, 밖으로 적국敵國과 외환外患이 없으면 그 나라는 늘 패망하게 된다. 이를 깨달은 연후에 사람은 비로소 우환憂患으로 인해 살아나고, 안락安樂으로 인해 죽게 됨을 알 수 있다."

여기에 나오는 순과 부열 등은 유가에서 중국 역대 인물 가운데 명군과 현신의 대명사로 일컫는 인물들이다. 맹자는 이들을 고진감래의 전형으로 거론한 것이다. 이 글의 키워드는 사람의 마음을 분발하게 만들고 성질을 가라앉히는 '동심인성動心忍性'이다. 맹자는 하늘이 장차 큰 임무를 맡기고자 할 때 하나같이 큰 시련을 통해 동심인성을 기르도록 만든다고 한 것이니, 이것이 바로 고진감래를 이야기한 것이다.

마키아벨리도 제20장에서 영예는 반드시 시련 뒤에 나온다고 했다.

"군주는 온갖 시련과 저항을 극복할 때 위대해진다. 운명의 여신은 신생 군주의 편을 들고자 할 경우 먼저 적의 흥기를 부추겨 신생 군주와 싸우게 만든다. 신생 군주가 강적을 격파하고, 이를 발판으로 높은 명성을 얻는 것은 이런 시련을 겪었기 때문이다."

마키아벨리가 모세 등을 거론한 것도 바로 이 고진감래의 교훈을 상기시키고자 한 것이다.

중국의 역대 군주 가운데 가장 혹독한 시련을 거친 뒤 보위에 올라 천하를 호령한 대표적인 인물이 있다. 바로 춘추시대 중엽 19년간에 걸친 망명 끝에 보위에 올라 천하를 호령한 진문공晉文公 중이重耳이다. 진문공은 제환공에 이어 사상 두 번째로 춘추시대 패업을 이룬 인물이다. 그가 패업을 이룬 후 진나라는 초장왕이 등장한 때를 제외하고는, 춘추시대 말기까지 무려 2백여 년 동안 줄곧 중원의 패자를 자처할 수 있었다.

중국의 역대 군주 가운데 19년 동안에 걸친 고된 망명 생활 끝에 보위에 오른 자는 일찍이 없었다. 그가 제환공에 이어 사상 두 번째로 패업을 이룬 것도 그의 이런 모진 행보와 무관치 않을 것이다. 역대 사가들이 그를 고진감래의 대표적인 사례로 꼽는 것은 "젊어서 고생은 사서도 한다"는 우리말 속담처럼 고된 고생을 강철 같은 정신과 맞바꿨기 때문이다. 진문공의 사례는 비록 극단적인 경우에 속하기는 하지만 그 뜻은 같다.

동서고금을 막론하고 쉽게 이루는 것 가운데 오래가는 것은 없다. "부자가 삼대를 못 간다"는 속담은 그래서 나온 것이다. 마키아벨리가 『군주론』을 전편을 통해 운이나 남의 힘에 기대지 말라고 거듭 당부한 것도 이런 강철 같은 의지를 중시하는 맥락에서 이해할 수 있을 것이다.

마키아벨리는 시련을 통해서 강철 같은 심신을 단련한 자만이 큰 업적을 이룰 수 있으며, 또한 모든 사람들을 이끌고 든든한 나라를 유지할 수 있음을 강조하고 있다.

이는 나라뿐만 아니라 기업도 마찬가지다. 쉽게 일어선 회사는 오래 가지 못한다. 역경 속에서 힘들게 시장을 헤쳐나간 기업만이 실력을 갖추고 승승장구할 수 있는 것이다.

시련이 닥쳤을 때 힘들고 괴롭다고 푸념하지 말라. 더 크게 성장하기 위한 발판으로 삼아라.

중과계
重果計

02

모든 가치판단의 기준은 결과다

"사람은 통상 손으로 만져보고 판단하기보다는 눈으로 보고 판단하게 마련이다. 사람들 모두 군주를 볼 수는 있지만 직접 접촉할 수 있는 자는 매우 드물기 때문이다. 대다수의 사람들이 군주의 외양만 보고 판단하는 것은 이 때문이다. 경험을 통해 군주의 참모습을 파악할 수 있는 자는 극소수에 지나지 않는다. 게다가 이들 극소수의 사람은 군주의 위엄을 지탱하는 대다수의 여론에 감히 반론을 제기할 수조차 없다.

불만을 받아주는 상급 심판자가 없는 일반 백성의 경우는 특히 군주의 행동에 대해 늘 결과만 갖고 판단하게 마련이다. 군주가 전승戰勝과 보국保國을 최우선의 과제로 삼아야 하는 이유는 바로 이것이다.

이 경우 그 수단은 늘 명예롭고 칭송받을 만한 것으로 평가될 것이다. 백성은 늘 사안의 겉모습과 결과를 보고 감명받는다.

세상은 이런 백성들로 가득 차 있다."

_군주론 제18장 〈군주는 어떻게 약속을 지켜야 하는가?〉

마키아벨리는 이 대목에서 설령 아무리 과정이 좋을지라도 결과가 좋지 못하면 아무 쓸모가 없다는 점을 역설하고 있다. 우리 속담에 "모로 가든 서울만 가면 된다"라는 말과 취지가 같다. "개같이 벌어서 정승같이 산다"는 속담도 이와 비슷한 뜻의 속담이다. 마키아벨리는 왜 이처럼 결과를 중시한 것일까? 그것은 그가 민심이 늘 사람의 겉모습에 혹해 동요하는 것을 절감했기 때문이다. 마키아벨리가 볼 때 민심 동요의 폐해는 심대하기 그지없었다.

힘을 갖지 못한 자는 끝내 패망하는 법이다

1494년 8월 프랑스의 샤를 8세가 9만 명의 군사를 이끌고 알프스를 넘었다. 이해 9월 이탈리아 북부의 토리노에 입성했다. 10월 29일 피렌체로 진격해 약탈을 자행했다. 피렌체의 통치자인 피에로 데 메디치는 싸우지도 않은 채로 항복하고 말았다. 다만 피렌체에는 어떠한 피해도 주지 않는 조건이었다. 대신 피사와 리보르노 등의 주요 도시를 내주고, 20만 피오리노라는 거액의 금화를 샤를 8세에게 바쳐야 했다. 성난 피렌체 백성들이 피에로를 추방했다. 마키아벨리가 25세 때의 일이었다.

당시 프랑스의 공격은 피렌체에 권력의 변동뿐만 아니라 수많은 재앙을 초래했다. 농촌의 황폐화, 도시의 살육, 역질이 유행하는 등의 참상을 보며 젊고 예민한 마키아벨리는 커다란 충격을 받았다. 그의 『로마사 논고』에는 이 참상에 대한 묘사가 나온다.

피렌체의 인심은 날로 흉악해지고 도의심은 땅에 떨어졌다. 여기에 더해 교회와 성직자들은 극도의 타락과 부패상을 드러냈다. 특히 로마 교황청의 부패는 극한까지 치달아서 교황의 선출을 둘러싸고 온갖 범죄와 협잡이 이뤄졌다. 교황 알렉산데르 6세는 교황이 되기까지 숱한 범죄를 저질렀으며, 수많은 사생아를 두었다. 사생아 가운데 한 사람이 바로 그 이름난 체사레 보르자이다. 알렉산데르 6세는 교황령을 확대할 요량으로 자식을 시켜 인근의 소국 로마냐를 침공하게 했다.

마키아벨리는 이 일을 바로 곁에서 목도했다. 이때부터 그의 관심은 소국인 피렌체를 넘어 이탈리아 전역으로 미치게 되었다.

당시 피렌체는 메디치가가 추방된 다음 도미니코파 수도사인 사보나롤라가 다스리고 있었다. 사보나롤라는 1452년에 북부 이탈리아의 페라라에서 태어났으며, 도미니코파의 수도원에서 생활을 하다가 39세가 되는 1491년 피렌체의 마르코 수도원장으로 승진하고, 1494년 샤를 8세의 이탈리아 침공을 틈타 메디치가의 추방과 시민정부 수립을 주도했다.

프랑스군이 피렌체에 큰 피해를 입히지 않고 입성한 것이 그에게는 다행이었다. 피렌체 백성은 무사한 것이 모두 그의 덕택이라고 생각했다. 그가 신의 계시를 받았다고 믿었으며, 그의 설교에 감동의 눈물을 흘렸다. 이를 기반으로 그는 신의 대변자인 사제가 통치하는 '신정神政'을 꿈꿨다. 이런 신정이란 모든 백성이 기독교 신자다운 생활을 영위할 때 가능하다고 생각했다. 그의 백성들에 대한 요구는 무척이나 가혹한 것이었다. 그는 이같이 외쳤다.

"신과 황금의 신을 동시에 시중들 수는 없다. 신이 선택하는 인간이 되고자 한다면 오늘부터 당장 자신의 생활을 바꾸고, 과거의 모든 쾌락을 포기해야 한다. 어린이처럼 순진해져야 한다. 그러면 이기주의나 오만이나 탐욕의 지배는 사라지고 지상에는 다시 번영의 시대가 돌아올 것이다!"

실제로 그는 사회정화를 위해 어린이들을 앞세웠다. 그들은 단체를 만들고 조를 짜서 동네의 풍기를 단속했다. 사치스러운 옷을 입은 통행인이나 치장한 여인을 규탄하고, 술 취한 주정꾼이나 도박사를 응징했다. 이교적인 서적이나 음란한 회화를 찾아내기 위해 가가호호 돌아다니며 수색을 벌였다.

그는 1497년과 그 이듬해의 카니발 즈음에는 대규모의 사치품 소각행사를 벌였다. 시뇨리아 광장에 사치품을 산더미처럼 쌓아올리고, 이를 훔쳐가는 사람이 없게 감시하는 증인을 내세우고 불을 질렀다. 철저한 기독교 정신을 통해 사회개혁을 이루고자 한 것이다.

그러나 그의 이런 개혁 구상은 이내 그가 처형을 당함과 동시에 물거품이 되고 말았다. 교황과의 갈등, 피렌체 내부의 반발, 극심한 경제위기 등이 원인이었다. 그토록 그를 열성적으로 지지했던 백성들은 그에게 등을 돌리고, 앞장서서 체포해서 화형대로 보내고, 그리고 죽은 시체에다 돌을 던졌다.

마키아벨리 역시 그의 설교를 들었을 것이고, 흥분한 백성의 대열에 합류하기도 했을 것이며, 지상에 그리스도 국가를 세우고자 했던 그에게 한때 호감을 가졌을지도 모른다.

마키아벨리는 사보나롤라의 실각과 죽음을 지켜보면서 한 가지 분명한 진리를 깨달았다. 무력을 보유하지 못한 자는 이내 패망할 수밖에 없다는 사실이 바로 그것이다. 백성의 지지를 받는 것은 매우 중요하다. 특히 권력을 얻고자 할 경우 더욱 그렇다. 그러나 백성의 지지는 전적으로 믿을 것이 못 된다. 권력을 장악한 뒤에는 방법을 바꿔 무력을 갖출 필요가 있었다. 사보나롤라가 이를 몸으로 보여주었기 때문에 깨달음을 얻은 것이다.

사보나롤라는 진정한 기독교인으로 교황의 부패를 규탄하고 피렌체와 이탈리아의 타락을 바로잡기 위해 헌신적인 노력을 기울였다. 그런데도 그는 비참한 최후를 맞았던 것은 과도할 정도의 이상주의에 매몰되었기 때문이다. 그가 피렌체 시민들을 과신한 것도 중요한 배경이 됐다. 마키아벨리가 나중에 지극히 현실주의적인 입장을 취한 것은 사보나롤라와 무관하지 않다.

한때 로마 시민을 공포로 몰아넣었던 당대의 명장 한니발의 흥망사도 민심의 변화무쌍한 모습을 적나라하게 보여준다. 한니발은 카르타고의 명장 하밀카르 바르카의 아들로 태어나, 기원전 221년에 26세의 나이로 카르타고 군대의 총사령관에 임명됐다. 당시 카르타고는 지중해의 최강국이었다. 기원전 8세기에 페니키아인이 건설한 카르타고는 지금의 튀니지 북쪽 해안의 카르트하다쉬트를 기점으로 북아프리카 지중해 연안 서부, 이베리아, 몰타, 발레아레스 제도, 코르시카, 사르디니아, 시칠리아의 일부까지 지배했다. 서쪽 지중해는 "카르타고의 허락 없이는 바닷물에 손을 담글 수도 없다"고 할 만큼 완벽히 장악하고 있었다.

카르타고는 이런 막강한 국력을 배경으로 동쪽 지중해까지 세력을 넓히고자 했다. 먼저 서쪽 절반만 지배하고 있던 시칠리아 섬의 나머지를 취하고자 했지만 계속해서 암초에 부딪쳤다. 에페이로스의 왕 피로스와 로마가 그것이었다. 기원전 8세기경 성립된 로마는 삼니움과 갈리아 등 이민족을 제압해 점차 세력을 넓혀가다가 기원전 3세기경에는 마침내 이탈리아 반도의 통일에 성공했다. 통일의 마지막 장애물이 바로 에페이로스의 피로스였다. 그는 카르타고와는 정반대로 동지중해를 기반으로 해서 서쪽으로 세력으로 확장하려고 했다. 피로스는 시칠리아의 카르타고를 친 뒤, 이 여세를 몰아 다시 로마와 겨뤘으나 결국은 패퇴하고 말았다.

피로스 사후 지중해의 패권을 노리는 카르타고를 막을 세력은 로마밖에 없었다. 로마의 국력은 카르타고에 비하면 약세였고, 특히 해전에서는 더욱 열세였다.

기원전 264년 로마와 카르타고 사이에 제1차 포에니 전쟁이 일어났다. 처음에는 카르타고 편인 시칠리아 도시들이 배반하여 로마의 편에 서는 바람에 로마군의 무력이 카르타고를 능가하게 되었다.

기원전 260년 시칠리아 북부 해안에서 카르타고 해군은 로마군에 의해 격파되었다. 이어 카르타고 본거지를 쳤으나 패퇴하고 말았다.

또 다시 기원전 241년 시칠리아를 무대로 벌어진 공방전에서 최후의 승리를 거둠으로써 제1차 포에니 전쟁은 로마의 승리로 막을 내렸다. 로마는 거액의 배상금과 함께 시칠리아 전역을 손에 넣고,

여세를 몰아 사르디니아와 코르시카까지 장악했다.

제1차 포에니 전쟁 당시 카르타고 장군 하밀카르 바르카스는 패전후 이베리아로 건너가 정복지를 넓히고 은광을 개발해 카르타고의 손상된 국력을 보충했다. 그러나 기원전 229년 로마의 사주를 받은 자에게 암살되고 말았다. 그에게는 세 아들이 있었는데, 그중 맏아들이 바로 한니발 바르카스였다.

하밀카르는 어린 한니발에게 이처럼 당부했다.

"네가 자라면 반드시 로마를 멸망시켜야 한다. 신과 내 앞에 맹세하거라!"

기원전 221년 한니발은 26세에 이베리아 카르타고군의 총사령관이 되자 곧 이베리아 북부를 공략 중이던 로마에 대한 정면 공격을 선언했다. 당시 로마는 지중해 연안의 도시 사군툼을 속령으로 선언하고, 카르타고의 접근을 허용하지 않는다고 선언했다.

그러나 한니발은 사군툼을 단숨에 점거했다. 기원전 218년 이른바 제2차 포에니 전쟁의 시작이었다. 제1차 포에니 전쟁 이래 카르타고의 국력은 크게 쇠퇴했지만, 로마와 자웅을 겨루는 것이 불가능한 일은 아니었다.

그러나 당시 카르타고 본국은 부패와 정쟁으로 인해 크게 피폐해 있었다. 민간인과 군인의 구분이 없던 로마와 달리 카르타고의 군인은 직업군인들이었고, 장군 한 사람이 큰 공을 세우면 민간 정치가들이 그를 시기했다. 농업 세력과 해상 무역 세력 사이의 갈등도 심각했다. 카르타고 본국의 도움을 포기한 한니발은 홀로 로마와 싸우기로 결심했다. 그는 카르타고가 로마에 비해 육전에 약하다는 고정관념을 깨고 육전의 필승 전략을 개발했다. 4만의 병력으로 피레네 산맥을 넘고, 갈리아를 통과하고, 다시 알프스 산맥을 넘어 이탈리아 북부로 침입하는 계책을 세웠다.

당시 로마인은 예상치 못한 곳에서 뛰쳐나온 한니발 군사를 보고 경악했다. 그렇다고 해도 그들은 총 75만의 병력인 로마군은 긴 원정길에서 절반가량이 줄어 2만 5천밖에 되지 않는 한니발 군사를 간단히 무찌를 수 있을 것 같았다. 한니발은 기병대와 코끼리 부대를 동원해 로마의 중장비 보병을 격파한 뒤, 보병대로 밀어붙이는 전법을 구사해 연전연승을 거두었다.

기원전 216년의 칸나 전투에서는 로마군 8만 가운데 5만 명을 살육했다. 이는 제1차 세계대전의 와중에 벌어져 전투 첫 날 5만 8천여 명에 달하는 사상자를 낸 1916년 솜Somme 전투 이전까지만 해도 서양에서 하루에 가장 많은 병사가 전사한 전투로 기록되어 있었다.

한니발은 리더십도 뛰어났다. 적진에서 17년 동안 머물렀으나 대부분 용병인 한니발 군사는 전선을 이탈하거나 난동을 부린 적이 없었다. 병사들과 함께 먹고 함께 자며, 오직 적을 무찌르는 일에만 골몰한 한니발에 대한 병사들의 존경심이 없었다면 이는 결코 불가능한 일이었다.

그러나 그는 군략에는 뛰어났지만 정략에는 미숙했다. 그리고 근본적으로 '훌륭한 조국'을 갖지 못했다.

이런 와중에 로마군 총사령관 파비우스 막시무스가 지연술을 구사했는데, 이 전략이 주효했다. 한니발은 처음 몇 차례의 대승 이후 로마군의 전력을 좀처럼 줄이지 못한 채로 시간만 허비했다. 이 사이에 "한니발을 본받아 한니발에게 이기자"는 목표를 세운 젊은 로마 장군인 대 스키피오가 등장했다. 그는 한니발의 길을 거꾸로 밟아 그의 본거지인 이베리아를 정복했다. 이어 북아프리카로 건너가 카르타고 본국을 공략했다. 카르타고는 곧바로 항복했다. 카르타고는 비겁하게도 거액의 배상금을 매년 바칠 것을 약속하며 이처럼 발뺌했다.

"우리는 이번 전쟁과 무관하며, 모든 책임은 한니발 개인에게 있다!"

당시 카르타고 백성들은 피렌체 시민들이 사보나롤라를 화형에 처한 것보다 더한 짓을 한 셈이다.

결국 한니발은 기원전 203년에 군사를 이끌고 배에 올라 카르타고를 향할 수밖에 없었다. 그가 귀국하자 카르타고 집권자들은 다시 돌변해 로마에 대해 적대적인 입장을 표시했다. 당시의 카르타고는 로마의 감시를 받는 속국이나 다름없었다. 한니발은 은밀히 병력을 모으며 결전에 대비했다.

이런 와중에 로마의 수송선이 카르타고인에게 약탈되는 사건이 벌어졌다. 로마 원로원이 스키피오에게 카르타고를 섬멸할 것을 명령했다.

기원전 202년 북아프리카의 자마에서 45세의 한니발과 33세의 스키피오가 세기의 결전을 벌였다. 한니발은 스키피오보다 수적으로 약간 앞선 약 5만가량의 병력을 동원했다. 그러나 한니발 전술의 핵심인 누미디아 기병대가 이번에는 로마군 편에 서 있었다. 한니발은 코끼리 부대가 그 공백을 메워주기를 기대했으나, 로마군의 화살과 투창 세례에 놀란 코끼리는 오히려 뒤로 돌아서 카르타고 군영을 짓밟았다. 이 전투는 로마의 승리로 귀결됐다. 한니발은 다시 망명했으며 티레, 시리아, 비티니아 등지를 떠돌며 복수할 방법을 모색했으나 모든 것이 헛수고였다.

기원전 183년에 한니발은 비티니아 왕이 그를 로마군에게 넘겨주기로 결정했다는 소식을 듣고 곧바로 독약을 마시고 죽었다.

그가 죽은 다음 37년이 지난 뒤 로마는 피폐해진 카르타고를 상대로 최후의 선전포고를 했다. 기원전 146년 카르타고는 철저히 패망했다. 로마군은 도성 안의 모든 남자를 학살한 뒤 모든 여자와 아이들을 노예로 잡아갔다. 이어 나무와 풀을 불사르며, 엄청난 소금을 뿌렸다. 카르타고를 풀 한 포기 자라지 못하는 죽음의 땅으로 만든 것이다.

카르타고의 철저한 패망은 백성들이 한니발을 배신한 업보라고 해석할 수 있다. 한니발은 명장이지만 결국 좋은 결과를 가져오지는 못했다. 로마를 공략한 과정은 좋았지만 가장 중요한 결과는 조국의 멸망으로 나타난 것이다. 결국 백성이란 존재는 무시할 수도 없지만, 전적으로 믿을 수 있는 것도 아니다.

사람들은 모두 결과를 보고 판단한다

동양의 경우는 춘추전국시대의 제자백가들 모두 '민심무상民心無

常'을 이야기한 것에서 알 수 있듯이, 백성들 자신에게 이익을 주는지 여부에 따라 민심이 수시로 변한다는 사실을 깊이 통찰하고 있었다. 민심무상은 하늘을 사사롭게 가까이하는 바가 없다는 뜻의 '천도무친天道無親'과 동전의 앞뒤나 마찬가지로 볼 수 있다. 노자의 『도덕경』 제79장은 이렇게 말하고 있다.

"천도는 사사롭게 가까이 하는 바가 없다. 늘 선인善人과 함께 할 뿐이다."

『서경書經』의 「채명지중」에는 이 '천도무친'을 '황천무친皇天無親'으로 표현했다. 표현만 다를 뿐 같은 뜻이다. 『국어國語』 「진어晉語」에도 유사한 구절이 나온다.

"천도는 특별히 친한 사람이 없고 오직 덕행이 있는 자만을 골라 복을 내린다."

'천명무상天命無常' 또한 민심무상과 짝을 이루는 천도무친을 달리 표현한 말이다. 구한말 최제우를 교조로 한 동학의 기치인 '인내천人乃天'은 '천도무친'의 변용이라고 볼 수 있다. 민심이 변했으니 천명도 변했다는 뜻을 내포하고 있기 때문이다. 주나라가 은나라에 반기를 들며 자신들의 찬탈을 정당화할 때 '천명무상'을 언급했다.

이후 이전 왕조를 배반해 새 왕조를 세운 창업주 모두 이런 말들을 되풀이했다. 마키아벨리의 관점에서 보면, 이것은 백성들이 겉만 보고 추종한다는 사실을 최대한 활용한 것으로 해석할 수 있는 일이다. 마키아벨리가 『군주론』 제18장에서 "백성은 늘 사안의 겉모습과 결과를 보고 감명받기 때문이다. 세상은 이런 백성들로 가득 차

탁월한 사람을 모방하라 – 마키아벨리처럼

있다"고 말한 것도 이런 맥락에서 이해할 수 있다. 진심을 드러내 보이는 데 초점을 맞추지 말고, 반드시 성과를 가지고 백성들을 대하라고 주문한 것이다. 현실 정치가 과정을 중시하는 윤리도덕과 달리 결과를 중시하는 것에 따른 당연한 주문이기도 하다.

　이런 모든 사례로 볼 때, 결국 과정보다 결과가 더 중요하다. 좋은 과정은 결국 좋은 결과를 이끌어내기 위한 것이다. 국가도 마찬가지로 치적을 좋게 하기 위해서는, 반드시 좋은 결과가 나와야 하는 것이다.

　기업은 더더욱 결과가 중요하다. 결과가 좋아야만 고객도 기업을 신뢰하고, 종업원도 회사를 배신하지 않는다. 기업의 결과는 매출이고 이윤으로 대변된다. 이것이 뒷받침되지 않으면, 고객과 직원들은 언제 배신할지 모른다. 그 배신이 있기 전에 결과를 보여주어야 한다. 물론 대부분 좋은 과정에서 좋은 결과가 나오지만, 둘 중의 하나만을 선택해야 한다면 좋은 결과를 얻어야 한다. 결과보다 중요한 것은 아무것도 없다.

수오계
受汚計

03

욕먹는 것을 두려워하지 말라

"군주가 국가 상실을 초래하는 악인의 오명은 말할 것도 없고, 권력 상실의 위험을 초래하지 않는 오명도 가급적 피해야 한다. 이것이 불가능할 경우 권력 상실의 위험만 없다면 신경 쓰지 말고 그대로 두어도 무방하다.

주의할 점은 악행 없이 권력을 보존하기 어려운 경우에는 악행으로 인한 오명도 크게 개의치 말아야 한다는 점이다. 모든 사항을 잘 고려할 경우 미덕으로 보이는 일을 행하는 게 오히려 파멸을 초래할 수 있고, 반대로 악덕으로 보이는 일을 행하는 게 오히려 안전과 번영을 가져올 수 있기 때문이다."

_군주론 제15장 〈인간들, 특히 군주가 칭송과 비난을 받는 일에 관해〉

마키아벨리는 이 대목에서 오명汚名을 뒤집어쓰는 것은 수치스런 일이지만 불가피할 때는 이를 감수하는 용기를 발휘할 필요가 있다는 점을 역설하고 있다. 마키아벨리의 말은 악행 없이 권력을 보존하기 어렵다는 것으로 볼 수 있다. 그가 악행의 오명도 불사하라고 권한 것은 결과가 좋을 경우 오히려 악행의 오명이 문득 칭송으로 뒤바뀔 수 있다는 점을 깊이 통찰했기 때문이다.

그는 대표적인 경우로 로마 황제 셉티미우스 세베루스를 들었다. 세베루스는 비록 백성을 탄압하기는 했으나, 여러 뛰어난 자질을 발휘해 군대와 우호관계를 유지했다. 마키아벨리는 그를 다음과 같이 평했다.

"세베루스의 자질은 군인과 백성의 시각에서 볼 때 매우 경탄할 만한 것이었다. 당시 백성들은 어리둥절해하며 경외하는 모습으로 그를 바라보았고, 군인들 또한 존경의 눈빛으로 그를 우러르며 만족해했다."

악행으로 인한 오명도 크게 개의치 말아야 한다

기원전 2세기 중엽 콤모두스의 뒤를 이은 페르티낙스는 보위에 오른 지 얼마 지나지 않아 암살되었다. 근위대는 즉위 하사금을 많이 내놓은 사람에게 보위를 넘길 것을 공언했다. 입찰과정에서 최고 금액을 써낸 디디우스 율리아누스가 낙점됐다. 세베루스는 율리아누스의 우유부단한 성격을 잘 알고 있었다. 곧 슬라보니아에 주둔하고 있는 휘하의 군사에게 로마로 진군해 친위대에게 피살당한 페르티낙스의 죽음을 복수하자고 호소했다.

당시 그 누구도 그가 이런 구실을 내세워 보위에 오르고자 하는 것을 눈치채지 못했다. 그는 매우 빠른 속도로 진격했다. 덕분에 그가 슬라보니아를 떠났다는 소문이 나기도 전에 이미 이탈리아에 도착해 있었다. 로마에 입성하자마자 공포에 질린 원로원은 그를 황제로 선출하며 디디우스 율리아누스를 처형했다.

그러나 그가 로마제국을 완전히 장악하기 위해서는 두 가지 난관을 극복해야 했다. 첫째, 아시아 주둔군 사령관 페스케니우스 니그리우스가 스스로 황제를 선언하고 있는 일이었다. 둘째, 서부 갈리아주둔군 사령관 알비누스 역시 호시탐탐 보위를 넘보고 있다는 사실이었다. 두 적대세력과 동시에 교전하는 것은 무모한 일이었다. 그는 페스케니우스 니그리우스를 먼저 제거하기 위해서는 알비누스를 속여 중립에 묶어둘 필요가 있었다. 그래서 이런 내용의 서신을 알비누스에게 보냈다.

"비록 원로원이 나를 황제로 선출하기는 했으나 나는 황제의 지위를 그대와 함께 나누고자 한다. 그대에게 부황제副皇帝인 카이사르의 칭호를 보내는 이유다. 이미 원로원으로 하여금 그대와 나를 공동 통치자로 선언하도록 조치했다."

알비누스는 이를 액면 그대로 받아들였다. 그러자 셉티미우스 세베루스는 페스케니우스 니그리우스를 격살하고 동방 아시아를 평정한 뒤 로마로 돌아와 원로원에 이와 같이 호소했다.

"알비누스는 내가 베푼 모든 은혜를 저버리고 오히려 나를 살해하고자 했다. 즉각 출병해 그의 배신행위를 응징하겠다!"

그러고는 곧바로 프랑스로 진격해 알비누스의 목을 치고 지위를 박탈했다.

그는 모든 사람들로부터 두려움과 존경의 대상이 되고, 휘하 군대의 경멸을 조금도 받지 않았다. 그가 지닌 엄청난 위세가 언제나 그의 약탈행위가 불러일으킬 수 있는 증오를 미연에 차단했다.

셉티미우스 세베루스의 아들 안토니우스 카라칼라 역시 뛰어난 자질을 지닌 자였다. 그래서 즉위 초기 백성의 경탄과 군인의 호감을 얻었다. 이것은 그가 어떤 역경이든 능히 타개해 나갈 수 있는 강인한 전사로서 모든 종류의 미식美食과 사치를 경멸하며 멀리하였기 때문에, 전군의 전폭적인 지지를 받을 수 있었던 것이다.

그러나 그는 유례가 없을 정도로 잔학했다. 수많은 사람을 사적으로 살해하고, 로마와 알렉산드리아의 전 주민을 몰살했다. 결국 그는 휘하의 백인대장百人隊長에 의해 살해되고 말았다.

카라칼라는 부친 세베루스 못지않게 뛰어난 자질을 갖고 있었음에도 비명횡사하고 말았다. 백인대장의 동생을 치욕적인 죽음으로 몰아넣은 뒤, 그 백인대장을 자신의 경호대장으로 삼아 매일 위협을 가했기에 결국 죽음을 자초한 셈이다.

마키아벨리가 『군주론』 제15장에서 "악행 없이 권력을 보존하기 어려운 경우에는 악행으로 인한 오명도 크게 개의치 말아야 한다"고 역설한 것은 이런 맥락에서 이해할 수 있다. 뛰어난 업적을 세우거나 상대를 압도할 정도의 위세를 지닐 경우라면 그 누구도 감히 대적할 마음을 품지 못한다.

비난에 연연해할 필요가 없는 이유가 여기에 있다. 민심은 늘 변화무쌍하게 움직이기 마련이다. 백성을 어떻게 이롭게 하는지가 관건이다.

이를 통찰한 인물이 바로 춘추시대 말기에 활약한 정鄭나라 재상자산子産이다. 그는 공자보다 한 세대 가량 앞서는 인물로, 공자의 사상적 스승이다. 『논어』에는 모두 세 곳에 걸쳐 자산에 대한 공자의 칭찬 일색의 평이 나온다. 이 책에는 관중에 대한 평이 네 곳에 걸쳐 나오고 있음에도 비난과 칭찬이 뒤섞여 있는 것과 대비된다. 자산을 공자가 '군자'의 모델로 삼았기 때문이다. 『논어』「공야장」편에는 이런 구절이 있다.

"자산에게는 군자의 도가 네 가지 있었다. 몸소 행하면서 공손했고, 윗사람을 섬기면서 공경스러웠고, 백성을 양육하면서 은혜로웠고, 백성을 부리면서 의로웠다."

여기서 나오는 군자의 네 가지 도, 행기이공行己以恭, 사상이경事上以敬, 양민이혜養民以惠, 사민이양使民以義은 '군자'인 신하가 행할 수 있는 '신도臣道'의 덕목을 요약한 것이다. 공자는 자산을 바람직한 군자의 표상으로 삼았다. 이를 뒷받침하는 『논어』「헌문」의 대목은 이렇다.

"정나라는 외교문서인 사령辭令을 만들 때 먼저 비심裨諶이 초안을 만들고, 유길游吉이 그 내용을 검토하고, 자우子羽가 이를 다듬고, 마지막으로 동리東里에 사는 자산이 윤색하여 완성시켰다."

공자가 자산을 포함해 이들 대부 네 사람을 칭송한 것은, 이들이 서로 자신의 장점을 최대한 발휘하며 일치단결하여 약소국인 정나라를 강소국으로 만든 점을 높이 평가했기 때문이다.

비심과 유길 및 자우는 모두 자산이 천거한 자산의 사람들이다. 결국 인재를 고루 등용해 나라를 다스린 자산을 극찬한 것이나 다름없다. 자산은 공자의 나이 31세 때인 기원전 522년에 세상을 떠났다. 「헌문」에서 자산을 비롯한 정나라의 현임 대부들을 일일이 거명하며 칭찬을 아끼지 않은 것은 공자가 한 세대 앞선 자산을 깊이 존경하며, 그의 탁월한 '신도' 행보를 깊이 연구했을 가능성을 시사한다.

같은 「헌문」에 나오는 또 다른 평은 자산을 당시 명재상의 표상으로 숭앙을 받던 관중 등과 비교해놓은 점에서 특이하다고 할 수 있다. 그는 자산을 높이기 위해 비교평가하기를 마다하지 않았다. 이 대목을 보면 그 사실을 쉽게 알 수 있다.

하루는 어떤 사람이 공자에게 물었다.
"자산은 어떤 사람입니까?"
공자가 대답했다.
"그는 혜인惠人이다."
'혜인'을 대개 '은혜로운 사람'으로 풀이하고 있으나 이는 백성을 사랑하는 사람으로 해석하는 게 옳다. 삼국시대 위나라의 가규賈逵가 그렇게 풀이했다. '애愛'와 '혜惠'는 서로 통한다.
어떤 사람이 다시 물었다.
"그렇다면 초나라 영윤 자서子西는 어떤 사람입니까?"

"아, 그 사람, 그 사람!"

공자가 구체적인 언급을 피하자 관중에 대해 물었다.

"관중은 사치하며 예를 지키지 않았다고 하는데 그게 사실입니까?"

"그는 생전에 제나라의 대부 백씨伯氏의 병읍騈邑 3백 호를 빼앗은 적이 있다. 그러나 백씨는 거친 밥을 먹으면서도 죽을 때까지 그를 단 한 번도 원망치 않았다."

공자가 초나라 영윤 자서에 대한 평을 아예 피한 것은 그가 소국들로부터 뇌물을 받고 전횡하다가 대부들의 미움을 받아 비명횡사한 것을 우회적으로 비판한 것이다. 자산을 '혜인'으로 평한 데 이어, 자서에 대한 평을 탄식으로 대신한 것은 자산의 '신도' 행보를 드러내기 위한 장치로 볼 수 있다.

마지막으로 간접어법을 동원해 관중을 '비례'를 옹호하고 나선 것 역시 관중의 패업을 통해 자산의 '신도' 행보를 부각시킨 것으로 해석할 수 있다.

관중이 검박한 삶을 살지 않은 것은 분명하나, 과연 사치를 행했는지 여부에 대해서는 문헌마다 기록이 엇갈린다. 『논어』는 관중이 비록 임금을 높이고 오랑캐를 물리치는 '존왕양이尊王攘夷'의 패업을 이뤘음에도 사치를 행했다는 편에 서 있다. 이 대목도 그중 하나다.

주목할 것은 자산과 자서, 관중을 차례로 언급한 이 글의 구성 자체가 자산의 '신도' 행보를 드러내기 위한 일종의 수사법 상의 점층법에 해당한다는 점이다. 비명횡사한 자서를 언급한 것은 자산의 은혜로운 시혜施惠를 드러내기 위한 것이고, 관중이 재산을 탈취한 것을 뒤이어 언급한 이유는 자산의 검박한 삶을 드러내려 했기 때문이다. 이 구절은 공자가 평소 자산을 크게 존경했음을 암시한다.

그러나 후대의 주희는 완전히 이를 거꾸로 해석해 놓았다.

"관중의 덕은 그 재주를 이기지 못했고, 자산의 재주는 그 덕을 이기지 못했다. 두 사람 모두 성인의 학문에 대해 하나같이 들은 게 없다."

관중은 재주만 뛰어난 '지신智臣'에 불과하고, 자산은 덕만 높을 뿐 재주는 이에 미치지 못하는 '용신庸臣' 수준에 불과하다는 혹평을 한 것이다.

이는 『춘추좌전』과 『사기』의 기록에 정면으로 배치되는 사실이다. 자산은 중원의 패자로 군림한 진평공晉平公으로부터 '사물의 이치를 두루 꿴 당대의 군자'라는 '박물군자博物君子'의 칭송을 받은 현자였다. 그런 그를 용신으로 매도한 것은 일대 왜곡이 아닐 수 없다.

실제로 사서의 기록을 보면 자산은 관중 못지않은 당대의 지신이었을 뿐만 아니라, 공자의 칭송을 통해 알 수 있듯이 군자의 네 가지 도인 공恭·경敬·혜惠·의義를 고루 갖춘 덕인이기도 했다.

공자가 『논어』에서 관중에 대해서는 "그릇이 작다"는 등의 신랄한 비판을 하기도 하며, 한 번은 높이고 한 번은 깎아내리는 일포일폄一褒一貶의 평가를 내린 데 반면, 자산에 대해서는 칭송 일변도의 평가를 내린 것은 이 때문이다. 공자가 자신보다 한 세대가량 앞선 자산을 '군자'의 전형으로 간주했기 때문이다. 적지 않은 사람들이 자산을 공자의 사상적 스승으로 꼽는 것이 결코 터무니없는 일은 아니다.

리더는 비난을 받더라도 조직을 올바른 길로 이끌어야 한다

고금을 막론하고 왕도와 덕치는 부드럽고 관대하기 때문에 인기가 높다. 이에 반해 패도와 법치는 엄하고 가혹하기 때문에 사람들의 원망을 듣기 십상이다. 그러나 종기를 앓는 아이를 치유하기 위해서는 아이가 우는 것을 무릅쓰고 종기의 뿌리를 뽑는 '근치根治'가 필요한 것이다. 약소국 정나라가 처한 상황은 중원의 패자인 진나라와 다를 수밖에 없다.

자산의 시대에 정나라는 종기를 앓는 아이와 유사했다. 자산이 세족들은 물론 백성들로부터 커다란 원성을 들으면서도 법치에 기초한 부국강병책을 강력하게 추진한 것은 바로 이 때문이다. 자산 정책의 효험을 뒷받침한 일화가 『춘추좌전』에 실려 있다. 이에 따르면 자산이 집정한 지 1년이 되자 일반인들이 이러한 노래를 지어 자산을 비난했다.

의관을 몰수하자 부자들은 이를 감추고	取我衣冠, 而褚[2]之
밭두둑을 가져다가 다시 나누어주네	取我田疇[3], 而伍之
누가 자산을 죽이면 기꺼이 도와주리라	孰殺子産, 吾其與之

---

2) 여기의 '저褚'는 감춰 숨긴다는 뜻의 '저儲'와 통한다.
3) '전주田疇'는 대대적인 토지구획 정리와 세제의 개편을 의미한다.

여기의 '의관'은 사치를 금지시킨 것을 상징한 것이다. 자산은 관중과 마찬가지로 부국강병책을 실시하면서 사치를 엄금했다. 그러자 대대로 잘살던 가진 자들이 이를 감추는 소동이 일어난 것이다. 이는 재정을 확충하려는 의도였다.

이런 일련의 변법으로 인해 그는 커다란 원성을 들어야만 했다. "누군가 자산을 죽이려 할 때 달려가 도와주겠다"는 이야기를 스스럼없이 내뱉은 데서 당시 그가 시행한 일련의 부국강병책이 매우 가혹하게 시행됐음을 암시한다.

그러나 그 효과는 컸다. 『춘추좌전』은 3년 뒤에 정나라 백성들이 이런 노래를 지어 그의 업적을 칭송했다고 기록하고 있다.

우리 아이를 자산이 잘 가르쳐줬네   我有子弟, 子産誨之
우리 농토를 자산이 크게 불려주었네   我有田疇, 子産殖之
자산이 죽으면 누가 그 뒤를 이을까   子産而死, 誰其嗣之

원성을 퍼붓던 정나라 백성들이, 3년 뒤에는 자신의 자식들을 잘 이끌고 재산을 크게 불려준 자산에게 칭송을 아끼지 않으며, 그가 죽은 다음을 걱정하는 것이다. 이 기록이 그의 교육정책과 경제정책이 일대 성공을 거뒀음을 반증한다.

이 일화는 오명도 감수할 줄 알아야 한다고 역설한 마키아벨리의 주장과 잘 들어맞는다.

국가나 기업을 이끌면서 백성들과 직원들의 비위를 맞춰주며 좋은 소리를 듣는 것은 오히려 어렵지 않은 일이다. 그러나 그렇게 해서 나라와 회사가 꼭 잘 되라는 법은 없다. 대개 여론이 이끌리는 대로 가면 좋지 않은 결과가 나오기 마련이다. 특히 어렵고 힘들 때에는 온갖 비난을 무릅쓰더라도 필요한 조처를 해야 할 경우가 반드시 생긴다.

그럴 때면 리더는 절대로 그에 대한 비난을 피해가려 하면 안 된다. 리더는 비난을 받으면서도 올바른 방향으로 이끌어야만 한다. 마키아벨리는 이 교훈을 우리에게 주고 있는 것이다.

04

시대에 맞는 새로운 방법을 선택하라

"인간은 영예와 부富라는 공동 목표를 향해 달려갈 때 서로 다른 접근방식을 택한다. 신중한 접근과 과감한 접근, 난폭한 접근과 교활한 접근, 끈기 있는 접근과 성급한 접근 등의 여러 방법이다. 방법은 달라도 모두 목적을 달성할 수는 있다. 물론 똑같은 방식의 신중한 접근일지라도 어떤 자는 성공하고, 어떤 자는 실패한다.

같은 맥락에서 서로 다른 방식의 신중한 접근과 과감한 접근이 동시에 성공할 수도 있다. 성패는 전적으로 당사자의 행보가 시대상황과 맞아떨어지는지 여부에 달려 있다."

_군주론, 제25장 〈인간은 운명에 얼마나 지배되고, 이를 어떻게 극복하는가?〉

마키아벨리는 이 대목에서 시대 상황과 맞아떨어지는 행보를 주문하고 있다. 시대 상황이 신중한 접근을 요할 때는 '신중 모드'로, 과감한 접근을 요할 때는 '결단 모드'를 택하는 것이 관건이다. 너무나 당연한 얘기인데도 불구하고 막상 그런 상황에 맞닥뜨렸을 때 그런 행보를 취하는 게 쉽지 않다. 사람들 모두 과감하거나 신중한 기존 관행에 젖어 있기 때문이다.

요행히 과거의 관행이 시대적 요구와 맞아떨어질 때는 아무 상관이 없다. 오히려 '대박'이 날 수도 있다. 문제는 서로 엇갈리는 경우다. '신중한 접근'이 필요할 때 조급한 성질을 참지 못해 일을 벌이거나, 아니면 '과감한 접근'이 필요할 때 지나치게 차분한 성품에서 벗어나지 못해 때를 놓치거나 하는 경우가 대표적이다. 모두 패망으로 이르는 길이다. 한마디로 요약하면 당사자가 신중하고 끈기 있게 접근하고 시대 상황 또한 이에 부합하는 쪽으로 진행되면 성공한다.

기존의 성공에 집착하지 말고 항상 새롭게 도전하라

반면 시대 상황이 바뀌고 있는데도 기존의 성공 방식을 고집하면 이는 패망으로 이르는 길을 걷는 셈이다. 마키아벨리가 『군주론』 제25장에서 시대 상황의 변화를 좇아 과거의 성공 방식을 과감히 내던질 줄 아는 자만이 성공을 기할 수 있다고 말한 것이 이런 이유 때문이다. 그러나 기존의 방식을 내던지고 시대 상황에 맞춰 새로운 접근 방법으로 접근하는 사람은 매우 드물다. 인간 모두 기존의 성공 방정식에 흡족해하며 바꿀 생각을 전혀 하지 않기 때문이다. 마키아벨리는 이처럼 탄식했다.

"시대 상황의 변화에 맞춰 스스로를 유연하게 바꿀 줄 아는 지혜로운 자는 거의 없다. 타고난 성향을 벗어나기 어렵기 때문이다. 특히 외길을 걸어 늘 성공을 거둔 경우는 더욱 심해서, 기존의 방식을 바꾸는 것이 불가능에 가깝다!"

현실이나 과거의 성공 방정식에 안주하고자 하는 인간의 약점을 적확하게 집어내고 있다. 작은 변화일 때는 그럭저럭 넘어갈 수 있으나, 시대적 격변이 몰아칠 때 이런 접근 방식은 당사자의 생사를 가르게 된다. 왕조가 뒤바뀌는 격변기가 그랬다. 이런 시기에는 어제의 황제가 오늘의 필부가 되고, 오늘의 필부가 내일의 황제가 될 수 있는 가능성이 무한대로 열려 있다. "시대가 영웅을 만든다"는 이야기는 그래서 나오는 것이다. 마키아벨리는 시대와 영웅의 상호관계를 제25장에서 이처럼 분석했다.

"교황 율리우스 2세는 매사를 늘 과감하게 처리하면서 앞으로 나아갔다. 일처리 방식이 시대 상황과 부합했던 까닭에 늘 성공할 수 있었다. 그러나 신중한 행보가 필요한 상황이 닥쳤다면 그는 틀림없이 몰락했을 것이다. 결코 타고난 성향과 어긋나는 행보를 보일 리 없기 때문이다. 요행히 그는 짧은 재임 기간 덕분에 이런 험한 꼴은 당하지 않았다."

시대의 운과 기존의 방식을 고집하는 사람의 속성이 요행히 맞아떨어지면 성공하고, 그렇지 않으면 실패할 수밖에 없다는 것이 마키아벨리가 내린 결론이다. "천시天時가 지리地利 및 인화人和보다 중요하다"는 지적이다. 인화를 가장 중시한 맹자와 정반대의 생각을 가진 셈이다.

한마디로 천시를 만났을 때 빨리 올라타기 위해서는 과감한 변신이 필요하고, 그러기 위해서는 평소 매사에 유연하게 대응할 줄 알아야 한다는 것이다.

유연한 행보를 통해 천하를 호령한 대표적인 사람으로는 삼국시대 위魏나라의 사마의司馬懿를 들 수 있다. 삼국시대의 난세를 평정한 주인공은 사마 씨 일족이다. 최종 작업은 사마염司馬炎에 의해 이루어졌으나, 기반을 닦은 인물은 사마의였다. 많은 사람들은 이 사마의를 군대의 장수의 반열로 그 범주를 삼고 있지만 이는 잘못이다. 그는 신하로서의 장상將相보다는 자기 영토를 가진 제후의 일원으로 평가하는 게 옳다.

사마의의 집안은 당대의 명문가였다. 그는 여덟 형제 가운데 둘째로, 형제들 모두 당대의 준재였다. 사람들이 이들을 통틀어 '사마팔달'司馬八達로 부른 데서도 이들의 영웅상을 알 수 있다.

건안建安 13년인 208년 조조는 중앙관제의 대대적인 정비를 시행하면서 최염과 모개가 추천한 인사들을 요직에 배치했다. 여기에 사마팔달 가운데 일부가 발탁되었다. 원성현령 사마랑은 주부, 그의 동생 사마의는 문학연文學掾이 되었다. 이것이 훗날 사마 씨가 위나라를 찬탈하는 단초가 되었다. 문학연이 된 사마의는 어릴 때부터 총명한 데다 커다란 뜻을 지니고 있었다. 일찍이 최염은 사마의의 총명함을 보고 사마랑에게 이처럼 말했다.

"그대의 동생은 총명하고 성실한 데다 결단력이 있고 영특하니, 그대가 따라갈 수 없을 것이다."

조조가 사마의가 인재라는 이야기를 듣고 곧바로 그를 불렀다. 그러나 그는 관절염을 구실 삼아 거절했다. 그는 내심 탁류濁流 출신의 조조 밑에서 머리를 숙이는 것이 싫었을지도 모른다. 조조가 이에 크게 노여워하자 사마의는 해를 입을까 두려워서 직위를 받았다. 『진서』「선제기」에 나오는 일화에 따르면, 사마의가 조비의 부관으로 있을 때 조조는 세 필의 말이 하나의 말구유에 머리를 처박고 있는 꿈을 꾸었다. 조조는 꿈속의 말 한 필이 사마의 같다는 생각이 들어 곧 조비에게 다음과 같은 말을 했다.

"내 꿈을 꾸었는데 아무래도 이상하다. 생각건대 사마의는 신하로 끝날 사람이 아니다. 앞으로 그를 조심하도록 하라."

이는 훗날 사마씨의 진나라가 들어선 뒤 호사가들이 만들어 낸 것 같지만, 당시 조조가 사마의를 손에 넣고도 마음이 놓이지 않아 그를 매우 경계했음을 알려주고 있다. 실제로 조조와 달리 조비는 사마의에 대한 경계를 소홀히 했다. 이것이 사마의가 딴 마음을 품게 만든 직접적인 원인이 되었다.

원래 사마의는 전장에서 적을 쳐부술 때뿐만 아니라, 일상적인 처신에서도 시종일관 속이는 것으로 일관했다. 사마의의 본색이 드러난 것은 조조를 만난 지 40여 년이 지난 뒤였다. 그 사이 그는 조조와 조비, 조예, 조방 등 4대를 섬기며 국가 최고의 권력자로 부상했다.

조예가 죽은 뒤 8세의 어린 조방이 위나라의 3대 황제로 등극하면서, 사마의는 조예의 유조에 따라 조상과 함께 어린 황제를 보필하는 보정대신輔政大臣이 되었다. 조조의 조카인 조상曹爽도 보정대신이 됐으나 그는 호의호식으로 일관한 고생 모르는 젊은이에 지나지 않았다. 사마의와 대적하는 것 자체가 무리였다. 사마의는 조상을 제거한 뒤 실권을 장악했다.

위나라 황위 찬탈의 서곡은 여기서 비롯되었다. 당초 사마의가 자신의 목소리를 내기 시작한 것은 조조가 한중漢中을 점거할 때였다. 당시 승상주부로 있던 그는 조조에게 이처럼 건의한 바 있다.

"유비는 거짓과 폭력으로 유장을 잡았기 때문에 촉인蜀人들이 아직 귀부하지 않고 있습니다. 그런데도 오히려 멀리 가서 강릉을 쟁탈하려고 하니 이 기회를 놓칠 수 없습니다. 지금 한중을 치자 익주가 진동하고 있으니 진군하면 그들의 세력이 반드시 와해될 것입니다. 성인은 천시를 위배하지도 않고 실기하지도 않습니다."

조조가 쓸쓸히 웃으며 말했다.

"사람의 욕심은 끝이 없다고 하더니 이미 농隴땅을 얻자 또 다시 촉蜀땅을 넘본다는 말인가?"

여기서 '득롱망촉得隴望蜀'이라는 성어가 나왔다. 큰 이익을 얻게 되었는데도 분수에 넘치게 더 큰 이익을 바란다는 의미이다. 객관적으로 볼 때 조조의 득롱망촉 비유는 잘못된 것이었다. 그가 사마의의 건의를 채택하지 않은 것은 자만으로 인한 적벽대전의 패배에 버금가는 커다란 실착이라는 것이 역사가의 중론이다.

조조가 이런 실책을 저지른 가장 큰 이유는 역시 조정에서 권력 기반을 더욱 강화하려는 조바심에서 찾을 수 있다. 당시 조조는 사마의를 크게 경계하며 중용하지 않았다.[4]

---

4) 조조가 사마의를 중용하지 않는 것은 그의 눈매가 매처럼 먹이를 응시하듯 날카로운 모습을 띠고 있는데다가, 말을 할 때도 몸을 돌리지 않은 채 고개를 뒤로 돌리며 늘 주변을 경계하는 모습을 보인 것 때문이다. 이는 관상학에서 말하는 '매가 노려보는 듯, 이리가 돌아보는 듯' 하는 '응시낭고鷹視狼顧'의 상으로, 장차 권력을 장악하게 되면 반역을 저지를 상이다.

조조가 살아 있는 한 사마의는 모략이 뛰어난 일개 신하에 지나지 않았을 것이다. 그러나 조조가 죽은 뒤 조비와 조예는 사마의를 중용했다. 사마의처럼 무략이 뛰어난 데다 큰 뜻을 지닌 인물은 난세에 결코 자신보다 못한 인물의 신하로 남아 있기 어렵다. 사마의의 뛰어난 군략軍略은 우금이 패해서 관우의 포로가 되었을 때 다음과 같이 언급한 사실을 통해 쉽게 알 수 있다.

"우금 등의 패배는 작전의 실수에 따른 것이 아니기에 국가대계에 큰 손해를 끼친 것은 아닙니다. 관우의 득세를 손권은 반드시 원치 않을 것입니다. 사람을 보내 손권에게 관우의 후방을 견제하도록 권하면서 장강 이남을 떼어 열후에 봉하면 번성의 포위는 저절로 풀릴 것입니다."

언제나 상황에 맞게 새로운 전략을 구사하라

사마의의 뛰어난 용병술은 속전속결의 전술로 맹달을 포획하는 데에서 그 절정을 이룬다. 당시 사마의는 맹달을 참한 뒤, 곧바로 주둔지인 완성으로 돌아갔다. 사마의는 적과 싸울 때 취할 수 있는 모든 수단을 동원하여 필승의 형세를 만들어 나갔다.

사마의의 전술은 상황에 따라 속전속결과 지구전을 병용하는 변화무쌍한 모습을 보이고 있다. 맹달의 목을 벨 때 사용한 전술은 전광석화와 같은 쾌속전快速戰이다. 요동의 공손연을 토벌하고 제갈량과 접전할 때에는 정반대로 지구전持久戰을 구사했다. 공손연을 토벌할 당시 여러 장수들이 이의를 제기하자 사마의는 이처럼 말한다.

"전쟁이란 시종 변법變法을 쓰는 것이다. 정황이 다르면 작전 또한 달라져야 한다. 지금 상대는 수가 많은 데다 날씨는 악천후로 비까지 내리고 식량 부족에 허덕이고 있다. 이때는 꼼짝도 하지 못하고 있는 모습을 보여 상대방을 안심시키는 것이 상책이다. 눈앞의 이익에 끌려 덤비다가는 아무런 성과도 거두지 못하고 말 것이다."

이는 모든 병서를 관통하는 키워드인 '허허실실虛虛實實'의 묘리를 통달한 사람만이 할 수 있는 전략이다. 공손연이 궤멸당한 것은 말할 것도 없다. 사마의가 구사한 지구전 술책은 제갈량과의 접전에서 절정에 달했다. 사마의는 두 차례에 걸친 제갈량과의 접전에서 시종 지구전을 구사했다. 공격하는 입장에 있던 제갈량은 결전을 서둘렀지만, 번번이 사마의의 지구전에 의해 좌절되고 말았다. 결국 제갈량은 6차 북벌 당시 뜻을 이루지 못하고 오장원에서 병으로 쓰러져 진중에서 죽고 말았다. 제갈량은 사마의의 지구전에 휘말려 제풀에 죽은 셈이다. 때가 올 때까지 참고 견디는 사마의의 난세 리더십이 빛을 발한 순간이다.

사마의는 전쟁터뿐만 아니라 평소 사람을 대할 때에도 허허실실의 전략을 구사했다. 시기가 불리하면 온갖 모욕을 견디며 때가 오기를 기다렸다. 이 와중에 그는 상대방을 한 번에 거꾸러뜨리기 위한 치밀한 계획을 세워나갔다. 드디어 때가 왔다고 판단되면 졸지에 상대방을 궁지로 몰아넣어 궤멸시키는 전광석화의 전격전을 구사했다. 그가 조상을 제거하고 위나라의 권력을 거머쥔 것은 바로 전쟁터에서 구사한 허허실실의 전략이었다.

사마의는 때가 올 때까지 짐짓 어리석은 모습을 보이는 약우若愚

탁월한 사람을 모방하라 – 마키아벨리처럼

의 계책을 구사했다. 그러고는 속으로 칼을 갈았다. 칼빛을 숨기고 달빛 아래 칼을 가는 이른바 '도광양회韜光養晦'의 전형이다. 이는 아무나 구사할 수 있는 게 아니다. 천하를 틀어쥐려는 웅심을 품고 있었기에 이런 행보를 보인 것이다.

　마키아벨리가 『군주론』제25장에서 큰 꿈을 지닌 자의 성패는 전적으로 당사자의 행보가 시대 상황과 맞아떨어지는지 여부에 달려 있다고 단언한 것도 이런 맥락에서 이해할 수 있는 일이다. 상황에 따라 행보의 완급과 강약을 조절할 줄 아는 자만이 능히 천하를 거머쥘 수 있다.

　시간에 따른 상황의 변화 속도가 한층 더 빨라진 21세기 현대에서는 두말할 나위가 없다. 애플이나 삼성 같은 글로벌 대기업을 일구고자 하는 기업의 CEO들이 명심해야 할 대목이다. 사마의처럼 시대 상황을 읽고 알맞은 새로운 전략을 구사해야 한다는 마키아벨리의 교훈을 명심하라.

내가 원할 때 간언을 들을 수 있는 좋은 참모를 둬라

"군주는 늘 주변의 간언諫言을 들어야 하지만, 이것도 자신이 원할 때 들을 수 있어야 한다. 원치 않을 때 누군가 주제넘게 간하려 들면 이를 저지해야 한다. 현군이 사려 깊은 자를 간관諫官으로 기용해 그들에게만 진실을 자유롭게 개진할 수 있도록 허용하는 이유다.

또 하문할 때에 한해 간하도록 하고, 아무 때나 불쑥 간하게 허용해서는 안 된다. 간언을 경청한 뒤에는 자신의 방식대로 심사숙고해 결정해야 한다."

_군주론 제23장 〈아첨을 어떻게 피할 것인가?〉

마키아벨리는 이 대목에서 나라를 다스릴 때 신하의 간언을 적극 활용하되, 네 가지 주의할 점을 이야기하고 있다. 첫째, 군주는 조언을 원할 때 들을 수 있어야 한다. 둘째, 원치 않을 때 주제 넘는 조언을 막아야 한다. 셋째, 사려 깊은 자를 간관으로 택한 뒤 그들에 한해 마음껏 의견을 개진하게 해야 한다. 넷째, 간언을 두루 경청한 뒤에는 심사숙고해서 홀로 결정해야 한다.

마키아벨리가 이들 네 가지 주의사항을 당부한 것은 비밀을 지극히 중시한 데 따른 것이다. 군주가 자신의 속마음을 드러내면, 각료를 비롯한 주변의 측근들이 자신의 속마음을 감춘 채 군주에게 아부하거나, 자신들의 이익을 위해 군주를 이용할 소지가 크기 때문이다. 그래서 섣불리 자신의 생각을 주변 사람에게 말하는 것을 극도로 경계하라고 당부한 것이다.

섣불리 자신의 마음을 드러내선 안 된다

마키아벨리는 이런 일에 대한 반면교사의 사례로 구체적으로 신성로마제국의 황제 막시밀리안 1세를 꼽았다. 합스부르크 왕가 출신인 그는 신성로마제국 황제 프리드리히 3세의 아들로 1483년 세자로 선출됐다. 1494년 프랑스의 샤를 8세가 이탈리아를 침공하자 교황, 스페인, 베네치아 등과 신성동맹을 결성해서 세력균형을 꾀했다. 2년 뒤인 1464년 이탈리아에서 프랑스군을 격파했으나 큰 성과는 없었다. 1508년 부황의 뒤를 이어 보위에 올랐다. 이해 마키아벨리가 피렌체의 사절 자격으로 그의 궁전을 방문했다.

1511년 교황과 스페인, 잉글랜드 등과 제2차 신성동맹을 맺고 프랑스를 격파했으나 밀라노는 프랑스, 베로나는 베네치아에 귀속되는 결과만 가져왔다. 이에 크게 낙담한 그는 이후 광범위한 혼인관계를 통해 세력을 확장하는 책략을 적극 추진했다. 이는 절묘하게 맞아 떨어졌다. 후대 사가들이 그를 두고 합스부르크가의 역사 자체를 유럽의 근대사로 만드는 데 결정적인 공을 세운 인물로 꼽는 것은 이 때문이다. 여기에는 숨은 사연이 있다.

그가 즉위할 당시 합스부르크가는 비록 명문이기는 했으나 객관적으로 볼 때 가난하고 약소한 오스트리아의 한 귀족에 불과했다. 신성로마제국의 황제를 선발하는 선제후選帝侯들은 유능한 황제를 원치 않았기에 1440년 프리드리히 3세를 황제로 선출했다. 그는 소심한 데다 남의 말을 잘 들었다. 이들은 프리드리히 3세의 아들이 '중세 마지막 기사'로 불린 막시밀리안 1세라는 사실을 간과했다.

당시 돌진공突進公으로 불린 부르고뉴 공 샤를은 딸 마리아와 막시밀리안 1세의 혼인을 통해 로마의 왕이 되고자 했다. 샤를은 선제후의 반대와 프리드리히 3세의 방해 때문에 로마의 왕위를 단념하게 되었지만 막시밀리안 1세와 딸 마리아와의 결혼을 계속해서 추진했다.

1477년 1월 샤를이 스위스 방면으로 출병하던 중 사망하자, 프랑스 왕 루이 11세가 빼앗긴 프랑스 영토를 되찾으려 했고, 독립심 강한 브뤼셀Burxelles과 간Gand의 시민도 이에 동조해서 일어났다. 마리아로서도 유력한 가문 출신과 결혼할 필요가 있었다. 그래서 샤를의 유언을 좇아 막시밀리안 1세와 결혼했다.

이듬해인 1482년 3월 남편의 백로 사냥에 동행한 마리아가 낙마해 죽으면서 경제적으로 앞서 있던 브뤼셀과 간에서는 반란이 일어났다. 이들은 막시밀리안 1세가 어린 아들 필리프의 후견인이 되는 것을 거부했다. 루이 11세가 이를 부추기면서 마리아의 딸 마르가리타를 납치하듯 프랑스로 데려와 자신의 아들과 약혼시켰다. 막시밀리안 1세는 매수와 설득을 통해 각지의 반란을 진압했다. 이내 모든 도시가 막시밀리안 1세가 필리프의 후견인이 되는 것을 인정했다.

이 무렵 오스만 제국이 유럽 침공 움직임을 보이자 막시밀리안 1세의 고향 오스트리아는 공포에 떨었다. 위기를 극복할 만한 지도자가 필요했다. 이것이 그가 신성로마제국의 황제에 선출된 배경이다. 이후 그는 혼인정책에 전력을 다했다. 밀라노 스포르차 가문의 공녀 公女 비앙카와 재혼한 데 이어, 아들 필리프와 딸 마르가리타를 스페인 왕가와 결혼시켰다. 이어 자신의 손자인 필리프의 아들을 헝가리 왕가와 혼인시켰다. 이들 왕가는 얼마 지나지 않아 후사가 단절됐고, 덕분에 각국의 보위가 모두 합스부르크가로 넘어오게 되었다. 현재의 독일과 오스트리아인 신성로마제국의 영토를 포함해 스페인과 스페인 영지였던 나폴리와 시칠리아, 그리고 지금의 네덜란드와 벨기에인 부르고뉴, 체코, 헝가리 등지가 모두 합스부르크가의 영지가 된 것이다.

사상 초유의 대제국을 형성하게 된 합스부르크가는 이후 유럽 역사의 중심에 서게 되었다. 무적함대의 스페인 왕 펠리페 2세, 오스트리아의 여황제 마리아 테레지아, 프랑스 루이 16세의 왕비 마리 앙투아네트, 사라예보에서 피살되어 제1차 세계대전의 빌미가 된 오스트리아 황태자 프란츠 페르디난도 모두 이 합스부르크 가문의 일원이다. 이는 1918년에 오스트리아·헝가리 제국이 해체될 때까지 지속됐다.

한번 내린 결정은 절대 번복하지 말라

마키아벨리가 『군주론』 제23장에서 막시밀리안 1세를 간언과 관련한 반면교사의 대표적인 사례로 든 것은 그의 우유부단한 측면을 적시하기 위한 것이다. 그가 각료를 포함한 주변 인물에게 자신의 속마음을 전혀 드러내지 않은 점은 높이 살 만했으나, 우유부단한 성격 때문에 끝내 일을 그르치고 말았다는 게 마키아벨리의 지적이다. 그는 이미 결정을 내린 뒤에도 신하들이 극렬히 간언하며 다른 방안을 제시하면 이내 여기에 넘어가 당초의 계획을 포기했다. 마키아벨리는 그를 이처럼 혹평했다.

"어느 날 명령한 것이 다음날 취소되는 상황에서, 그 누구도 황제가 무엇을 원하고 행하려 하는지 알 길이 없었다. 마침내 그가 내린 모든 결정이 신뢰를 잃어버리게 되었다."

마키아벨리는 1507년에서 1508년까지 당시 사절로 활동하면서 막시밀리안 1세의 최측근으로 활약했던 사제 루카 리날디Luca Rinaldi와 가까이 지냈다. 리날디는 주로 외교관계를 관장했다. 마키아벨리는 해박한 지식을 자랑하는 리날디의 계책이 번번이 무산되는 것을 가까이서 지켜볼 수 있었다. 그는 당시 상황과 관련해 몇 개의 보고서를 작성하면서, 리날디의 뛰어난 자질을 무용지물로 만든 막시밀리안 1세의 변덕스럽고 우유부단한 행보에 크게 실망했다. 그래서 『군주론』 제23장에서 막시밀리안 1세의 우유부단한 행보를 혹평했다. 그는 여기에 리날디의 황제에 대한 풍자도 인용했다.

"황제는 누구와 상의한 적도 없고, 그렇다고 그 자신이 원하는 대로 행동한 적도 없다!"

탁월한 사람을 모방하라 – 마키아벨리처럼

마키아벨리가 생각할 때 신성로마제국처럼 광대한 영역을 다스리는 군주는 늘 주변의 간언을 경청해야만 했다. 천하는 넓고 군주의 능력은 한계가 있기 때문이다. 마키아벨리의 다음 충고는 이런 사실을 뒷받침하고 있다.

　"군주는 간관으로 하여금 기탄없이 간할수록 더욱 잘 받아들인다고 믿게끔 처신해야 한다. 군주는 이들을 제외하고는 다른 누구의 말에도 귀를 기울여서는 안 된다. 누군가의 얘기를 듣고자 할 경우에는 그가 두려움 등으로 입을 다물 경우에 진노하는 모습을 보여, 신하가 속마음을 드러내도록 만들어야 한다."

　여러 신하의 다양한 조언과 간언을 두루 구하라고 주문한 것이다. 마키아벨리는 막시밀리안 1세가 자신의 속셈을 깊숙이 감춘 것을 탓하지는 않았다. 그러나 그가 주변의 간언 내지 조언을 경청하지 않은 것은 크게 비난했다. 특히 그의 우유부단한 자세를 질타했다. 그리하면 군주의 명령이 신뢰를 잃게 되고, 궁극적으로는 나라에 영이 서지 않아 국기가 뿌리째 흔들리기 때문이다.

　원래 군주가 신하들의 조언이나 간언을 두루 경청하는 것은 시의에 부합하는 최상의 결정을 내리기 위한 것이다. 신하들의 조언이나 간언을 두루 경청했을지라도, 최종 단계에서는 군주의 고독한 결정이 필요하다. 그게 바로 '독재獨裁' 혹은 '독제獨制'이다. 여기서 주의할 것은 독재나 독단은 '전제專制'와 완전히 다르다는 점이다.

　카이사르의 호칭인 '딕타토르dictator'에서 유래한 영어 '딕테이터십dictatorship'의 번역어 독재가 전제와 유사한 의미로 사용되고 있는 것은 큰 모순이다. 전국시대 말기 법가사상을 집대성한 한비자는 군주의 고독한 결단을 뜻하는 군주독제君主獨制와 권신이 권력을 멋대로 휘두르는 권신전제權臣專制를 대비시켰다. 『한비자』에는 '군주전제'가 단 한마디도 나오지 않고 '권신전제'만 모두 다섯 차례 나온다. 한비자는 무엇을 근거로 이 둘을 대비시킨 것일까? 『한비자』「망징」에 그 답이 있다.

"신하들이 붕당을 결성해 군주의 눈과 귀를 가리면서 권력을 휘두르면 그 나라는 패망한다. 변경을 지키는 장수의 직위가 너무 높아 멋대로 명을 내리면 그 나라는 패망한다. 나라의 창고는 텅 비어 있는 데도 대신의 창고만 가득 차 있으면 그 나라는 패망한다."

유가도 전제를 가문 패망의 원인으로 지적했다. 『명심보감』「부행婦行」에 나오는 "부인은 전제를 행해서는 안 된다"는 구절을 보면 이런 사실을 알 수 있다. 주목할 것은 한비자가 군주에게 고독한 결단을 행하기에 앞서 반드시 공청회를 열어 다양한 건의를 경청하도록 권했다. 『한비자』「팔경」의 다음 구절이 이를 뒷받침한다.

"명군은 중대 사안이 빚어지면 여러 사람의 지혜를 하나로 모으기 위해 먼저 개개인의 의견을 일일이 들은 다음, 곧바로 공청회를 열어 이를 공개적으로 토론하게 한다."

조언을 두루 듣되, 혼자 결정하고, 끝까지 밀고 나가라

'독재'의 의미로 사용된 『한비자』의 '군주독제'는 권신이 멋대로 전횡하는 '권신전제'와 천양지차이다. 『한비자』「현학顯學」에는 '군

주독제'를 위한 구체적인 방안까지 제시했다.

"군주는 여러 건의를 들을 때 그 말이 옳으면 응당 받아들여 널리 선포하고 당사자를 과감히 등용하고, 그르다고 판단되면 응당 물리치고 사사로운 의견의 뿌리를 뽑아야 한다. 요즘 군주들은 그렇게 하지 않는다. 옳은데도 채택하지 않고, 그른데도 없애지 않으면 그 나라는 곧 패망한다."

난세일수록 뛰어난 참모를 곁에 두고 수시로 자문을 구하라는 주문이다. 좋은 계책이 나오면 과감히 채택해서 신속히 집행해야 한다. 군주가 심사숙고해서 한 번 결정한 다음에는 쉽게 번복해서는 안 되는 것이다.

마키아벨리도 이를 통찰하고 있었다. 같은 제23장에서 일단 신하들의 간언을 듣고, 반드시 자신이 결정하며, 결정을 내린 뒤에는 확고하게 밀고 나가야 한다고 역설했다. 마키아벨리는 이렇게 말한다.

"일단 결정이 난 뒤에는 동요하지 말고 이를 확고히 지켜나가야 한다. 이와 다르게 처신하는 군주는 이내 아첨꾼에게 농락당해 상반된 조언 사이에서 머뭇거리며 갈팡질팡하게 된다. 군주가 존경을 받지 못하는 것은 이 때문이다."

마키아벨리의 시각에서는 군주에게 가장 위험한 상황은 신하들에게 얕보여 경멸을 당하고, 나아가 탐욕스런 모습으로 인해 백성의 증오 대상이 되는 경우다. 존경을 받지 못하는 상황을 넘어 경멸을 받고, 비난의 차원을 넘어 증오의 대상이 되면 군주는 보위를 유지할 길이 없게 된다. 권신에 의한 시군찬위弑君簒位가 빚어지는 것은 이 때문이다. 동서고금을 막론하고 왕조가 뒤집히고 정권이 뒤바뀌는 이유는 이런 것이다.

한비자도 마찬가지다. 『한비자』「간겁시신姦劫弑臣」에서 이를 집중 거론한 것이 그 증거다. '간겁시신'이란 간계한 계책으로 군주를 농락하는 간신姦臣과 겁박하는 겁신劫臣, 시해하는 시신弑臣을 통칭한 말이다. 한비자는 간신과 겁신 및 시신에게 휘둘리는 군주를 문둥병자만도 못한 것으로 평가했다. 한비자는 이렇게 말한다.

"속담에 '문둥병자가 왕을 불쌍히 여긴다'는 말이 있다. 이는 불손한 말이기는 하나 아무 근거 없이 만들어진 것이 아니다. 이는 원래 신하들에게 협박 또는 시해를 당한 군주를 일컫는 말이다. 군주가 법술法術도 없이 무조건 신하를 통제하려고 들면, 뛰어난 자질을 지닌 원로대신일지라도 크게 두려워한다.

이들은 특히 군주의 부모형제를 비롯해 호걸풍의 지사들이 군주의 힘을 빌려 자신들을 단죄할까 두려워한 나머지 현명하고 나이가든 군주를 시해한 뒤 나이 어린 군주를 옹립하거나, 적자를 폐하고 승계권이 없는 서자를 옹립하고자 한다.

이런 예가 『춘추』에 무수히 나온다. 근자에도 이와 유사한 일이 빚어졌다. 조나라 권신 이태李兌는 권력을 쥐자 상왕으로 물러난 조무령왕趙武靈王을 별궁에 가두고 1백 일 만에 마침내 굶어 죽게 했다. 또 연나라의 공격으로 패망 위기에 몰린 제나라가 초나라에 지원을 요청하자, 제나라를 구하려는 초나라 장수 요치淖齒는 이 제나라를 손에 넣을 요량으로 제민왕齊湣王의 힘줄을 뽑고 종묘 대들보에 매달아 죽였다.

문둥이는 비록 온몸에 종기가 나 고름이 흐르고 몸이 썩어가지만, 이런 『춘추』의 예화처럼 목이 잘려 죽거나 창에 찔려 죽는 횡사를 당하지는 않았다. 근자의 일과 비교할지라도 굶어죽거나 힘줄이 뽑히는 일은 없었다. 신하에게 협박이나 죽임을 당한 군주가 느꼈을 마음속 근심과 육체적 괴로움은 문둥이보다 오히려 더 심했을 것이다. 이로써 보건대 비록 문둥이일지라도 왕을 불쌍히 여기는 일이 있을 수 있다."

마키아벨리는 군주가 간신에게 휘둘려 갈팡질팡할 경우 이내 경멸을 당하게 된다고만 경고했으나, 한비자는 한 차원을 더 넘어서 문둥이보다 못한 참사를 당할 수 있다고 경고하고 있다. 이를 막으려면 군주 스스로 충언을 하는 간신諫臣과 아첨을 일삼는 간신姦臣을 구별하는 안목을 길러야 한다. 마키아벨리의 지적처럼 모든 것은 결국 군주의 자질로 귀결될 수밖에 없다.

이는 요즘의 나라나 회사에 대입해도 똑같다. 복잡한 세상에서 대통령이나 CEO는 모든 것을 다 알고 판단할 수는 없다. 믿을만하고 유능한 참모를 곁에 두어 그들의 의견을 듣고, 깊이 생각하여 자신만의 판단을 하고, 일단 정해진 결론은 인내를 갖고 밀고 나가야 한다. 그렇지 못한 나라나 회사는 풍전등화 앞에 있는 것이며, 자리를 보전하기도 쉽지 않다.

배멸계
排蔑計

06

경멸받지 않는 지도자가 되라

"군주가 귀족과 백성의 경멸 대상이 되는 것은 변덕이 심해 경박하며, 유약하고 소심해서 우유부단한 모습을 보이기 때문이다. 그래서 한 번 내린 결정은 번복될 수 없다는 사실을 각인시켜야 한다. 이런 평판이 유지해야 그 누구도 감히 군주를 기만하거나 농락할 엄두를 내지 못한다."

_군주론 제19장 〈경멸과 증오를 피하는 방법에 관해〉

마키아벨리는 이 대목에서 군주에게 신민들로부터 경멸의 대상이 되는 것을 극도로 경계하라고 주문하고 있다. 신민들로부터 경멸을 당하면 군주의 영이 먹히지 않고, 마침내 나라의 보위마저 위험해지기 때문이다. 그는 구체적인 사례로 앞서 말한 로마 황제 콤모두스와 막시미누스를 들었다. 원래 콤모두스는 부황인 마르쿠스 아우렐리우스로부터 보위를 물려받은 까닭에 아주 쉽게 권력을 유지할 수 있었다. 그저 부황의 선례를 따르는 것만으로도 백성과 군인을 모두

탁월한 사람을 모방하라 – 마키아벨리처럼

만족시킬 수 있었다. 그러나 그는 천성적으로 잔혹했다. 백성을 탐욕스런 약탈 행각의 제물로 삼아 군대의 비위를 맞추면서 군대가 제멋대로 행동하도록 방치했다.

더구나 그는 황제의 위엄을 유지하기 위해 필요한 몸가짐에서 전혀 삼가는 법이 없었다. 종종 투기장으로 내려가 검투사와 싸우기까지 했다. 이것 말고도 황제의 품위를 해치는 천박한 행동을 스스럼없이 자행했다. 이 때문에 자신의 휘하 병사들에게까지 경멸의 눈총을 받았다. 백성의 증오와 군인의 경멸을 동시에 받게 된 그가 기댈 곳은 그 어느 곳에도 없었다. 이내 모반으로 비명횡사하고 말았다.

아랫사람을 노예로 부리지 말고 조력자로서 대하라

막시미누스 황제 역시 오랫동안 보위에 머물지 못했다. 그는 두 가지 일 때문에 증오와 경멸의 대상이 되었다. 첫째, 그는 미천한 출신이었다. 이전에 트라키아에서 목동을 했다는 사실이 알려지면서 곧바로 경멸의 대상이 되었다. 둘째, 그는 취임 초기 추대를 받았지만 로마 입성을 지체했다. 그 사이 로마와 다른 지역에 지방관으로 파견된 그의 부하들은 잔혹한 행위를 무수히 저질렀다. 이 때문에 그는 출신도 미천하고, 게다가 잔혹한 인물이라는 인상을 백성과 병사들에게 깊이 심어주고 말았다.

마키아벨리는 경멸의 대상이 된 구체적인 사례로 시에나의 군주 판돌포를 들었다. 『군주론』 제22장에서 판돌포를 명군으로 평가했지만, 후대인의 평은 꼭 그런 것만도 아니다. 그를 두고 참주僭主, 독재자獨裁者, 전제자專制者 등의 전형으로 꼽는 경우가 많다. 마키아벨리 자신도 『로마사 논고』에서 판돌프를 '시에나의 참주'로 표현해놓았다. 왜 이런 차이가 발생하는 것일까?

원래 '참주'는 '독재자' 및 '전제자'와 구분할 필요가 있다. '참주'의 가장 큰 특징은 '독재자' 및 '전제자'와 달리 백성의 지지를 토대로 권력을 잡는다. 백성의 자유를 지켜주겠다는 명목으로 권력을 잡은 뒤 오히려 백성을 탄압할 경우에 '참주'라는 표현을 쓴다.

독재자와 전제자도 구별할 필요가 있다. 이 둘 모두 무력을 토대로 권력을 잡거나 강력한 힘을 바탕으로 신민을 다스린다는 점에서는 같다. 그러나 독재자는 신민을 노예처럼 다루는 전제자와 달리 조력자로 간주한다. 전제자 휘하의 신하는 장식물에 불과하지만, 독재자 휘하의 신하는 간언과 조언의 기능을 수행한다. 『한비자』가 군주를 허수아비로 만든 뒤 전횡하는 권신權臣의 행보를 '전제'라 하고, 신하들의 의견을 고루 들은 뒤 고독한 결단을 하는 군주의 행보를 독제獨制 내지 독단獨斷으로 표현한 것이 바로 이런 구분이다. 상앙의 저서 『상군서商君書』는 군단君斷으로 표현했다. 모두 '독재'와 같은 뜻이다.

주목할 것은 『군주론』이 이미 권좌에 앉은 군주에게 바칠 의도로 저술됐음에도 '잠재적 참주' 혹은 '권력을 쥐려는 인물'을 설득의 대상으로 삼고 있는 점이다. 그래서 제22장에서 자신의 설명을 듣고도 이해하지 못하는 자를 '쓸모없는 두뇌의 소유자'로 지칭하고 있다. 여기에는 군주도 포함된다. 이것 때문에 마키아벨리가 현실의 군주가 아닌 '잠재적 참주'를 겨냥해 『군주론』을 저술한 게 아니냐는 주

탁월한 사람을 모방하라 – 마키아벨리처럼

장도 있다.

실제로 마키아벨리는 플라톤의 『국가론』이나 아리스토텔레스의 『정치학』과 같은 기존의 정치학 텍스트에 대해서는 회의적인 반응을 보였다. 이 회의에는 크게 두 가지 이유가 있다. 첫째, 남을 지배하고자 하는 정치적 '열정'을 철인哲人의 도덕적 '절제'로 통제할 수 있다고 믿기 때문이다. 둘째, 그런 방식으로 권력을 잡은 군주가 외적의 침입으로부터 국가공동체를 지켜낼 수 있다고 믿기 때문이다.

마키아벨리는 '열정'이라는 정치적 감성을 활용해 잠재적 참주를 가르치고자 한 플라톤과 아리스토텔레스의 의도를 십분 이해했다. 그러나 열정을 지닌 잠재적 참주를 국가공동체의 '수호자'로 만들기 위해서 '좋은 삶'을 가르치는 것은 가능하지도 않을 뿐만 아니라 바람직하지도 않다고 생각했다. 현실과 동떨어진 발상이기 때문이다.

이는 한비자의 생각과 똑같다. 『한비자』 「외저설 좌상」의 다음 구절이 이를 뒷받침하고 있다.

"어린아이들이 소꿉장난을 할 때는 흙으로 밥을 짓고, 진흙으로 국을 만들고, 나무로 고기를 만든다. 그러나 날이 저물면 반드시 집으로 돌아가 밥을 먹는다. 이는 흙으로 만든 밥과 진흙으로 만든 국은 가지고 놀 수는 있어도 먹을 수는 없기 때문이다."

마키아벨리가 기존의 정치학 텍스트에 회의적인 입장을 취한 근본 이유는 이것을 일종의 소꿉장난으로 간주했기 때문이다. 그는 도덕이 아닌 영예, 절제가 아닌 공포로 잠재적 참주를 가르쳐야 한다고 믿었다. 소크라테스의 또 다른 제자인 크세노폰이 전설적인 페르시아 대왕인 키루스 2세의 삶을 그린 『키루스 교육』을 마키아벨리가 제14장에서 들먹인 것도 같은 맥락에서 그런 것이다.

그는 플라톤을 포함해 소크라테스의 이상적인 가르침을 좇는 자들을 하나로 묶어 '헛된 상상을 하는 자'들로 폄하했다. 반면 타국의 군주와 경쟁하는 것이 세상에서 가장 고귀하고 위대한 승자가 되는 길이라고 언급한 『키루스 교육』의 가르침을 높이 평가했다. '영예'를 성취하고자 하는 '잠재적 참주'의 욕구를 승화시켜 참주가 국가공동체의 방어에 헌신하도록 만들고자 한 것이다.

『군주론』 제19장에서 독재자와 참주를 다룬 아리스토텔레스의 『정치학』 5권 11장을 언급한 것도 이런 맥락에서 이해할 수 있다. 아리스토텔레스는 참주의 정체를 유지하는 방법으로 크게 두 가지 방법을 이야기하고 있다.

첫째, 강압에 의한 통치다. 백성이 기를 펴지 못하고, 서로를 불신하고, 정치활동을 못하게 하는 것 등이 그런 강압의 구체적인 형태이다. 둘째, 통상적인 군주정에 동화시키는 방법이다. 공익을 위한다는 인상을 주고, 품위 있는 처신과 군사적인 능력으로 존경심을 불러일으키고, 부하에게 큰 권력을 맡기지 않음으로써 모반을 미연에 예방하고, 모욕적인 언사로 신민을 화나게 만들지 않으며, 빈민과 부자 모두 정체 유지에 관심을 쏟게 만드는 것과 같은 방법이 있다.

아리스토텔레스는 두 번째 방법을 동원해야만 참주 정체가 오래 갈 수 있고 개선될 여지가 있다고 보았다. 결국 참주가 권력을 오랫동안 유지하고자 하면 참주보다는 신민의 종복이라는 인상을 주어야 한다고 충고한 셈이다.

마키아벨리는 신민의 종복이라는 인상을 주어야만 참주의 권력이 오랫동안 유지된다는 아리스토텔레스의 충고에서 커다란 힌트를 얻었다. 그는 군주는 어떤 경우에도 귀족의 음모로부터 자유로울 수 없는 까닭에, 반드시 백성을 늘 자기편으로 만들어야 한다고 주장했다. 마키아벨리가 정치를 윤리의 일부로 간주한 소크라테스와 플라톤과 아리스토텔레스의 이상주의 늪에서 완전히 빠져나와, 현실주의에 입각한 다양한 통치술을 제시한 계기는 바로 여기에 있다. 국가공동체를 보전하기 위해서라면 때로는 잔혹하면서도 위선적인 조치도 용인될 수 있다는 주장을 폈다.

『로마사 논고』에서 '시에나의 참주'로 표현한 판돌포를 『군주론』 제20장에서 '군주'로 표현하고, 탁월한 용인술을 구사한 인물로 묘사한 것도 이런 맥락에서 이해할 수 있다. 『군주론』 제6장과 제13장에서 '새로운 군주'로 묘사한 시라쿠사의 참주 히에론 2세를 칭송한 것도 같은 맥락이다.

마키아벨리의 이런 시각은 도덕을 앞세운 소크라테스 이래의 전통적인 입장과 완전히 배치된다. 그렇다고 그가 '전제자'를 옹호한 것은 아니다. 그 역시 한비자처럼 잠재적 참주가 '전제자'가 아닌 국가공동체를 적극 수호하는 '독재자'의 길로 나아가기를 바랐다. '시민적 자유'를 보장하는 국가공동체의 유지가 목적이 되어야 하고, 무슨 일이 있든 반드시 외세의 침공으로부터 국가공동체를 방어할 수 있어야 한다고 역설했다.

이는 애민愛民을 전제로 한 군주의 '독단'을 역설한 한비자의 주장과 같은 맥락의 것이다. 그래서 아가토클레스의 뛰어난 능력을 칭찬하면서도 잔혹한 조치를 예로 들며 "권력자는 될 수 있을지언정 영예를 차지할 수는 없다"고 비판하고 있다. 제9장에서 '사악'하거나 '용납할 수 없는 폭력'이라는 표현을 동원하며 분노를 표출한 것도 같은 맥락의 것이다.

잠재적 참주를 시민적 자유를 회복하는 데 헌신하는 국가공동체의 수호자로 만들고자 한 점에서는 마키아벨리 역시 플라톤과 아리스토텔레스와 다를 것이 없었다. 다만 방법론만 달랐을 뿐이다. 한비자 역시 공자 내지 맹자의 '인의'를 비판하며 '법술'을 강조했지만, 군주는 국가공동체의 수호자가 되기를 고대했다. 두 사람 모두 '잠재적 군주'를 나라를 지키는 수호자로 만들고자 한 점에서는 공자나 플라톤과 아무런 차이가 없었던 것이다.

적도 끌어들이는 탁월한 용인술로 조직을 발전시켜라

마키아벨리는 『군주론』에 판돌포를 예로 들었으나, 사실 과거 신뢰하던 자들보다 오히려 불신하던 자들을 더 적극적으로 끌어들여 나라를 다스린 대표적인 인물은 카이사르였다. 마키아벨리도 『로마사 논고』에서는 판돌포와 마찬가지로 당시 지식인들과는 달리 카이사르를 로마공화정 '최초의 참주'로 언급하고 있다. 이 또한 터무니없는 얘기는 아니다. 사서의 기록이 이를 뒷받침하고 있다.

플루타르코스는 그의 『영웅전』 「카이사르전」에서 카이사르의 관대한 행보를 극찬하고 있다. 위기의 순간에 가장 믿었던 부하가 적

탁월한 사람을 모방하라 – 마키아벨리처럼

의 진영으로 탈주하자 그가 남기고 간 말과 노예, 소지품 등을 한마디 말도 하지 않고 보내준 면모를 보여준다.

또 이런 일도 있었다. 폼페이우스가 패배한 후, 부하들이 폼페이우스 진영에서 발견된 막대한 양의 서신을 가져왔다. 이들은 로마에 있던 자들 가운데 일부는 누가 폼페이우스와 내통했는지 알아내기 위해서는 서신을 면밀히 조사해야 한다고 주장했으나, 카이사르는 일언지하에 모두 소각해버리고 말았다.

중국에도 이와 유사한 일이 있었다. 삼국시대 당시 조조가 원소의 부대를 점령했을 때 제일 먼저 한 일은 기밀서류의 소각이었다. 원소가 가지고 있는 기밀서류에서 자신의 휘하에 있는 원소의 첩자들에 대한 정보를 얻을 수 있었음에도 모든 서류를 불태우도록 지시한 것이다. 이른바 '분소밀신焚燒密信' 사건이다. 카이사르가 폼페이우스 진영에서 가져온 서신을 읽지도 않은 채로 일거에 소각한 것과 같다. 동서와 고금에 따라 영웅들의 난세 리더십이 달라질 리 없다.

어느 국가나 기업에서도 리더가 아랫사람들의 경멸을 받지 않고 존경을 받아야 하는 것은 같다. 그러려면 처신의 올바름도 중요하지만, 그보다는 현실적으로 탁월한 용인술을 갖출 필요가 있다. 인격적인 원칙보다는 탁월한 용인술이 국가와 기업을 발전시키는 데 더 도움이 되는 것이 현실이다.

02

대업

끊임없이
새로운 성공을
이루는 리더십

大
業

취영계
取榮計

07

명예를 지키기 위해서 때로는 악행도 필요하다

"아가토클레스의 행적과 생애를 살펴보면 운이 아무 도움을 주지 못했거나 아주 작은 역할에 그쳤다.

그는 보위에 오를 때 누구의 도움도 받지 않았다. 천신만고 끝에 자력으로 총사령관 자리에 올라 이를 배경으로 권좌에 올랐고, 용감하면서도 과감한 결단을 통해 그 자리를 유지했다.

그러나 자신의 백성을 죽이고, 동지를 배신하고, 신의 없이 처신하고, 무자비하며 반종교적인 모습을 보인 것을 두고 뛰어난 자질로 평할 수는 없다. 이런 식으로 접근하면 권력자는 될 수 있을지 몰라도 명예를 차지할 수는 없기 때문이다."

_군주론 제8장 〈사악한 방법으로 즉위한 군주에 관해〉

탁월한 사람을 모방하라 – 마키아벨리처럼

마키아벨리는 이 대목에서 권력의 장악과 명성을 엄격하게 구분하고 있다. 아가토클레스는 시칠리아 출신으로 도자기를 굽는 도공의 아들로 태어났다. 군대에 들어가 군인이 되기 전까지 옹기를 굽기도 했다.

기원전 325년 시라쿠사에서 민주파의 지도자가 되어 과두파 정권을 전복하려다가 실패하고, 두 차례나 추방을 당했다. 기원전 317년 용병을 이끌고 다시 시라쿠사로 귀환해서 과두정권의 지도자를 포함한 약 1만 명의 시민을 추방하거나 죽이고 보위에 올랐다.

이후 빈민구제책을 실시하고, 육해군을 증강하면서 영토 확장의 준비를 서둘렀다. 기원전 316에서 313년 사이에 전개한 일련의 전쟁으로 메시나를 포함해 시칠리아의 대부분을 손에 넣었다. 이때 카르타고가 시칠리아에 보유하고 있던 영토를 잃을까 우려해 대군을 파병하면서 대규모 전쟁이 벌어졌다. 기원전 311년 시라쿠사에서 카르타고 군대에 포위되는 위기를 맞기도 했으나 결국 포위망을 뚫고 탈출하는 데 성공했다.

이듬해인 기원전 310년 아프리카로 건너가 카르타고를 공략했다. 몇 차례 승리를 거두기는 했으나 기원전 307년 결국 패하고 말았다. 기원전 306년 카르타고와 맺은 평화조약을 통해 시칠리아 내 영향력을 상당 부분 유지할 수 있었다.

그는 거의 자수성가형에 가깝다. 마키아벨리가 그를 두고 보위에 오를 때 누구의 도움도 받지 않았다고 평한 것은 이 때문이다.

오명을 뒤집어쓰다 보면 조직이 위태로워질 수 있다

『군주론』전체 문맥을 보면 마키아벨리는 20세기 초 이종오李宗吾가 『후흑학厚黑學』에서 역설한 '후흑술厚黑術'을 적극 수용한 셈이다. '후흑술'은 뻔뻔한 얼굴과 시커먼 마음을 품은 자만이 천하를 거머쥘 수 있다는 것이 그 골자이다. 마키아벨리가 사자의 위엄과 여우의 지혜를 역설하며 상황에 따라서는 무자비하고 악한 모습도 보여야 한다고 역설한 것과 취지가 같다.

그렇다고 마키아벨리가 모든 '후흑술'에 대해 수긍한 것은 결코 아니다. 『군주론』제8장에서 "즉위하는 과정에서 자신의 백성을 죽이고, 동지를 배신하고, 신의 없이 처신하고, 무자비하며 반종교적인 모습을 보인 것을 높이 평가할 수는 없는 일이다"라고 한 것을 보면 이를 알 수 있다.

사실 마키아벨리가 지적했듯이 이런 식으로 접근하면 권력자는 될 수는 있을지언정, 당대 또는 후대인에게 칭송을 받을 수는 없다. 동양에서 역대 사가들이 새 왕조가 들어설 때마다 하나같이 신생 군주를 성군으로 미화했다. '후흑술'로 천하를 거머쥐었음에도 성덕聖德으로 민심을 장악해 새 왕조를 열었다는 식이다. 말할 것도 없이 '앞선 허물들을 세탁'하는 과정이다.

그러나 서양에서는 이런 '앞선 허물들을 세탁'한 것이 사실상 불가능했다. 그들의 통치 범위는 소규모의 도시국가 수준에 머문 탓이다. 백성 모두 신생 군주의 '앞선 허물들'을 소상히 꿰고 있는 상황에서 어설프게 미화했다가는 오히려 역풍을 맞을 소지가 많았다. 마키

탁월한 사람을 모방하라 - 마키아벨리처럼

아벨리가 '후흑술'로 권력을 잡을 경우 권력자는 될 수 있을지언정 높은 명성을 차지할 수는 없다고 이야기한 배경에는 이런 연유가 있다.

마키아벨리는 구체적인 사례로 자신과 비슷한 시기에 생존한 페르모의 군주 올리베로토 에우프레두치를 꼽고 있다. 어려서 부친을 여의고 외숙인 조반니 폴리아니 밑에서 자란 그는, 청년 시절 입신을 위해 피렌체의 명문가인 비텔리 가문의 파올로 휘하에서 병사로 복무했다. 이후 뛰어난 무사의 자질을 발휘해 고위직에 오르게 된 그는, 파올로가 죽은 뒤 파올로의 동생인 비텔로초 휘하에서 복무했다. 영리한 데다 심신이 강인한 덕분에 이내 비텔로초 휘하에서 부대를 통솔하는 지휘관으로 승진했다.

원래 그는 남의 밑에 있는 것으로 굴욕으로 여겼다. 그래서 페르모안의 일부 시민의 협조와 비텔로초의 지원을 배경으로 페르모를 손에 넣고자 한 것이다. 1501년 그는 외숙인 조반니 폴리아니에게 서신을 보냈다.

"오랫동안 고향에서 멀리 떨어져 살다 보니 이제는 귀향해서 외숙과 고향을 보고 싶습니다. 아울러 고향의 유산도 둘러보고자 합니다. 지금까지 오직 명예만을 추구해왔습니다. 전혀 뜻을 이루지 못한 게 아니라는 점을 고향의 사람들에게 보여줄 생각입니다. 친구와 부하들 가운데 선발한 1백 명의 기병을 이끌고 금의환향하고자 합니다."

이어 그는 조반니에게 페르모의 시민이 자신을 적절한 예우로 맞아줄 것을 주선해달라고 청했다. 이는 결국 올리베로토 자신뿐만 아니라 양아버지인 외숙에게도 명예로운 일이 될 것이라고 덧붙였다. 크게 기뻐한 조반니는 최대한의 예절을 갖춰 조카를 맞이하기 위해 정성을 다했다. 그의 노력으로 페르모의 백성들 역시 올리베로토를 정중히 맞이했다. 이후 그는 조반니 저택에 머물렀다.

그는 그곳에 며칠 동안 머물면서 흉계에 필요한 만반의 준비를 은밀하게 준비했다. 이어 성대한 연회를 개최하면서 조반니를 비롯해 페르모의 명사를 모두 초대했다.

식사 후 여흥이 끝날 무렵, 올리베로토는 교황인 알렉산데르 6세와 그의 아들 체사레 보르자의 막강한 권력과 여러 업적을 언급하는 와중에 짐짓 심각한 문제를 화제로 삼았다. 이를 놓고 조반니와 여타 참석자들이 나름 논평을 하기 시작하자 그는 문득 자리에서 일어나 이같이 제안했다.

"이 얘기는 좀 더 은밀한 곳으로 옮겨 얘기를 나누는 게 좋을 듯합니다."

그가 별실로 안내하자 조반니와 명사들이 그의 뒤를 따랐다. 이들이 자리에 앉자마자 이내 장막 뒤에 숨어 있던 그의 부하들이 일시에 뛰쳐나와 이들을 모조리 도륙했다.

살육 직후 올리베로토는 휘하 기병들과 함께 재빨리 말을 타고 시내를 행진하면서 주요 관청과 고위 관원의 관저를 포위했다. 관원들 모두 겁에 질린 나머지 그에게 복종할 수밖에 없었다. 바로 '쿠데타'의 전형이었다.

당시 그는 곧 새 정부를 구성한 뒤 곧바로 자신에게 위해를 가할 소지가 있는 모든 저항 세력을 제거했다. 이어 새로운 법제를 반포하고 군정軍政을 실시하며 권력 기반을 확고히 다져나갔다. 1년 만에 페르모의 군주가 되어 인접국에 두려운 존재로 급부상했다.

그러나 이런 그의 급성장은 이웃의 경계심을 극도로 자극해 자멸을 부르는 빌미로 작용했다. 이듬해인 1502년 체사레 보르자의 함정에 빠져 체포된 뒤, 이해 12월 31일 비텔로초와 함께 처형되고 만다. 이를 두고 마키아벨리는 이같이 평했다.

"체사레 보르자가 시니갈리아에서 피렌체의 명문가인 오르시니와 비텔리 가문의 인간들을 함정에 빠뜨렸을 때, 올리베로토가 이 함정에 걸려들지 않았으면 그의 제거는 매우 어려웠을 것이다. 그러나 그는 외숙을 살해한 지 1년 만에 일당과 함께 체포된 다음 '악질과 악행의 스승'인 비텔로초와 함께 교살당하고 말았다."

'악질과 악행의 스승' 운운은 올리베로토의 악행을 뒷받침한 비텔로초를 지적한 것이기는 하나, 올리베로토까지 싸잡아 비판한 것이다. 재위기간도 짧았을 뿐만 아니라 이내 비참한 최후를 맞이한 만큼 크게 논할 게 없다는 취지를 담고 있다. '후흑술'을 동원해 보위에 오르고자 하는 자들에 대한 강력한 경고의 의미를 담고 있다. 마키아벨리는 『군주론』 제15장에서 이처럼 경고했다.

"군주가 국가 상실을 초래하는 악인의 오명은 말할 것도 없고 권력 상실의 위험을 초래하지 않는 오명도 가급적 피해야 한다."

오명을 피하기 위해선 충신보다 양신이 필요하다
군주가 오명에 노출되지 않도록 돕는 사람이 바로 양신良臣이다.

양신은 주군에게 폭군의 허물을 씌우는 충신忠臣과 달리 모든 공은 주군에게 돌리고 비난은 자신이 떠안는 신하를 말한다. 격이 다르다. 옛말에 "나라가 어려워지면 양신을 찾고, 집안이 어려워지면 양처良妻를 찾는다國難思良臣, 家貧思良妻"는 명언이 있다.

『춘추좌전』과 『사기』는 '양신'의 대표적인 인물로 춘추시대 말기에 활약한 제나라 재상 안영晏嬰을 꼽았다. 한번은 안영이 외국에 사자로 나간 사이 제경공齊景公이 급히 새 궁궐을 짓기 시작했다. 안영의 제지를 받지 않게 된 것을 기회로 삼은 것이다. 마침 추운 겨울인데다 서두르는 바람에 비난의 목소리가 높았다.

임무를 마치고 돌아온 안영이 이 사실을 알고는 복명復命하는 자리에서 백성들 사이에 유행하는 노래를 소개하며 눈물을 흘렸다. 제경공이 사과하자 안영이 거듭 절을 올리고 나온 뒤 수레를 급히 몰아 공사장 쪽으로 달려갔다. 공사장에 이르자 이같이 큰소리로 외쳤다.

"군주에게 궁궐 하나 지어드리는 게 너무 늦지 않은가? 서두르도록 하라!"

인부들이 안영을 크게 원망했다. 이때 문득 공사를 중지하라는 명이 내려졌다. 인부들 모두 일제히 환호성을 올리며 제경공을 칭송했다. 안영의 이 행위가 바로 양신의 전형이다.

당태종 이세민과 신하들의 치국평천하에 관한 논의를 모아 놓은 『정관정요貞觀政要』「납간」에도 양신과 충신을 대비시킨 일화가 나온다. 정관 6년인 632년 어떤 사람이 상서우승尙書右丞 위징魏徵을 고발했다. 위징이 친척들을 사적으로 우대하는 등 불편부당하게 행동한다는 내용이었다. 당태종이 어사대부 온언박溫彦博을 보내 이 일을 조사하도록 했다. 조사 결과 고발한 사람이 공정하지 못했다. 며칠 뒤 당태종이 위징을 만나 물었다.

"근래 밖에서 무슨 얘기를 들은 적이 없소?"

위징이 정색하고 말했다.

"며칠 전 온언박이 폐하의 말씀을 전했습니다. '어찌하여 자신의 언행을 살피지 않는가'라고 했습니다. 이는 옳지 않습니다. 군주와 신하의 의기가 서로 합치면 한 몸이 된다고 들었습니다. 공도公道를 생략한 채 오직 언행만 주의하라는 말은 듣지 못했습니다. 군주와 신하 모두 이런 길로 나아가면 나라의 흥망은 알 길이 없을 것입니다."

당태종이 크게 놀라 사과했다.

"전에 그 말을 한 일로 인해 나 또한 이내 후회했소. 사실 그 말은 매우 옳지 않았소."

위징이 절을 하고 말했다.

"신은 나라를 위해 몸을 바친 까닭에 시종 바른 길로 가며 일을 해왔습니다. 결코 거짓된 일을 한 적이 없습니다. 폐하가 신을 '양신'으로 만들고자 하면 저를 '충신'이 되지 않도록 해주십시오."

당태종이 물었다.

"그대가 말하는 '양신'과 '충신'의 차이점은 무엇이오?"

위징이 대답했다.

"양신은 스스로 아름다운 명성을 얻고, 군왕은 숭고한 칭호를 누리게 합니다. 자손 대대로 전해져 부귀영화가 끝이 없습니다.

충신은 자신의 몸이 주살되고 군왕은 큰 악명을 뒤집어쓰게 됩니다. 집안과 나라 모두 큰 훼손을 입지만 오직 홀로 충신의 명예를 누리게 됩니다.

이로써 말하면 양신과 충신은 커다란 차이가 있다고 할 수 있습니다."

당태종이 말했다.

"그대는 이 말을 어기지 않기 바라오. 짐 또한 반드시 종묘사직의 큰 틀을 잊지 않도록 하겠소."

그러고는 위징에게 비단 2백 필을 상으로 내렸다. 위징 또한 양신의 전형이다. 직언을 서슴지 않았지만 이는 주군인 당태종의 위신과 덕망을 널리 알리기 위한 수단이었을 뿐이다. 결코 일신의 아름다운 명성을 얻고자 한 게 아니다.

충신과 양신에 대한 위징의 해석은 군신이 서로 협력해야만 바른 정사를 펼 수 있다는 '군신공치君臣共治'의 중요성을 선명히 보여주고 있다. '천하위공'의 근본정신이 바로 여기에 있다. 마키아벨리가 가능하면 영예까지 손에 넣으라고 충고한 것도 이런 맥락에서 이해할 수 있다. 군주도 사람인만큼 정사를 펴나가는 도중 실수를 하게 마련이다. 오명을 뒤집어쓸 양신이 필요한 이유다. 오명을 피하는 관건이 바로 충신이 아닌 양신을 곁에 두는 데 있다.

가능하면 피해야 하는 것으로 오명과 주변의 질투를 들 수 있다. 오명을 피하고자 하는 것은 인간의 기본적인 성향인 만큼 특별히 덧붙일 게 없다. 다만 마키아벨리가 역설했듯이 불가피할 때는 오명을 뒤집어 쓸 수 있어야 한다. 과감히 도덕적 비난을 무릅쓰고 악행을 저지를 수 있어야 하다는 것이 골자다.

질투도 유사한 답안을 제시할 수 있다. 주변 사람의 눈에 두드러지게 띄는 것을 피하는 것이 바람직하다. 질투를 촉발시킬 위험이 크기 때문이다. 크게 신경을 쓰지 않아도 좋지만 피할 수 있다면 피하는 게 상책이라는 이야기다.

미국의 초대 대통령 조지 워싱턴의 행보를 대표적인 사례로 꼽을 만하다. 그가 재임을 거부한 것을 두고 여러 해석이 나오고 있으나 주변의 질투를 받지 않기 위해 그랬다는 해석이 나름 그럴 듯하다. 매사가 그렇듯이 공연히 질투를 살 필요는 없다.

그러나 오명의 경우와 마찬가지로 불가피할 때는 주변을 신경 쓰지 않아도 된다. 다만 이때 주의할 것은 주변의 시샘이 의외로 많은 만큼 큰 공을 세웠을 때는 뒤로 빠지는 이른바 공성신퇴功成身退의 처신을 행할 줄 알아야 한다.

마키아벨리가『군주론』제8장에서 아가토클레스가 자신의 백성을 죽이고 동지를 배신한 것을 두고 "이런 식으로 접근하면 권력자는 될 수 있을지 몰라도 영예를 차지할 수는 없다"고 이야기한 것도 같은 맥락이다. 권력과 권위는 그 성질과 성립 요건이 서로 다르다. 군주는 다 함께 지니는 게 바람직하다.

둘 다 취할 수 없을 때는 말할 것도 없이 권력을 손에 넣어야 한다. 그것이 난세 리더십의 요체이다. 마키아벨리가『군주론』과『전술론』,『로마사 논고』등을 통해 시종 무력의 보유를 역설한 것은 바로 이 때문이다.

국가나 기업을 이끌어가는 리더의 경우 필요할 때는 악행도 마다 하지 말아야 한다. 그러나 그 악행의 오명이란 덤터기를 기꺼이 뒤집어써줄 사람이 있으면 더욱 좋다. 그런 사람이 있으면 곁에 두고 가까이하며, 그 덤터기를 쓴 대가를 충분히 챙겨줘야 할 것이다.

이는 바꿔 말하자면 리더의 명예가 그만큼 중요하다는 이야기기도 하다. 명예는 다른 일을 추진하는 데 충분한 배경이 되어줄 수 있기 때문이다. 모든 일은 상황에 맞게 경중을 가려서 취사선택을 해야 한다. 그것이 리더의 운명이다.

자강계
自强計

08

바다가 고요할 때 폭풍우를 대비하라

"날씨가 좋을 때 앞날에 폭풍우가 몰아칠 것을 예상치 못하는 것은 인간의 공통된 약점이다. 평화에 젖은 군주는 갑자기 폭풍우가 몰아지면 맞서 싸울 생각은커녕 고작 달아날 궁리만 한다. 그러고도 정복자의 학정에 분노한 백성이 다시 자신들을 불러줄 날을 손꼽아 기다린다. 가장 안전한 방어책은 오직 군주 자신의 자질에 기댈 수밖에 없다."

_군주론 제24장 〈이탈리아 군주는 왜 나라를 잃었는가?〉

마키아벨리는 이 대목에서 군주 스스로 끊임없이 노력할 것을 당부하고 있다. 그러면서 "가장 안전한 방어책은 오직 군주 자신의 자질에 기댈 수밖에 없다"고 단언하고 있다. 결국은 군주 본인의 자질과 능력으로 회귀되는 셈이다. 마키아벨리의 또 다른 저서 『로마사 논고』에도 유사한 구절이 나온다. 결단력이 부족한 사람은 아무리 열심히 회의를 해도 나오는 결론은 늘 애매하기 짝이 없어 쓸 만한 게 없다는 지적이 그것으로, 이런 경우에는 오히려 해롭기까지 하다.

사서를 통해 확인할 수 있듯이 동서고금을 막론하고 회의가 길어질수록 시원치 않은 결론이 나오는 경우가 비일비재하다. 객관적으로 판단하기 어려운 것은 직감적으로 선택하는 것이 숙려熟廬보다 낫다는 사실이 실험적으로 증명되기도 했다. 흔히들 '사려가 깊은 사람'이라 말을 하기도 하지만 이는 우유부단함의 또 다른 표현에 지나지 않는 경우가 대부분이다.

미리 위기에 대처할 준비를 하라

마키아벨리가 현실에 안주하고자 하는 인간의 성향을 질타하며 부단한 노력을 통해 시련을 극복할 것을 요구하는 이유다. 그래서 "날씨가 좋을 때 폭풍우가 몰아칠 것을 예상치 못하다가 문득 폭풍우가 몰아치면 이에 맞서 싸울 생각은 않고 고작 달아날 궁리만 한다"고 비판한 것이다. 학자들은 밀라노의 군주 루도비코 스포르차를 염두에 두고 이런 비판을 한 것이라 분석하고 있다.

원래 루도비코 스포르차는 부친인 프란체스코 스포르차의 뒤를 이은 세습 군주로, 레오나르도 다 빈치를 비롯한 많은 예술가를 후원한 것으로 유명하다. 생전에는 검은 얼굴빛이나 칠흑같이 검은 머리 때문에 무어인을 뜻하는 '일 모로Il Moro'라 불리기도 했다.

당초 그는 1491년 1월에 에르콜레 1세 데스테의 어린 딸 베아트리체 데스테와 결혼했다. 베아트리체의 남동생 알폰소 데스테는 잔 갈레아초 스포르차의 누이인 안나 스포르차와 혼인했다. 집안끼리

겹사돈을 맺은 셈이다. 이런 일은 당시에는 매우 흔한 것이었다.

루도비코는 여색을 탐했다. 많은 여인들 가운데 그가 가장 총애한 여인은 체칠리아 갈레라니였다. 루도비코와 베아트리체가 결혼식을 올리던 해에 루도비코의 아들을 낳았다. 그녀는 레오나르도 다 빈치의 작품인 '흰 족제비를 안은 여인'의 모델이 된 주인공이다.

원래 흰 족제비는 루도비코의 문장에 그려진 짐승이다. 레오나르도 다 빈치는 루도비코 덕분에 명성을 떨치게 되었다고 해도 과언이 아니다. 실제로 그는 1482년 이후 17년 동안 밀라노에서 후한 보수를 받고 마음껏 작품 활동을 할 수 있었다. 이때 그의 명작들이 쏟아져 나왔다. 따지고 보면 모든 것이 루도비코 덕분이었다.

그는 부친이 죽은 뒤에 친형인 갈레아초 스포르차를 섬겼다. 1476년 12월 친형이 암살되자 보위가 7세의 조카인 잔 갈레아초 스포르차에게 넘어갔다. 그는 3년여 뒤인 1480년이 채 되기도 전에 음모를 꾸며 섭정의 자리에 올랐다. 실권을 거머쥔 것이다. 당시 섭정의 자리에 만족하지 못한 그는 조카의 권력을 약화시켜 밀라노의 통치권을 손에 넣고자 했다.

낌새를 눈치챈 조카 잔 갈레아초가 조부인 나폴리 왕국의 페데리코 1세에게 이런 사실을 알렸다. 페데리코 1세가 그에게 섭정을 그치고 대권을 넘길 것을 명하자, 루도비코는 이를 거부한 뒤 나폴리와 싸울 것에 대비해 프랑스 및 신성로마제국을 끌어들이려고 했다. 프랑스와 신성로마제국의 경쟁 관계를 이용해 권력 기반을 튼튼히 하고자 한 것이다. 마키아벨리를 위시한 역대의 역사가들은 이후 이탈리아 전역에서 전쟁이 빈발한 이유를 여기서부터 찾고 있다.

1494년에 조카가 죽자 이해 10월 22일 밀라노 귀족들의 승인 아래 보위에 올랐다. 이때 그는 신성로마제국에 거금을 제공하고, 조카 딸 비안카를 막시밀리안 1세와 결혼시키는 대가로 밀라노 공작 칭호를 받았다.

이어 프랑스의 샤를 8세가 나폴리 왕국을 점령할 때, 이에 가담해 베네치아 영토의 일부를 손에 넣고자 했다. 그러나 상황이 여의치 않고 프랑스의 개입으로 오히려 자신의 위치가 위험하게 된 것을 뒤늦게 눈치채자, 그는 곧 반프랑스 동맹에 가입했다.

1495년 다 빈치의 조각상을 만들려고 모은 80톤의 청동으로 무기를 만든 덕분에 포르노보 전투에서 프랑스군을 처음으로 물리칠 수 있었다. 1499년 9월 새로 보위에 오른 프랑스 왕 루이 12세가 밀라노 공작의 계승권을 주장하면서 롬바르디아로 진격했다. 그의 압력을 견디지 못한 루도비코는 이내 보위에서 밀려났다.

1500년 2월 다시 집권했으나 루이 12세가 루도비코의 근거지인 노바라를 포위했다. 이는 루이 12세가 아라곤의 페르난도 2세와 나폴리를 분할하는 그라나다 비밀협약을 맺은 데 따른 것이었다.

당시 루도비코와 루이 12세 모두 스위스 용병을 사용하고 있었다. 양측 군대가 대치하는 상황에서 자국의 용병끼리 싸우고 싶지 않았던 루도비코 휘하의 스위스 용병이 곧바로 노바라를 내버려 두고 철수했다. 고용주인 루도비코를 사지에 방치한 채로 몸을 뺀 것이다.

마키아벨리가 『군주론』에서 용병대를 이용해 싸움을 벌일 경우 위기에 처할 공산이 크다고 역설한 이유가 여기에 있다. 이해 4월 위기에 몰린 루도비코가 스위스 병사로 가장해 탈출을 시도하다가 프랑스군에 체포됐다.

이후 그는 프랑스 투렌에 있는 로슈 성에 갇혀 지내다 죽었다. 당시 프랑스는 이듬해인 1501년 나폴리 분할 문제를 놓고 아라곤의 페르난도 2세와 전쟁을 벌였다. 이 싸움은 1504년까지 지속됐다. 결국 전쟁에 패한 프랑스는 나폴리를 모두 잃고 말았다.

마키아벨리는 루도비코가 프랑스군을 끌어들인 것을 지적하면서, 이후 비록 프랑스가 이탈리아에서 물러나기는 했지만 이탈리아 전역을 혼란에 빠뜨린 엄중한 책임을 벗어날 길이 없다고 비판했다.

주목할 것은 마키아벨리가 루도비코와 페데리코 1세를 두고 모두 용병을 사용하고, 외세를 불러들인 탓에 이내 권좌에서 물러나게 되었다고 지적한 점이다. 그래서 그는 『군주론』에서 자국 군대의 육성을 역설하고 있다. 실제로 마키아벨리는 『전술론』에서 이탈리아를 분열로 몰아간 지배자들의 무능을 신랄히 비판하고 있다.

이는 『군주론』 제24장에서 "오늘날 오랫동안 다스리던 나라를 잃은 이탈리아 군주들은 자신의 운명을 탓할 게 아니라, 자신의 무능을 탓해야 한다"고 질타한 것과 취지를 같이한다. 제25장에서 운명의 여신을 거론하며 '자유의지'로 역경을 헤쳐 나가라고 주문한 것도 이런 맥락에서 이해할 수 있다. 마키아벨리는 이렇게 말한다.

"통상 사람들은 세상사를 두고 운명과 신에 의해 지배되기에 인간의 지혜로는 통제할 수 없고, 실제로 뾰족한 대책도 없다고 여긴다. 이는 매사에 군이 땀 흘리며 애쓸 게 아니라 그저 운명에 맡기는 게 더 낫다고 여기는 것과 같다. 우리는 인간의 '자유의지'를 포기해서는 안 된다. 운명의 여신은 인간 행동의 절반가량만 지배할 뿐이고, 나머지는 우리가 지배하도록 남겨두었다."

스스로를 채찍질하며 부단히 노력하라

마키아벨리가 역설한 '자유의지'는 중국의 고전 『주역』에서 말하는 자강불식自强不息과 취지를 같이한다. 이는 스스로를 채찍질하며 부단히 노력하는 것을 말한다. 군주가 '자강불식'을 게을리 하면 설령 '득국得國'에는 성공할지라도 '치국治國'에는 실패하게 된다.

제6공화국이 들어선 이래 역대 정부가 하나같이 실패한 것도 이와 절대 무관한 것이 아니다. 예로부터 많은 사람들이 창업 못지않게 수성이 어렵다고 얘기하는 이유다. 『정관정요』「논군論君」에는 이를 경계하는 유명한 일화가 나온다.

정관 10년 636년의 어느 날 당태종 이세민李世民이 좌우의 신하들에게 물었다.

"제왕의 사업에서 창업과 수성 가운데 어느 것이 더 어렵소?"

상서좌복야 방현령房玄齡이 대답했다.

"창업 당시는 천하가 혼란스러워 군웅이 일거에 다투어 일어납니다. 적을 격파해야 적이 항복하고 싸움에서 이겨야 적을 제압할 수 있습니다. 이로써 말하면 창업이 어렵다고 할 것입니다."

탁월한 사람을 모방하라 – 마키아벨리처럼

그러자 시중侍中으로 있던 위징이 반박했다.

"제왕이 병사를 일으키는 것은 반드시 세상의 도가 쇠잔해져 혼란 스러워진 뒤입니다. 마침내 무력으로 흉포하고 간악한 자들을 뒤엎 어버리면 백성들은 기꺼이 천자로 추대하고, 천하의 인심도 곧바로 돌아옵니다. 창업은 하늘이 명을 내리고, 백성들이 받들어 자연스럽 게 이뤄지는 것이기에 그리 어려운 일이 아닙니다. 그러나 이미 제 왕의 자리를 얻은 후에는 뜻이 교만하고 방자해집니다. 백성들은 휴 식을 바라지만 각종 요역徭役이 그칠 줄 모릅니다. 백성들이 크게 피 폐해졌는데도 사치한 토목사업은 잠시도 멈출 줄 모릅니다. 나라가 쇠약하고 피폐해지는 것은 늘 여기서 비롯됩니다. 이로써 말하면 수 성이 어렵다고 할 것입니다."

당태종 이세민이 이처럼 정리했다.

"방현령은 옛 짐을 따라 천하를 평정하면서 갖은 고생을 다하며 누차 죽을 고비를 넘겨 간신히 살아남은 까닭에 창업의 어려움을 아 는 것이오. 위징은 짐과 더불어 천하를 안정시키며 교만과 방종의 병폐가 생길까 우려했고, 그로 인해 위망危亡의 길로 들어설까 염려 한 까닭에 수성의 어려움을 아는 것이오. 지금 창업의 어려움은 이 미 지나갔소. 앞으로 수성의 어려움은 응당 공들과 함께 신중히 대 처해 나갈 생각이오."

창업의 시기에는 무력을 기반으로 한 패도覇道, 수성의 시기에는 덕치에 기초한 왕도王道를 구사하는 게 바람직하다는 주장이다. 창업과 수성을 잇는 키워드는 군주와 신하가 서로 머리를 맞대고 최상의 방안을 찾아내는 '군신공치君臣共治'의 자세이다. 다만 창업의 시기에는 혼란이 극으로 치닫는 까닭에 군주의 결단이 상대적으로 절실하고, 수성의 시기에는 평온이 절실한 까닭에 덕성이 뛰어난 신하의 보필이 상대적으로 강조될 수밖에 없다.

상황에 따라 왕도와 패도를 적절히 섞어 쓰는 '왕패병용王覇幷用'이 정답이다. 동서고금의 역사가 증명하듯이 제왕 리더십의 성패가 여기에 달려 있다고 해도 과언이 아니다.

이상과 현실의 조화는 동서고금을 막론하고 통치의 영원한 과제이다. 현실을 무시한 채 이상만을 추구하면, 결국은 종교와 윤리·도덕이 정치를 지배하는 서양의 중세 또는 동양의 성리학 시대를 자초하게 된다.

그렇다고 이상을 포기한 채 현실에만 집착하면 정치가 삭막해져 이내 민심이 이반한다. 노동과 휴식이 동시에 필요하듯이, 죄었다가 풀어주는 완급의 조절이 필요하다. 그게 바로 상황에 따라 왕도와 패도를 적절히 섞어 쓰는 '왕패병용'의 통치술이다.

『정관정요』의 가장 큰 미덕은 난세에 필요한 패도의 창업 논리와 치세에 통용되는 왕도의 수성 논리를 하나로 녹여낸 데 있다. 창업과 수성을 관통하는 키워드는 겸손한 자세로 임하는 것이다. 원래 당태종처럼 뛰어난 업적을 이룬 사람은 자부심이 클 수밖에 없다. 그 자부심은 십중팔구 자만으로 흐를 소지가 크며, 이 둘 사이에는 종이 한 장 차이밖에 없다. 제왕의 자만심은 국가의 흥망을 좌우한다는 점에서 보통 심각한 문제가 아니다. 늘 곁에서 충고해줄 사람이 필요한 것이다.

최상의 방안은 경륜이 높은 원로를 제사帝師 내지 왕사王師로 모시는 것이다. 그 다음은 사우師友를 두는 길이다. '사우'는 스승 같은 신하 내지 친구 같은 신하를 뜻한다. 당태종이 이를 행했다. 『정관정요』「논정」에 이를 뒷받침하는 언급이 나온다.

"짐은 사서를 읽으면서 옛 제왕 가운데 교만하고 자만심에 가득차 결국 실패한 사례를 많이 보았다. 그래서 내심 교만과 자만에 빠질까 두려워한다. 매번 신하들의 솔직하고 바른 건의와 간언을 들을 때마다 정치의 교화에 이를 그대로 반영하면서 그들을 사우師友로 대우하고자 했다."

역사적으로 볼 때 '사우'란 말은 조조가 최초로 언급했다. 당태종은 『정관정요』에서 조조를 비판했지만, 위국공 이정李靖과 함께 역대 병서의 장단점을 논한 『당리문대唐李問對』에서는 현존 『손자병법』인 조조의 『손자약해孫子略解』를 자주 인용하면서 크게 칭송했다. 조조는 위왕魏王의 자리에 오를 때 최측근인 하후돈을 위나라가 아닌 한나라 조정의 관직에 임명하면서 이처럼 말했다.

"내가 듣건대 신하 가운데 최상은 사신師臣이고, 그 다음은 우신友臣이라고 했다. 무릇 신하란 덕을 귀하게 여기는 사람이다. 어찌 구구하게 위나라의 신하가 되어 나에게 몸을 굽힐 수 있겠는가?"

'사신'과 '우신'을 합쳐 사우師友라고 한다. 스승과 친구 같은 신하를 말한다.

현대에 들어와 '사우'의 뜻을 가장 잘 이해한 인물이 바로 지난 1983년에 작고한 야스오카 마사히로安岡正篤이다. '현대 일본 제왕학의 조종'으로 칭송받고 있는 그는 지난 1949년 전국 단위의 '사우협회師友協會'를 조직했다. 일본의 정치 지도자와 기업 CEO를 중심으로 한 면학勉學 모임이었다. 원래 이 명칭은 '메이지 유신의 사상적 스승'인 요시다 쇼인吉田松陰의 '사무라이 규칙' 제7조에서 따온 것이다. 이 단체는 21세기 현재까지도 최고의 학술단체로 손꼽히고 있다. 인문학적 소양의 증진을 통한 부국강병을 목표로 삼은 덕분이다. 일본의 역대 총리들이 취임 때는 물론 어려운 일이 있을 때마다 그를 찾아가 자문을 구한 것은 유명한 일이다. 21세기의 헤이세이平成 연호도 그가 정해준 것이다.

원래 젊었을 때부터 유가의 경전을 포함해 제자백가의 학문을 두루 섭렵한 야스오카는 1922년 동경제대 법학부의 정치학과 졸업기념 논문으로 『왕양명 연구』를 펴냈다. 당시 이는 정계와 관계, 재계, 학계 등에 엄청난 파문을 일으켰다. 서구의 민주주의를 절대시한 당시의 '대정大正 데모크라시'에 반기를 들고 일본 전래의 사상에 기초한 '일본주의'를 내세웠기 때문이다.

이후 그는 『일본 정신의 연구』, 『천자론天子論과 관리론官吏論』 등 동양 사상에 기초한 여러 저서를 잇달아 펴내면서 명실상부한 '제사' 내지 '왕사'로 존경을 받게 됐다. 실제로 그가 젊었을 때 설립한 '동양사상연구소'에는 내각 대신을 포함한 재벌 총수 등이 제자로 들어와 그의 가르침을 받았다.

야스오카와 대비되는 인물은 지난 1996년에 작고한 마루야마 마사오丸山眞男이다. 야스오카의 정치학과 16년 후배이기도 한 그는 '현대 일본 학문의 천황'으로 불리고 있다. 지난 1952년 박사학위 논문을 토대로 펴낸 그의 『일본 정치사상사』는 학계에 엄청난 충격을 던져주었다. 이 책은 초판 출간 이후 근 1백 쇄를 거듭하며 21세기 현재까지 최고의 인문교양 스테디셀러로 꼽히고 있다. 큰 틀에서 보면 두 사람은 각기 역할을 나눠 야스오카는 실물정치, 마루야마는 이론정치를 집대성한 셈이다. 현대 일본을 얘기할 때 두 사람을 모르면 교양인 대접을 받지 못하는 것도 이런 맥락에서 이해할 수 있다.

리더에게는 위기에 대비해야 할 의무와 책임이 있는 법

고금을 막론하고 '사우'를 두지 못하면 최소한 똑똑한 참모만이라도 곁에 두고 그들의 계책을 적극 활용할 줄 알아야 한다. 천하의 인재를 두루 모으는 것이 관건이다. 이마저 없으면 주변에는 무사안일과 복지부동, 아첨을 일삼으며 사리를 챙기려는 자들이 들끓게 된다. 『정관정요』는 주로 당태종 이세민과 위징의 대화로 구성되어 있다. 위징이 당태종에게 수시로 올린 간언의 요체는 '거안사위居安思危'이다. 편안할 때 위기가 닥칠 때를 생각해 근면히 정사에 임해야 한다는 뜻이다.

정관 15년인 1641년 문하시중 위징은 당태종에게 이같이 간했다.

"역대 제왕을 살펴보면 위기 때 현능한 자를 임용해 간언을 받아들이지만 일단 위기를 벗어나 안락하게 되면 반드시 느슨하고 태만한 마음을 품습니다. 이런 일이 지속되면 나라는 곧 위기에 처하게 됩니다. 옛날 성인이 거안사위를 행한 것은 바로 이 때문이었습니다."

젊은 세대의 절반가량이 6·25 전쟁이 발발한 연도조차 모르는 작금의 상황은 거안사위의 필요성을 절감하게 한다. 당태종을 '롤모델'로 삼은 강희제가『정관정요』를 늘 몸에 지니고 다니며 안일과 자만을 경계한 점을 배울 필요가 있다.

마키아벨리가 "평화에 젖은 군주는 문득 폭풍우가 몰아칠 때 맞서 싸울 생각은커녕 고작 달아날 궁리만 한다"고 비판한 것도 바로 '거안사위'를 촉구한 것이다.『주역』의 키워드 '자강불식'을 체득하는 게 관건이다.

결국은 사람 문제, 특히 군주의 자질 문제로 귀착되기 마련이다. 마키아벨리가『군주론』제24장에서 "가장 안전한 방어책은 오직 군주 자신의 자질에 기댈 수밖에 없다"고 단언한 것도 이런 맥락에서 이해할 수 있다.

사상 초유의 IMF 환란 당시 최고통치권자를 위시해 주변의 참모들 모두 우왕좌왕하는 바람에 환란을 피할 수 있는 적의한 시기를 놓쳤고, 그 결과 21세기까지 수많은 국민이 고통을 겪는 게 대표적인 사례다.

당시 김영삼 전 대통령은 "머리는 빌릴 수 있으나 몸은 빌릴 수 없다"고 했다. 얼핏 그럴듯하나 반만 맞는 말이다. 이는 충언을 하는 간신諫臣과 간사하게 자신의 이익만을 챙기는 간신姦臣을 구별할 줄 아는 안목을 전제로 할 때만 타당하다. 안목이 없는 군주는 오히려 거꾸로 갈 소지가 크다. 때문에 미증유의 IMF 환란을 초래하고도 아무도 책임진 자가 없었다.

그토록 중차대한 시기에 금융관련 주무장관이나 청와대 수석을 한 자들로 문제지만, 궁극적인 책임은 그런 자들을 발탁한 최고통치권자가 져야 한다. "선무당이 사람 잡는다"는 우리말 속담이 저절로 떠오르는 상기되는 대목이다.

동서고금을 막론하고 군주의 자질은 나라의 흥망을 좌우하는 결정적인 요인이다. 마키아벨리가 『군주론』 전편에 걸쳐 '군주 자신의 자질'을 거듭 역설한 이유가 바로 여기에 있다.

리더들은 모두 '자강불식'하여 실력을 쌓고 노력해야 한다. 리더에게는 바다에 고요와 평화의 물결만이 가득할 때 오히려 다가올 폭풍우를 대비할 의무와 책임이 있다.

염량계
炎凉計

09

수시로 변하는 사람의 마음을
경계하라

"신민은 군주가 은혜를 베푸는 동안에는 군주를 위해 온갖 충성을 바친다. 위험이 멀리 떨어져 있는 한 그들은 피와 재물은 물론 생명과 자식들까지 바칠 것처럼 행동한다. 그러나 절박한 위험이 닥쳐오면 이내 등을 돌리고 만다. 신민의 맹서만 믿고 달리 대책을 강구하지 않은 군주는 위기가 닥쳐오면 바로 패망하고 만다."

_군주론 제17장 〈가혹과 인자, 친애와 공포 가운데 어느 쪽이 나은지에 관해〉

마키아벨리는 이 대목에서 생명과 자식들까지 바칠 것처럼 행동하는 신하들의 언행에 혹해 절박한 위험이 닥쳐왔을 때 배신을 당하는 일이 없도록 하라고 충고하고 있다. 동서고금을 막론하고 평안할 때를 기준으로 사람을 믿어서는 안 된다. 평화로울 때는 모든 신민이 앞다퉈 충성을 맹세한다. 실제로 죽을 가능성이 없기 때문에 군주를 위해 목숨을 바치겠다고 장담하는 것이다.

그러나 대다수 신민은 막상 목숨을 던져야 하는 절박한 위험이 닥치면 군주를 내버린 채 달아나기 바쁘다. 마키아벨리는 반복무상反覆無常한 인간의 이런 행태를 이처럼 분석했다.

"본래 사랑은 서로 신뢰하는 호의관계에서 비롯된다. 그러나 사람은 사악한 까닭에 자신에게 이익이 되는 기회를 만나면 가차 없이 이를 파기한다."

힘이 있을 때에만 따르는 인간의 본성을 명심하라

군주에게 사랑받는 존재가 되기보다는 두려움의 대상이 되라고 당부한 이유는 이 때문이다. 인간은 누구나 할 것 없이 절박한 위험에 닥칠 때 자신에게 유리한 쪽으로 움직이는 까닭에, 기존의 좋은 관계를 철석같이 믿었다가는 낭패를 당하게 된다고 경고한 것이다. "정승 집 개가 죽으면 문상을 가도, 정승이 죽으면 문상을 가지 않는다"는 속담이 떠오르는 대목이다. 끈 떨어진 옛날 정승은 별 볼일이 없다는 뜻이다. 이익을 좇는 사람의 기본적인 행태에는 동서고금의 차이가 없을 것이다.

이를 통상 '염량세태炎凉世態'로 표현한다. 힘이 있을 때는 아첨하여 따르고, 세력이 없어지면 푸대접하는 인심을 말한다. 최고통치권자를 비롯한 기업 CEO들은 생존본능에 따라 움직이는 사람들의 이런 행태를 탓해서는 안 된다. 인심을 탓하는 것은 지극히 어리석은 짓이다. 맑은 물에서 물고기를 찾는 것만큼이나 어리석다. 물이 너무 맑으면 고기가 모이지 않는 법이다. 세인들이 모여 사는 곳은 맑은 물이 아니라 혼탁한 물이다. 이런 이치를 모르면 위정자나 기업 CEO를 할 생각을 하지 말아야 한다. 그런 심성의 소유자는 학문에 정진하거나 종교에 투신하는 편이 훨씬 더 낫다.

통상 '시세'는 세정世情, 물정物情, 세심世心, 세태世態 등으로 표현된다. '염량세태'는 바로 날씨가 계절에 따라 뜨거웠다가 차가워지는 것처럼 명리를 좇아 오락가락하는 인심을 지칭한다. 맹자가 역설한 의리의 관점에서 보면 모두 소인배의 행보에 지나지 않는다. 그러나 염량세태에 대한 『채근담』의 조언은 귀담아들을 필요가 있다.

"인정은 늘 자주 바뀌고, 인생길은 험난하기 마련이다. 가려고 해도 갈 수 없을 때는 모름지기 뒤로 일보 물러설 줄 알아야 한다."

인정은 자주 바뀐다는 뜻의 '인정반복人情反覆'은 변덕이 죽 끓듯 하는 염량세태를 달리 표현한 말이다. '반복反覆'은 언행이나 일 따위를 이랬다저랬다 하며 자꾸 고치는 것을 뜻한다. '인정반복'의 배경은 말할 것도 없이 세속적인 가치를 상징하는 '명리' 때문이다.

경서와 사서를 보면 명리에 초연한 모습을 보이며 도인의 삶을 산 사람이 꽤 많다. 대표적인 인물이 공자의 수제자 안연顔淵이다. 그의 자는 안회顔回인데, 공자는 『논어』「옹야」에서 그를 이렇게 칭송했다.

"현명하구나, 안회여! 한 그릇의 밥을 먹고, 한 바가지의 물을 마시고, 누추한 거리에 살면 사람들은 그 근심을 견디지 못하는데, 회는 그 즐거움을 그치지 않는구나. 현명하구나, 회여!"

"한 그릇의 밥을 먹고, 한 바가지의 물을 먹는다"는 구절의 원문은

'일단사일표음一簞食一瓢飮'이다. 이는 '안빈낙도安貧樂道'하는 사람을 표현할 때 자주 인용하는 상용어다. 주의할 것은 겉으로만 일단사일표음을 행하는 경우다. 한 그릇의 밥과 한 바가지의 물로 족한 표정을 짓지만, 속으로는 명리를 탐하는 경우가 그렇다. 거짓군자인 '위군자僞君子'가 이런 사례이다.

역사상 위군자의 모습을 보인 인물이 매우 많다. 이종오는『후흑학』에서 삼국시대 당시 조조와 손권과 자웅을 겨룬 유비를 꼽았다. 조조를 비롯해 여포와 유표, 손권, 원소 등에게 붙으면서 이쪽저쪽을 오가는 반복무상反覆無常의 모습을 보인 것을 그 논거로 삼는다.

실제로 정사『삼국지』에 나오는 유비의 행보는 뻔뻔한 얼굴의 '면후面厚의 달인'으로 꼽을 만하다. 그러나 역사적으로 볼 때 '위군자'의 진짜 달인은 성리학을 집대성한 주희이다. 그는 후대 성리학자들로부터 공자에 준하는 성인이라는 취지에서 주자朱子라는 칭호를 얻었으나, 사서에 기록된 그의 삶을 보면 위군자의 전형에 해당한다.

당초 주희는 성리학을 집대성하면서 인간의 자연스런 욕정을 이욕에 얽매인 더러운 인욕人慾으로 간주하며 마치 뱀이나 전갈을 보듯 멸시했다. 그래서 "천리天理를 보전하고 인욕을 멸하자"는 취지의 이른바 '멸욕설滅欲說'을 주장했다. 이는 그의 사상적 스승인 정이程頤에서 비롯됐다. 정이는 이와 같이 주장한 바 있다.

"굶어죽는 일은 작고, 절개를 잃는 일은 크다."

모든 과부에게 수절을 강요한 것은 이런 생각 때문이다. 그러나 황당한 것은 주희가 수절하던 제수씨를 억지로 개가시킨 뒤, 그 재산을 빼앗은 점이다. 이종오에게 '위군자'로 낙인찍힌 결정적인 이유가 여기에 있다.

『송사宋史』에 따르면 경원 2년인 1196년 12월 감찰어사 심계조沈繼祖가 주희의 열 가지 죄상을 열거했다. 군주에게 불경스런 행동을 보인 불경어군不敬於君, 나라에 충성을 다하지 않은 불충어국不忠於國, 조정을 농락하고 모욕한 완모조정玩侮朝廷, 선량한 풍속과 가르침을 해친 위해풍교爲害風敎 등이 그것이다. '위해풍교'의 목록에는 사적으로 재산을 그러모으고, 며느리가 남편이 없는데도 임신을 하고, 비구니 두 명을 유인하여 첩으로 삼은 납니위첩納尼爲妾 등이 나열되어 있다. 심계조는 이를 근거로 주희를 참수해야 한다고 주장했다. 사가들이 말하는 이른바 '경원慶元의 당금黨禁'이 바로 이것이다.

예로부터 '경원의 당금'을 놓고 의론이 분분했다. 21세기 현재에도 별반 다를 게 없다. 이는 그 당시 진상이 제대로 가려지지 않은 때문이다. 영종이 즉위할 당시 최고의 실세는 외척세력인 한탁주韓侂胄였다. 그는 영종을 옹립하는 데 큰 공을 세워 조정을 좌지우지했다. 그의 부친은 남송을 세운 고종 조구趙構의 아랫동서이다. 당시 주희의 가까운 친구이자 재상으로 있던 조여우趙汝愚는 한탁주의 정적이었다. 한탁주는 조여우를 치고 싶었으나 그의 제자들이 대거 조정에 진출해 있었던 까닭에 쉽사리 손을 쓰지 못했다.

마침내 그는 변죽을 쳐 중심을 흔드는 수법을 구사했다. 대상으로 선정된 인물이 바로 주희였다. 도학道學으로 불리는 거짓 학문인 이른바 위학僞學을 만들어 세상을 어지럽게 만들고 있다는 게 심계조가 올린 탄핵 상소문의 요지였다. 원래 이 상소문 초안은 감찰어사로 있던 호굉胡紘이 만든 것이었다. 호굉이 태상소경으로 승진하면서 상소를 잠시 보류했다. 한탁주는 마침 심계조가 감찰어사로 승진하자 호굉의 상소문 초안을 넘겨주었다. 결국 심계조의 상소문을 받아본 영종이 이를 받아들여 조여우를 영주로 귀양 보내고, 주희의 모든 관직을 삭탈하는 조서를 내렸다.

이로써 도학은 '위학'으로 선포되고, 전파가 금됐다. 도학을 배우는 자들 모두 역당逆黨으로 몰리게 되자 주희의 문하생들이 일시에 사방으로 뿔뿔이 흩어져 몸을 숨기거나 다른 문하로 들어갔다.

얼핏 보면 주희는 한탁주와 조여우의 권력투쟁의 희생양이 된 것처럼 보인다. 문제는 영종이 무슨 이유로 자신의 스승인 주희에게 이토록 심한 조치를 내렸는가 하는 것이다.

우선 주희의 편협한 행보에서 그 원인을 찾을 수 있을 것이다. 남송 효종 순희 8년인 1181년 12월, 주희는 잇달아 여섯 번이나 상소를 올린 적이 있다. 조정의 실력자인 재상 왕회王淮의 인척인 대주지부臺州知府 당중우唐仲友를 탄핵하기 위한 것이었다. 그러나 실은 당중우가 주희의 학설과 정면으로 맞선 게 가장 큰 이유였다. 당시 그는 관기로 있던 엄예嚴蕊에게 혹형을 가하며 당중우와 남녀관계가 있었다는 얘기를 실토하도록 강요했다. 당시만 해도 관기는 기예만 팔고 몸을 팔지 않는 게 원칙이었다. 엄예는 혹형을 당하면서도 이같이 항변했다.

"저는 천한 관기입니다. 설령 태수와 관계를 가졌다 할지라도 이 것이 죽을죄는 아닐 것입니다. 더구나 그런 일도 없는데 어찌 함부로 망언을 하여 사대부의 명예를 더럽힐 수 있겠습니까? 설령 죽을지라도 그리 할 수는 없습니다!"

엄예는 비록 천한 신분이기는 했으나 절개가 있는 여인이었다. 이 사건은 결국 엄예가 거짓 자백을 거부하는 바람에 흐지부지되고 말았다. 사가들은 연약한 여인에게 두 달 넘게 채찍을 내리치며 정적을 옭아매고자 한 이 사건을 '엄예 사건'이라고 부른다. 주희가 정적을 제거하기 위해 수단과 방법을 가리지 않았음을 보여준다. '엄예 사건'은 조정의 관원과 학자들이 주희를 크게 경계하기 시작한 결정적인 원인으로 작용했다.

영종이 즉위한 후 조여우의 천거로 주희는 환장각煥章閣 시제侍制 겸 시강侍講이 됐다. 황제의 고문 겸 스승이 된 셈이다. 당시 65세였던 그는 제자인 영종을 앞세워 천하를 요리하고 싶었다. 그래서 영종에게 『대학』을 강의하는 자리에서 '극기자신克己自新'을 요구했다. 극기를 통해 날로 새로워질 것을 주문한 것이다. 나름 그럴 듯하나 그가 상소를 올려 한탁주를 비롯한 황제의 측근을 가차 없이 제거할 것을 요구한 것은 과한 일이었다. 기분이 언짢아진 영종이 궁관宮觀官의 자리로 옮길 것을 권하자 주희는 계속 시강의 자리를 고집하면서 관직 사퇴의 배수진을 쳤다. 영종은 현자를 내친 못난 군주의 오명을 뒤집어쓸까 두려워한 나머지 황급히 만류하고 나섰다.

"사직한다는 말은 짐이 그대와 같은 현인을 우대하려는 취지에 맞지 않소!"

이 모습을 보고 탐문을 통해 주희의 위군자 행보를 익히 알고 있던 한탁주가 마침내 칼을 빼 들었다. 호굉 및 심계조 등과 결탁해 주희의 위군자 행보를 폭로하는 상소를 올리게 한 것은 이 대문이다. 영종은 이들의 탄핵 상소가 올라오자 곧바로 주희의 관직을 모두 박탈했다. 주목할 것은 당시 주희가 스스로 글을 올려 납니위첩 등의 죄목을 모두 인정한 점이다.

『송사』「주희전」에 이렇게 기록되어 있다.

"지난날의 잘못을 깊이 반성하고, 이제부터 옳은 일을 세심히 찾아서 일하도록 하겠습니다."

이 일로 인해 주희의 명성이 일거에 바닥에 떨어지고 말았다. 주희는 '경원의 당금' 사건이 빚어진 지 4년 뒤 경원 6년인 1200년에 세상을 떠났다. 한때 커다란 명성을 날렸던 그의 죽음은 비참했다고 할 수밖에 없다.

후대의 성리학자들은 주희가 '납니위첩' 등의 비리를 스스로 인정한 것을 두고 한탁주 등의 무고함에 의한 것이라며 주희를 적극 옹호하고 나섰다.

그러나 이는 『송사』의 기록을 무시한 억지 추론에 지나지 않는다. 객관적으로 볼 때 주희가 '납니위첩' 등의 비리를 스스로 인정한 것은 명백한 증거가 드러난 까닭에 부득불 인정할 수밖에 없었다고 보는 것이 합리적이다. 당대의 거유로 명성을 떨친 그가 터무니없는 무고함을 그대로 수용해 오명을 뒤집어 쓸 가능성은 거의 전무했다고 보는 것이 옳다.

이탁오가 『분서』에서 성리학을 두고 '인간의 자연스런 성정을 훼손시키는 사학邪學'으로 비판한 것도 이런 맥락에서 이해할 수 있다. 말할 것도 없이 『송사』의 기록을 역사적 사실로 간주했기 때문에 이렇게 말할 수 있었다. 청대 말기의 이종오가 『후흑학』에서 주희를 비롯한 성리학자들을 두고 "한 뙈기도 안 되는 밭처럼 좁디좁은 협량狹量의 소인배에 지나지 않는다"고 질타한 것도 같은 맥락이다.

2009년 역사전문가 장슈펑張秀楓은 "역사는 누구를 위해 얼굴을 바꾸는가?"라는 제목의 글을 통해 주희의 위군자 행보를 통렬하게 비판했다.

"성리학을 현실의 치국평천하와 동떨어진 허학虛學으로 간주한 이탁오와 이종오의 관점을 그대로 이어받은 것이다. 객관적으로 볼 때 주희는 성리학이 치국평천하와 직결된 실학實學이라고 떠벌였으나 사실 성리학은 '허학'의 전형에 해당한다."

일본의 경우도 이미 에도시대 때 성리학이 '허학'이라는 사실을 통찰했다. 메이지유신의 사상적 뿌리가 된 오규 소라이荻生徂徠가 대표적이다. 이탁오나 이종오처럼 순자와 한비자 사상을 깊숙이 연구한 그는 18세기 초에 펴낸 『독한비讀韓非』를 통해 '외유내법外儒內法'을 역설한 바 있다. 겉으로는 덕정에 입각한 왕도를 내세울지라도 속으로는 강력한 법치에 기초한 패도를 구사해야 한다는 주장이다.

다산 정약용도 찬탄을 금치 못한 『논어징論語徵』을 펴낸 그는 유가경전에 대한 숱한 주석서를 펴내면서도 자신의 학당에 법학연구실을 따로 둘 정도로 법가 사상에 조예가 깊었다. 그가 한비자에 대한 주석서를 내게 된 것은 말할 것도 없이 통치의 요체가 바로 외유내법에 있음을 통찰한 데 따른 것이다. 그는 『태평책太平策』에서 치국평천하 방략을 논하면서 주희의 '천리인욕설'에 대해 다음과 같이 통렬하게 비판했다.

"성왕의 길은 오로지 치국평천하에 있을 뿐이다. 그럼에도 성리학자들은 천리인욕天理人欲과 이기理氣, 음양오행陰陽五行 등과 같은 미신적인 주장들을 내세워 성왕의 길이 마치 격물치지格物致知와 성의성심誠意誠心같이 중들에게나 어울리는 덕목에 있는 것으로 생각하고 있다. 이로 인해 시비를 가리는 논의만 번거롭게 되어 마침내 성왕의 길은 마치 치도와 완전히 다른 것처럼 여겨지게끔 되어 버렸다. 이는 과연 누구의 잘못인가?"

그럼에도 동아시아 세 나라 가운데 유독 한국만 아직도 주희를 높이 떠받드는 고루한 사고가 잔존하고 있다. 21세기 현재도 동양철학을 전공한 사람 가운데 "주희 이후에는 더 이상 배울 게 없다"는 식의 황당한 주장을 펼치는 사람도 있다. '천리인욕설'의 폐풍이 아직도 잔존하고 있는 것은 심각한 문제다.

21세기의 극렬한 경제전쟁의 상황에서 '천리인욕설'이 잔존하고 있는 것은 지상과제인 부국강병 노선에 커다란 걸림돌로 작용할 수밖에 없다. 주희의 실체 및 성리학 등에 대한 재평가가 절실하다.

주희가 말년에 위군자의 표상으로 낙인찍힌 것은 '염량세태'에 대한 이해 부족에서 기인한다. 인간의 본성은 맹자가 주장한 것처럼 인의예지의 덕성에 기초한 게 아니다. "인간은 정치적 동물이다"라고 지적한 아리스토텔레스의 언급처럼 인의예지는 사회공동체 내지 국가공동체를 유지하기 위한 덕목으로 제시된 것이다.

"무엇을 해야 하는가"보다 "무엇을 하고 있는가"의 문제

인간의 본성은 조그마한 이익이 있으면 마구 내달리는 이른바 '호리지성好利之性'에 뿌리를 내리고 있다. 생존본능 때문이다. 동시에 인간은 동시에 태어날 때부터 사회공동체 내지 국가공동체 내에서 삶을 영위하는 까닭에 호리지성 못지않게 명예를 숭상하는 '호명지심好名之心'을 지니고 있다. 염량세태는 명리를 향한 이런 원초적인 본능 때문에 자연스럽게 촉발되는 것이다. 이를 탓하는 것은 맹자처럼 인간의 본성이 선하다고 믿는 도덕철학자의 자세에 해당한다. 현실과 동떨어진 것이다.

마키아벨리가 『군주론』 제15장에서 "사람들이 무엇을 해야 하는가" 하는 문제에 매달려 "사람들이 무엇을 하고 있는가" 하는 문제를 소홀히 하는 자는 자신의 보존보다 파멸을 훨씬 빠르게 배우게 된다고 일갈한 것은 바로 이 때문이다. 공허한 이상에 얽매여 현실을 무시했다가는 이내 패망하고 만다는 지적이다. 위정자와 기업 CEO들이 세인들의 '염량세태'를 무시한 채 나라와 기업을 이끌었다가는 이내 자신을 망치고 국가공동체와 기업공동체를 패망으로 이끌게 된다. 공동체를 이끄는 지도자들은 반드시 염량세태를 염두에 두어야만 한다.

　마키아벨리가 『군주론』 제17장에서 "신민의 맹세만 믿고 달리 대책을 강구하지 않은 군주는 위기 때 이내 패망하고 만다"고 언급한 것도 동일한 맥락에서 이해할 수 있다. 제17장의 언급은 제15장의 언급을 부연한 내용에 해당한다.

　동서고금을 막론하고 모든 것이 잘 풀릴 때는 아무 문제가 없다. 문제는 매사가 험악해지는 난세의 상황이다. 리더의 진면목이 이때 나타난다. 평소 난세를 만난 지도자의 리더십을 갈고 닦아야 하는 이유다. 게다가 결정적 위기가 닥쳤을 때 사람들은 대부분 염량태세의 모습을 보인다는 사실을 명심하고 상황을 헤쳐 나가야 한다.

누가 일하지 않는지,
누가 배신할지를 구분하라

"시민이 군주가 되는 '시민 군주국'의 경우 귀족은 백성의 압력을 감당할 수 없다는 사실을 깨달을 때 무리들 가운데 1인을 내세워 군주로 삼고, 백성들 역시 귀족에게 대항키 어렵다는 사실을 깨달을 때 무리들 가운데 1인을 내세워 군주로 삼는다. 귀족의 도움으로 보위에 오른 군주는 백성의 도움으로 등극한 군주의 경우보다 권력 유지가 훨씬 어렵다. 스스로 군주와 대등하다고 여기는 자들이 주변에 포진해 있기 때문이다. 이에 반해 백성의 지지로 보위에 오른 군주는 홀로 우뚝 설 수 있다. 주변에 복종할 마음이 없는 자가 거의 없거나 극히 소수에 지나지 않기 때문이다."

_군주론, 제9장 〈시민 군주국에 관해〉

마키아벨리는 위에서 신하와 백성을 엄히 구분해 대응할 것을 주문하고 있다. 그가 『군주론』에서 말하는 '시민 군주국'은 공화국과 군주국의 중간 형태이다. 여기의 '시민'은 공화국의 시민과 다르다. 시민 군주국의 군주는 세습 군주가 아니라 자신의 자질과 운에 의해 보위에 오른 자를 뜻한다. 최고통치권자를 추대에 의해 옹립하기는 하나 공화국이 아닌 경우가 바로 시민 군주국에 해당한다. 요즘으로 치면 '제왕적 대통령'을 선출할 경우 이와 비슷한 유형이 될 것이다.

사상사적으로 볼 때 『군주론』에 나오는 귀족은 동양 전래의 사대부士大夫와 통한다. 중국의 저명한 역사학자 전목錢穆은 중국의 전 역사를 군권君權과 신권臣權의 대립으로 파악한 바 있다. 이 틀을 적용할 경우 조선조 5백 년은 당쟁이 본격화하는 선조 때를 기점으로 '군권'을 뛰어넘는 '신권' 우위의 나라로 변질됐다고 할 수 있다. 그 단초는 신하들이 무력으로 군주를 몰아낸 연산군 때의 중종반정이 열었다.

21세기의 관점에서 보면 『군주론』의 귀족과 동양 전래의 사대부 후신은 입법부를 중심으로 한 '정피아'와 사법부와 행정부의 중추를 이루고 있는 고시 출신의 '관피아'들이다. 후진국형의 '전관예우' 관행이 버젓이 통용되고, '유전무죄, 무전유죄'의 풍자어가 나도는 현실이 이를 방증한다. 그들이 볼 때 5년 단임의 대통령은 지나가는 과객過客에 불과할 뿐이다.

최고통치권자가 사정의 칼날을 휘두르면 죽은 듯이 엎드린 채 폭풍우가 지나가길 기다리면 된다. 정년이 법적으로 보장돼 있고, 공무원 연금의 누적 적자가 아무리 클지라도 혈세로 이를 메우게 되어 있기 때문이다. 말 그대로 '철밥통'이다. 끼리끼리 해먹는 이런 한심한 '그들만의 리그'를 혁파하지 않는 한 선진국으로의 진입은 불가능하다.

도움이 되는 사람을 명확히 가려내 곁에 두어야 한다

마키아벨리가 시민 군주국을 예로 들어 〈귀족 vs 백성〉의 도식을 제시한 것도 바로 이 때문이다. 지금의 대통령에 해당하는 최고통치권자로 선출된 시민 민주국의 군주에게 권력 유지의 요체가 어디에 있는지를 분명히 알아야 한다고 경고한 것이다. 그가 볼 때 시민 군주국의 군주는 세습 군주국의 군주와 달리 백성을 적으로 둘 때 가장 위험하다. 백성이 절대다수를 차지하고 있기 때문이다. 그가 백성을 적대세력으로 둘 경우 군주는 스스로 보호할 길이 없게 된다고 역설한 이유다.

반면 적대적인 귀족들로부터 자신을 보호하는 일은 그리 어렵지 않다고 보았다. 그들은 소수에 지나지 않기 때문이다. 21세기 대통령제하의 최고통치권자들도 귀담아들을 만한 얘기다.

시민 군주국의 군주가 맞닥뜨렸을 때 생각할 수 있는 최악의 상황은 백성들로부터 버림받는 경우다. 이때 군주에게 적대적인 귀족은 군주를 버리고 직접적인 공격에 나서기도 한다. 마키아벨리는 기본적으로 귀족들을 간사한 자로 보았다. 같은 제9장에 나오는 다음 구절이 이를 뒷받침한다.

"귀족은 나름 앞날을 내다보는 안목이 있고 매우 교활하다. 자신들의 이익을 지키기 위해 늘 앞서 움직이며 이기기를 바라는 쪽에

탁월한 사람을 모방하라 – 마키아벨리처럼

줄을 서는 이유다. 군주는 늘 백성 속에서 늘 살아야 하지만, 귀족이 없을지라도 능히 살아갈 수 있다. 언제라도 원하는 바에 따라 작위와 관직을 주거나 빼앗을 수 있는 권력을 지니고 있기 때문이다."

마키아벨리가 귀족을 두 가지 부류로 나눈 것도 이런 맥락에서 이해할 수 있다. 하나는 군주에게 전적으로 도움이 되는 쪽으로 처신하는 자이고, 다른 하나는 그렇지 않게 행동하는 자이다. 쉽게 말해 충신忠臣과 비충신非忠臣으로 나눈 셈이다. 사적인 탐욕이 없고 오직 군주에게 헌신적인 충신의 경우는 응당 크게 예우하고 소중히 여겨야 한다.

그렇다면 비충신은 어떻게 대처해야 하는 것일까? 마키아벨리는 같은 제9장에서 두 가지 경우로 나눠 각기 다른 해법을 제시했다.

"첫째, 소심하거나 기백이 없어 충성을 표하지 않는 경우다. 이들에 대해서는 탁월한 능력을 지녔을 경우 조언자로 적극 활용할 줄 알아야 한다. 나라가 번영할 때는 군주를 명예롭게 하고, 군주가 역경에 처할지라도 이들을 두려워할 필요가 없기 때문이다.

둘째, 야심을 품고 충성을 표하지 않는 경우다. 이는 군주의 이익보다 자신의 이익을 더 중시한다는 징표이다. 이런 자들은 늘 경계해야 하는 것은 물론 마치 공개적인 적을 대하는 것처럼 두려워할 필요가 있다. 이들은 군주가 역경에 처하면 군주를 파멸시키기 위해 온갖 짓을 다할 것이기 때문이다."

마키아벨리는 '비충신'을 다시 '능신能臣'과 '간신奸臣'으로 나눈 뒤

'능신'은 적극 활용하고, '간신'은 크게 경계해야 한다고 주문한 셈이다. 그렇다면 소심하거나 기백이 없어 충성을 표하지 못하는 자들 가운데 탁월한 능력을 지니지 못한 자는 어떻게 대해야 하는 것일까? 그저 그렇고 그런 이른바 용신庸臣의 경우이다. 마키아벨리는 이에 대한 구체적인 언급을 하지 않았다. 그러나 '능신'을 두고 "군주가 역경에 처할지라도 크게 두려워할 필요가 없다"고 언급한 점에 비춰 이들 용신의 경우는 크게 신경 쓸 대상이 아니라고 간주한 게 틀림없다.

어느 집단이나 '용신'은 존재하기 마련이다. 이들은 반드시 필요한 존재이기도 하다. 얼핏 생각하면 조정이 충신과 능신으로 가득 차면 나라가 잘될 것으로 짐작하기 십상이다. 그러나 세상의 이치는 그렇지 않다. 수재들이 모이는 곳에서도 1등에서 꼴찌가 나오듯이, 조정이 충신과 능신으로 가득 차면 그곳에서도 용신이 나오게 마련이다. 이른바 '20 대 80의 법칙'이 이를 뒷받침한다.

일하지 않는 자보다 등에 칼을 꽂을 자를 경계하라

개미는 부지런한 곤충으로 알고 있지만 실제로 개미 사회에서는 우리의 상식과 정반대의 일이 벌어지고 있다. 일개미의 80퍼센트는 아무 일도 하지 않고 내내 빈둥거린다. 열심히 일하는 개미들만 따로 떼어 집단을 만들어보아도 결과는 같다. 일하지 않는 개미를 집단을 만들어도 마찬가지다. 이후 많은 생물학자들이 이 법칙이 타당한지 여러 동물을 대상으로 실험을 한 결과 유사한 결론을 얻었다.

왜 개미들은 모두 열심히 일하지 않고, 고작 20퍼센트의 개미만

일하는 것일까? 개미들이 사는 자연환경은 변화무쌍하여 어떤 일이 언제 어떻게 벌어질지 전혀 알 수 없다. 갑자기 폭우가 내려 땅속 개미굴이 침수될 수도 있고, 천적이 침입할 수도 있고, 심지어 장난꾸러기 어린애들이 쑥대밭으로 만들 수도 있다. 개미들을 몽땅 일하는 데에만 투입할 경우 이런 돌발 사태에 대처할 '예비병력'이 없어 이내 그 집단을 자멸하고 만다.

7백만 년 전 침팬지와 고릴라 등의 영장류에서 갈라져 독자적으로 진화한 인간의 군집생활도 하등 다를 게 없다. '20 대 80의 법칙'을 두고 이를 최초로 발견한 이탈리아 사회학자 파레토를 기리기 위해 '파레토 법칙'이라고 부르기도 한다.

물론 마키아벨리가 파레토 법칙을 알았을 리 없다. 그러나 용신에 대해 특별히 가타부타 언급을 하지 않은 점에 비춰 용신의 필요성을 숙지했을 것으로 짐작된다. 그가 초점을 맞춘 것은 군주가 역경에 처하면 군주를 파멸시키기 위해 온갖 짓을 다하는 간신이다. 이들은 군주의 등에 칼을 꽂는 비열한 짓을 서슴없이 행할 자들이다. 마키아벨리가 군주에게 이들에 대한 경계심을 늦춰서는 안 된다고 당부한 것은 바로 이 때문이다. 그는 같은 제9장에서 그 이유를 이같이 설명해 놓았다.

"귀족은 다른 인간을 해치지 않는 정당한 방법으로는 만족시켜 줄 수 없다. 그러나 백성에게는 가능하다. 귀족은 다른 인간들을 억압하고자 하는 데 반해 백성은 단지 억압에서 벗어나고자 하기 때문이다."

이는 무엇을 말하는 것일까? 귀족이나 사대부로 통칭된 동서의 치자治者 그룹은 대부분 자신들의 욕심을 채우기 위해 백성의 재산이나 이익을 강압이나 사기적인 수법으로 강취強取 또는 편취騙取해 왔음을 시사한다. 간혹 백성의 이익을 위해 헌신한 명군이 등장하기도 했지만 그런 명군의 출현은 가뭄에 콩 나듯 했다. 대부분 당파 이익에 매몰된 용신 내지 간신에 둘러싸인 용군庸君 내지 암군暗君이었다.

마키아벨리가 권력을 유지하기 위해서는 백성의 지지가 절대 필요하다고 강조한 것도 바로 이 때문이다. 귀족의 전횡으로 인해 군주가 허수아비로 전락하거나 정권이나 왕조를 빼앗기는 것을 막고자 한 것이다.

그렇다면 백성의 지지를 얻는 구체적인 방안은 무엇일까? 마키아벨리는 같은 제9장에서 이같이 설명했다.

"군주가 백성의 지지를 얻는 방법은 상황에 따라 달라지는 까닭에 어떤 고정된 원칙이 존재하는 것은 아니다. 그러나 분명히 말할 수 있는 것은 반드시 백성을 자기편으로 잡아두어야만 한다는 점이다. 그렇지 않으면 역경에 처했을 때 속수무책의 처지에 놓이게 된다."

고정된 원칙은 존재하지 않으나 어떤 상황이든 반드시 백성을 자기편으로 잡아두는 게 필요하다고 언급한 셈이다. 21세기의 관점에서 보면 대략 여론을 늘 군주에게 유리한 쪽으로 이끌라고 주문한 것처럼 보인다. 그렇다면 구체적인 방안은 무엇일까?

마키아벨리는 백성을 자기편으로 잡아두라고 조언했을 뿐이다. 한비자는 여기서 한 발 더 나아갔다. 치국평천하의 요체는 백성을 다스리는 데 있지 않고, 관원을 다스리는 데 있다고 단언한 게 그렇다. 『한비자』「우저설 우하」의 해당대목이다.

"성인과 명군은 관원을 다스리지, 백성을 다스리지 않는다."

이른바 '치리불치민治吏不治民'은 한비자의 통치사상을 한마디로 집약시켜 놓은 키워드에 해당한다. 마키아벨리가 『군주론』 제9장에서 "백성의 지지로 보위에 오른 군주는 홀로 우뚝 설 수 있다"고 언급한 것도 같은 취지이다. 마키아벨리와 한비자 모두 신하와 서민을 대립개념으로 파악한 점에서 별반 차이가 없다.

이를 통해 국가 차원이 아닌 기업 차원의 경우 CEO나 임원급 간부, 중간 관리자에게 조직의 생존 및 성장 전략을 짜는 과정에서 과연 귀족과 서민을 구분하는 게 무슨 의미가 있는지 물을 수 있을 것이다. 나아가 신분사회가 아닌 21세기의 민주사회에서 과연 마키아벨리와 한비자가 역설한 '치리불치민'의 접근방식이 타당한지 여부에 관해 물을 수 있을 것이다. 정답부터 말하면 "그렇다"고 말할 수 있으며, 지금 시대에는 오히려 더 절실하다고 말할 수 있다.

국가공동체와 기업공동체의 최고통치권자와 CEO, 장관과 임원급 간부, 국·과장과 중간관리자는 서로 역할이 비슷하다. 최고통치권자가 장관을 잘못 선발할 경우 제대로 된 정사를 펼 길이 없다. 기업공동체도 마찬가지다. 가장 큰 문제는 해당 장관과 임원을 발탁할 때 당사자가 과연 최고통치권자나 CEO를 위해 충성을 다할 수 있는 인물인가 하는 것을 확신하기 어렵다는 점이다. 한비자와 마키아벨리가 이들의 적극적인 충성을 유도하고 불충을 사전에 차단하기 위해 반드시 신상필벌의 원칙을 관철해야 한다고 역설한 이유다. 국 과장과 중간관리자의 경우도 크게 다르지 않다.

물론 이와 정반대의 노선을 택할 수도 있다. 『삼국연의』에 나오는 유비가 보여준 노선이 그것이다. 인간의 끈끈한 정을 토대로 강력한 유대감을 발휘할 수 있으나 결정적인 약점이 있다. 조직이 어느 정도 커진 뒤에는 더 이상 확대될 수 없는 점이 한계가 그것이다. 국가 공동체를 포함해 글로벌 기업을 지향하는 기업의 경우는 이를 채택 하기가 어렵다. 한비자와 마키아벨리가 제시한 '치리불치민'의 이치 는 21세기 경제전쟁 시대에도 그대로 적용된다고 말할 수 있다.

인색 계
吝嗇計

11

허세를 부리기보다는
인색한 지도자가 낫다

"군주가 백성들로부터 관대하다는 칭송을 듣고자 하면 사치스럽고 과시적인 혜택을 베풀어야만 한다. 이런 허세는 이내 군주의 모든 자산을 탕진하게 만든다. 군주가 관대하다는 세평을 계속 듣고자 하면 탐욕스러워질 수밖에 없고, 결국 이는 백성에 대한 중세重稅로 나타난다. 군주는 결국 누구의 존경도 받지 못하는 상황이 빚어지고 만다. 군주는 스스로 해를 초래하지 않는 한 관대한 자질을 발휘하면서 동시에 칭송을 받기가 매우 어렵다. 현명한 군주가 인색하다는 평판에 신경을 쓰지 않는 이유다.

군주는 검약을 통해 재정을 튼튼하게 해야 한다. 그래야 적의 공격을 막거나 원정에 나설 때 백성에게 부담을 주지 않고도 전쟁을 치를 수 있다. 이런 사실을 나중에 알게 된 백성들은 군주의 검약을 오히려 매우 관대한 행보로 칭송할 것이다. 자신들의 재산을 전혀 건드리지 않았기 때문이다."

_군주론 제16장 〈관대와 인색에 관해〉

마키아벨리는 이 대목에서 장차 전쟁 등의 큰일을 치르기 위해서는 재정을 튼튼하게 해야 하고, 그러기 위해서는 검약을 해야 하여, 그로 인해 인색하다는 비판이 나올지라도 이에 신경 쓰지 말 것을 주문하고 있다.

그는 『군주론』 제16장에서는 교황 율리우스 2세 등을 예로 들었다. 율리우스 2세는 교황의 자리에 오를 때까지만 해도 관대하다는 세평을 적극 활용했다. 그러나 보위에 오른 뒤에는 전쟁을 치르기 위해 이런 평판을 유지하는 데 연연하지 않았다. 백성에게 부담을 주지 않고도 여러 차례 전쟁을 치를 수 있었다. 장기간에 걸친 검약 행보로 추가적인 전비 지출을 감당한 덕분이다. 루이 12세는 전임자인 샤를 8세와 마찬가지로 검소한 생활을 영위했다. 게다가 그는 마키아벨리가 언급했듯이 새로운 세금도 부과하지 않았다.

사람은 재산만 건드리지 않으면 리더가 인색해도 신경 쓰지 않는다

마키아벨리가 군주에게 인색하다는 평판을 두려워해서는 안 된다고 역설한 가장 큰 이유는 역시 백성에게 전비 부담을 조금도 주지 않으려는 데 있었다. 인색하다는 비난에 지나치게 신경을 쓸 경우 결국 백성에게 무거운 세 부담을 안겨주어 궁극적으로 비난 대상이 될 수밖에 없다.

마키아벨리가 제시한 해법은 설령 현재 인색하다는 욕을 먹을지라도 검약을 통해 재정을 튼튼히 하는 길이다. 향후 전공戰功 등으로 그런 비난에 대한 보상을 충분히 받을 수 있다고 본 것이다.

"적의 공격을 막거나 원정에 나설 때 백성에게 전비 부담을 전혀 주지 않고도 전쟁을 치를 수 있다. 이런 사실을 나중에 알게 된 백성들은 군주의 검약을 오히려 매우 관대한 행보로 칭송할 것이다."

주목할 것은 마키아벨리가 "자신들의 재산을 전혀 건드리지 않았기 때문이다"라고 언급한 다음 대목이다. 백성들은 자신들의 재산을 건드리지 않는 한 군주가 인색한 모습을 보이든, 아니면 관대한 모습을 보이든 신경을 쓰지 않는다는 것이다. 마키아벨리 역시 춘추전국시대의 제자백가와 마찬가지로 이익을 향해 무한 질주하는 인간의 호리지성好利之性을 통찰하고 있었다.

호리지성은 법가 사상을 집대성한 한비자가 가장 정확히 파악했다. 동서고금을 막론하고 군주가 인민의 지지를 얻기 위해 시종 관대한 행보를 보일 경우에 국가공동체는 이내 패망하고 만다. 그런 낭비의 뒷감당을 할 수 없기 때문이다. 그래서 한비자가 맹자의 인의仁義를 격렬한 어조로 비판한 것이다. 『한비자』「오두」의 다음 대목이 이를 뒷받침한다.

"지금 군주는 신하의 말을 들으면서 그 변설의 교묘함만 좋아할 뿐 그 타당성은 추구하지 않는다. 신하의 행동을 보면서 명성만 칭송할 뿐 그 공적은 추궁하지 않는다. 세상의 논객들이 변설의 교묘함에만 힘쓰고 실용을 등한시함은 이 때문이다. 선왕을 들먹이며 인의를 말하는 자가 조정을 채우면, 나라의 정사는 어지러움을 면치 못하게 된다.

무릇 힘을 다해 경작하는 것은 수고롭지만 백성들이 그것을 하는 것은 무슨 까닭인가? 백성들은 "부자가 될 수 있기 때문이다"라고 말한다. 전쟁을 하는 것은 위험하지만 백성들이 그것을 하는 것은 무슨 까닭인가? 백성들은 "귀인이 될 수 있기 때문이다"라고 말한다. 지금 문학을 연마하고 말재주를 익히기만 하면 수고롭게 경작하지 않아도 부유해지고, 위험한 전쟁을 하지 않아도 존귀해진다면 누가 이를 행하려 하지 않겠는가?

백 명이 쓸모없는 지혜를 섬기고 단 한 사람이 일을 하는 꼴이다. 쓸모없는 지혜를 섬기는 백성이 많아지면 법이 무너지고, 일을 하는 자가 적어지면 나라는 가난해진다. 세상이 혼란스러워지는 것은 이런 까닭이다."

매사에 너그럽기만 한 것은 패망의 길임을 명심하라

한비자가 인의를 전면에 내세우며 덕정德政을 역설한 유가들을 질타한 것은 이런 이유에서이다. 난세에 너그러운 정사로 일관할 경우 이는 패망의 길이 열린다.

실제로 구한말에 이런 일이 빚어졌다. 이웃 일본이 제국주의 대열에 합류해 기회를 노리고 있을 때, 조선의 고루한 성리학자들은 양이洋夷와 왜이倭夷를 싸잡아 비난하며 오히려 덕정에 더욱 박차를 가할 것을 주문했다. 그러면 양이와 왜이도 감복해 침략의 손길을 멈출 것이라는 것이 그들의 논지였다. 그 결과는 참혹했다. 단군 이래 줄곧 독립을 유지해온 나라가 패망하고, 온 백성이 일제의 노예로 전락했다. 굶주린 호랑이에게 생고기를 내던진 꼴이다.

마키아벨리 역시 한비자 못지않게 인간의 호리지성을 깊이 이해하고 있었다. 군주가 전쟁의 비용을 위해 백성의 재산을 건드리지 않으면, 군주의 인색한 행보에 크게 개의치 않는다는 것이다. 그래서 마키아벨리가 "현명한 군주는 인색하다는 평판에 신경을 쓰지 않는다"고 말한 것이다.

마키아벨리는 심지어 '인색함은 군주의 통치를 가능하게 하는 악덕 가운데 하나'라고까지 말한다. 『군주론』 제16장에는 이렇게 말하고 있다.

"군주는 인색하다는 세평에 연연해서는 안 된다. 모두 백성의 재산을 빼앗지 않고, 자신을 방어하고, 빈곤한 재정으로 인한 경멸을 피하고, 탐욕스런 모습을 보이지 않기 위해 그런 것이다. 인색함은 군주의 통치를 가능하게 하는 악덕 가운데 하나이다. 그럼에도 카이사르는 관대하다는 칭송 덕분에 권력을 장악했고, 그 밖의 사람들 역시 관대하다는 세평 덕분에 높은 자리에 올랐다는 반론을 제기할 수 있을 것이다. 이에 대해서는 이같이 대답할 수 있다.

"그것은 당신이 이미 보위에 올랐는지, 아니면 그런 과정에 있는지 여부에 따라 달라진다. 전자의 경우는 관대하다는 칭송이 오히려 해가 되고, 후자의 경우는 커다란 도움이 된다."

카이사르는 로마의 최고 권력자가 되고자 한 사람들 가운데 하나였다. 그가 권력을 장악한 후 암살을 당하지 않았을지라도 씀씀이를 줄이지 않았으면 이내 권력을 잃고 로마까지 파괴하고야 말았을 것이다. 이에 대해 관대하다는 칭송을 받은 많은 사람이 보위에 올랐고, 이후 군사적 위업을 이뤘지 않았느냐고 반박할 수 있을 것이다. 이에 대해서는 이같이 대답할 수 있다.

"군주는 전비를 조달할 때 자신 내지 자국 백성의 자산을 활용하거나, 아니면 타국의 자산을 활용하거나 한다. 전자의 경우는 인색해야 하고, 후자의 경우는 가급적 관대해야 한다."

예컨대 군주가 자신의 군사를 이끌고 원정에 나섰을 때 전리품과 약탈품 및 배상금 등으로 군사를 유지해야 하는 경우가 있다. 이때는 관대해야만 한다. 그리하지 않으면 병사들이 따르지 않기 때문이다.

자신 또는 자국 백성의 자산이 아니라면 카이사르가 했던 것처럼 큰 선심을 써도 무방하다. 남의 것으로 후한 선심을 쓰는 것은 군주의 명성에 누가 되기는커녕 오히려 드높이는 결과를 가져온다. 군주에게 해가 되는 것은 오직 군주 자신의 자산을 함부로 사용하는 경우뿐이다."

마키아벨리는 여기서 전리품과 약탈품 등을 활용하는 경우를 빼고는 인색한 모습을 보이는 것이 오히려 군주의 명성을 드높이는 데 도움이 된다는 사실을 역설하고 있다.

카이사르가 예외적으로 관대한 모습을 보인 것은 크게 두 가지 특이한 경우에 한정되어 있다는 것이 마키아벨리의 논리이다.

첫째, 카이사르는 보위에 오르기 전에만 관대한 모습을 보였다. 보위에 오른 뒤에는 결코 이전처럼 관대한 모습을 보인 적이 없다. 오히려 인색한 모습을 드러냈다. 계속 관대한 모습을 보였다가는 재정의 파탄을 우려했기 때문이다.

둘째, 원정을 나가서는 전리품과 약탈품 등을 나눠주며 관대한 모습을 보여주었다. 이때는 그리하지 않을 경우 병사들이 따르지 않을 것을 우려가 컸기 때문이다.

결론적으로 말해 카이사르는 이러한 두 가지 경우에만 예외적으로 관대한 모습을 보였을 뿐 통상적인 상황에서는 오히려 인색한 모습을 보였다는 것이 마키아벨리의 분석이다.

21세기 현대 사회에서는 국가나 기업에서 관대하게 베풀어줄 남의 것이 없다. 카이사르처럼 식민지의 전리품과 약탈품을 관대하게 나눠줄 수 없기에, 최고통치권자를 비롯한 위정자들과 기업가들은 반드시 검약을 생활화해야 할 것이다.

忘功計

12

지나간 성공은 잊고
항상 새로운 성공을 훈련하라

"위기 때 임기응변할 줄 아는 군주만이 살아남을 수 있으나 그런 군주는 매우 드물다. 타고난 성품을 바꾸기 어렵기 때문이다. 특히 외길을 걸어 늘 성공을 거둔 경우는 더욱 심하다. 신중한 행보로 일관한 군주가 과감히 행동해야 할 때 어찌할 줄 몰라 당황해하다가 이내 패망하는 것은 이 때문이다. 시변을 좇아 기왕의 성공 방식을 과감히 바꿀 줄 알면 그간의 행운도 바뀌지 않을 것이다."

_군주론 제25장 〈인간은 운명에 얼마나 지배되고, 이를 어떻게 극복하는가?〉

마키아벨리는 이 대목에서 위기 때 임기응변을 해야 살아남을 수 있고, 이는 기존의 성공 방식을 과감히 내던져야 가능하다고 조언하고 있다. 시류時流는 늘 변하게 마련이다. 이는 민심이 아침저녁으로 변하는 것과 같다. 문제는 군주가 어떻게 하면 이런 흐름을 거스르지

탁월한 사람을 모방하라 – 마키아벨리처럼

않고 재빨리 변신할 수 있는가 하는 데 있다. 마키아벨리는 기존의 성공방식을 버리지 않으면 이내 패망할 수밖에 없다고 단언했다.

이전의 성공 방식을 과감히 버리고 새로운 방식으로 도전하라

마키아벨리는 구체적인 사례로 체사레 보르자의 부친인 교황 알렉산데르 6세의 뒤를 이은 율리우스 2세를 들었다. 마키아벨리가 율리우스 2세를 높이 평가한 것은 매사를 언제나 과감하게 처리하면서 앞으로 나아간 점을 높이 평가했기 때문이다. 율리우스 2세는 교황 식스투스 4세의 조카로, 속명은 줄리아노 델라 로베레이다. 젊었을 때는 프란체스코회 수사를 지냈다. 1471년 삼촌이 교황으로 선출되자 추기경에 임명됐다.

당시 그는 교황 선출회의에서 로드리고 보르자의 선출을 반대한 까닭에 보르자가 알렉산데르 6세로 취임한 후 입지가 크게 좁아졌다. 알렉산데르 6세를 뒤이은 교황 피우스 3세가 취임 후 얼마 지나지 않아 죽자, 1503년 그의 뒤를 이어 교황으로 선출됐다.

단호한 결단력과 강력한 추진력을 자랑한 그는 교황령의 질서를 회복하고, 기존의 세속 통치자들을 몰아내는 데 박차를 가했다. 대표적인 사례로 1509년 막시밀리안 1세 및 루이 12세와 합세하여 베네치아를 공격한 것을 들 수 있다. 조반니 벤티볼리오 공작이 볼로냐의 군주로 있을 때 율리우스 2세는 첫 원정 대상으로 볼로냐를 잡았다. 여러모로 성공 확률이 가장 높다고 판단했기 때문이다. 베네치아가 이를 반대하자 스페인의 페르난도 2세도 이에 동조했다.

당시 율리우스 2세는 프랑스의 루이 12세와 협상을 진행 중이었다. 그는 루이 12세가 미적거리자 과감히 독자 출정을 결행했다. 허를 찔린 스페인과 베네치아는 아무런 대책도 마련하지 못한 채 사태의 추이를 지켜볼 수밖에 없었다. 베네치아는 자칫 불똥이 잘못 튀어 나폴리 왕국 내의 영지를 잃을까 두려워했고, 스페인은 나폴리 왕국 전역을 재탈환할 요량으로 수수방관한 것이다.

스페인과 베네치아가 관망하는 입장을 취하자 율리우스 2세는 곧바로 프랑스를 끌어들였다. 베네치아 영향력의 축소를 꾀하던 루이 12세는 교황의 요청이 오자 기꺼이 손을 잡았다. 제의를 거부할 경우 교황과 공개적으로 대립한다는 비난을 들을까 우려한 것이다. 율리우스 2세가 이전 교황들이 해내지 못한 위업을 이룬 배경에는 이런 것들이 있었다. 과감한 결단으로 신속히 진격한 덕분이다. 마키아벨리는 율리우스 2세의 과감한 결단이 이런 성과를 거둔 것으로 분석했다. 그의 교황에 대한 평이다.

"율리우스 2세가 다른 교황들처럼 외교협상과 여타 작업을 모두 마무리 지은 뒤 로마를 떠나고자 했다면 결코 성공하지 못했을 것이다. 루이 12세는 군사지원을 거절할 수 있는 갖은 구실을 꾸며대고, 다른 나라들 역시 율리우스 2세를 주춤하게 만들 온갖 이유를 제시했을 것이 확실하다."

객관적으로 볼 때 율리우스 2세는 뛰어난 결단력을 자랑했지만 성격도 매우 급했다. 다행히 이게 재빠른 변신을 요구한 시류와 맞아떨어진 덕분에 성공을 거둘 수 있었다. 만일 시류가 정반대의 행보를 요구했다면 어찌 됐을까? 마키아벨리는 정반대의 상황이 빚어졌을 것으로 내다보았다.

"율리우스 2세의 과감한 결단은 매번 모두 좋은 결과를 얻었다. 그러나 만일 신중한 행보가 필요한 상황이 닥쳤으면 그는 틀림없이 몰락하고 말았을 것이다. 그 역시 타고난 성향과 어긋나는 행보를 보일 리 없기 때문이다. 요행히 그는 짧은 재임 덕분에 급격한 몰락을 맛보는 험한 꼴은 당하지 않았다."

이를 통해 마키아벨리가 율리우스 2세를 예로 든 것은 결코 그를 일방적으로 칭송하고자 한 것이 아님을 알 수 있다. 급한 성정이 과감한 결단을 이끌어냈고, 이게 요행히 시류와 맞아떨어져 성공을 거둔데 불과하다는 것이 마키아벨리의 총평이다. "요행히 그는 짧은 재임 덕분에 급격한 몰락을 맛보는 험한 꼴은 당하지는 않았다"고 한 것이다.

급변하는 상황에 따라 임기응변할 수 있어야 한다

마키아벨리가 볼 때 율리우스 2세는 외길을 걸어 늘 성공을 거둔 대표적인 사례에 속한다. 기왕의 성공 방식이 시류와 맞아떨어져 죽는 순간까지 험한 꼴은 보지 않았으나, 이는 우연에 지나지 않았다는 것이다. 만일 시류가 급변해 신중한 행보를 요구했을 경우 그는 틀림없이 험한 꼴을 당할 수밖에 없었다는 것이 마키아벨리의 주장이다.

율리우스 2세뿐만 아니라 사람들 모두 타고난 성품을 바꾸기 어려운 탓에 위기가 닥쳤을 때 임기응변을 못한 채 허둥대곤 한다. 마키아벨리가 "신중한 행보로 일관한 군주가 과감히 행동해야 할 때 어

찌할 줄 몰라 당황해하다가 이내 패망하는 것은 이 때문이다"라고
한 것은 율리우스 2세와 정반대되는 경우를 말한 것이다.

마키아벨리가 볼 때 율리우스 2세처럼 성정이 급한 사람이든, 아니
면 그와 정반대되는 사람이든, 자신의 성품과 반대되는 행보가 절실
히 요구되는 상황에서 과감한 변신을 통해 임기응변한 군주는 드물
었다. 위기 때 임기응변할 줄 아는 군주가 매우 드물다고 탄식한 것은
한비자가 법술을 아는 군주가 드물어 세상이 어지럽다고 탄식한 것과
닮았다. 『한비자』 「외저설 좌상」에 이를 뒷받침하는 일화가 나온다.

전국시대 말기 조나라의 재상으로 있던 우경虞慶이 집을 지었다.
그가 목수에게 일렀다.
"지붕의 경사도가 너무 가파르다."
목수가 대답했다.
"이것은 새 집입니다. 벽에 바른 흙은 아직 젖어 있고 서까래 또
한 생나무입니다. 젖은 흙은 무겁고 생나무 서까래는 휘게 됩니다.
휜 서까래로 무거운 흙을 떠받치고 있으니 당연히 집이 낮아지는
건 당연한 이치입니다."
우경이 반박했다.
"그렇지 않다. 오랜 시간이 지나면 흙은 마르고 서까래도 건조해
진다. 흙이 마르면 가벼워지고 서까래가 건조해지면 곧아질 것이다.
곧은 서까래로 가벼운 흙을 받치면 오히려 더욱 높아질 것이다."
목수가 말이 막혀 이르는 대로 했다. 이내 집이 무너졌다.

또 한번은 진나라 승상 범수范雎가 활을 만드는 궁장弓匠에게 이같이 말했다.

"활이 제조 과정에서 부러지는 것은 반드시 마지막 과정에서 일어나는 것이지 처음 단계에서 일어나지 않는다. 무릇 장인이 활을 휘게 할 때는 먼저 나무를 30일 동안 도지개에 끼워 둔다. 그러나 시위를 걸 때는 발로 무지막지하게 밟고, 하루가 지난 뒤 활을 쏘아본다. 이는 처음에 신중하게 하다가 나중에 거칠게 다루는 것이다. 이리하면 어찌 부러지지 않겠는가?

그러나 나는 그리하지 않는다. 나무를 하루만 도지개에 끼워 두고 연후에 발로 밟아 시위를 걸어 두었다가 30일 후 비로소 활을 쏘아본다. 처음에는 거칠게 다루지만 마지막에는 신중을 기하여 조심스럽게 하는 것이다."

활을 만드는 공인이 반박을 못한 채 범수의 말대로 활을 만들었다. 이내 활이 부러지고 말았다.

이를 두고 한비자는 이같이 탄식했다.

"범수나 우경의 말은 모두 화려한 변론에 불과할 뿐 실제 상황과는 상반된 것이다. 군주는 이런 말만 좋아하며 금하지 않는 까닭에 실패하는 것이다. 무릇 군주가 교묘하고 화려한 얘기만 좋아하는 것은 마치 법술을 익힌 사람을 물리친 채 집을 무너뜨리거나 활을 부러뜨리는 사람에게 국사를 맡기는 것과 같다.

법술을 아는 사람이 법술을 행하지 못하면 이내 나라가 어지러워지고, 군주 또한 위태롭게 된다. 그런데도 요즘 범수나 우경 같은 자가 끊이지 않고 나타나고 있으니, 이는 군주가 이런 자들을 좋아한 탓이 아니겠는가!"

원래 우경과 범수는 가진 것이라고는 오직 세 치 혀밖에 없는데, 황홀한 언변으로 군주를 미혹시켜 문득 인신人臣으로서는 최고의 자리인 정승에 오른 당대의 종횡가縱橫家들이다. 한비자가 볼 때 우경과 범수는 자신들이 걸어온 성공 신화에 도취한 자들이다. 마키아벨리가 언급한 '외길을 걸어 늘 성공을 거둔 경우'에 속한다. 이런 자들은 자신의 성공 방식을 바꾸지 않는다. 이런 자들을 중용하면 위기 때 패망하게 된다. 한비자는 군주에게 임기응변의 법술에 능한 자를 발탁해야만 패망을 면할 수 있다고 경고한 것이다.

이는 마키아벨리가 "위기 때 임기응변할 줄 아는 군주만이 살아남을 수 있으나 그런 군주는 매우 드물다"고 탄식한 것과 취지를 같이한다. 관건은 기왕의 성공 방식을 과감히 내던지고, 심기일전心機一轉의 각오로 과감히 변신함에 있다. 마키아벨리가 제25장에서 말하고자 한 게 바로 이것이다.

급하거나 차분한 군주의 성품은 아무런 문제가 되지 않는다. 오직 중요한 것은 위기가 닥쳤을 때 본인의 성품과 정반대의 행보를 보일 수 있는가 하는 점이다. 임기응변의 요체는 바로 이것이다. 그럼에도 그런 군주는 드물었다. 한비자와 마키아벨리가 공히 장탄식을 한 것은 이 때문이다.

정치인과 경영자들 가운데에도 과거의 화려한 성공과 업적만을 내세우는 사람들이 많다. 이들에게 과거의 화려함만 믿고 일을 맡길 경우에 실적이 전만 못하거나, 아니면 아예 일을 그르치는 경우가 많다. 이들은 자신의 과거의 성공 방식만을 믿고 변신하기를 두려워하기 때문이다.

자신감이 있는 사람은 결코 과거의 성공과 화려함을 입으로 떠벌이면서 안일하게 지내지 않는다. 지나간 성공은 조용히 역사 속에 묻어두고 새로운 시대적 조건에 맞는 새로운 성공을 쟁취하는 것이 현명한 리더의 임무이자 역할이다.

03

책략

너그러우면서도 두려운
지도자가 되는 리더십

策略

시단계
示斷計

13

위기일수록 신속하게 결단하라

"교황 율리우스 2세는 늘 매사를 과감히 처리하면서 앞으로 나아갔다. 그는 일 처리 방식이 시대 상황과 부합한 까닭에 늘 성공할 수 있었다. 그가 다른 교황들처럼 외교협상과 여타 작업을 모두 마무리 지은 뒤에 로마를 떠나고자 했다면 결코 성공하지 못했을 것이다. 당시 율리우스의 제안을 받고 미적거리던 프랑스 왕 루이 12세는 군사 지원을 거절할 수 있는 갖은 구실을 꾸며댔을 것이고, 다른 나라들 역시 율리우스 2세를 주춤하게 만들 온갖 이유를 제시했을 것이다."

_군주론 제25장 〈인간은 운명에 얼마나 지배되고, 이를 어떻게 극복하는가?〉

앞에서도 인용한 구절이지만 마키아벨리는 이 대목에서 군주의 단호한 결단을 촉구하고 있다. 『로마사 논고』에도 유사한 구절이 나온다. 군주는 필요에 쫓겨 부득이하게 시행한 일이라도 스스로 선택한 결과인 것처럼 행동할 필요가 있다는 말이 나온다. 그는 여기서 현명한 사람은 실제로 어쩔 수 없이 하게 된 일이라도 상대방이나 주변 사람들에게 스스로 자유 의지에 따라 행동한 결과로 보이게 처신한다는 점을 잊어서는 안 된다고 역설했다.

결단은 과감하게 행동은 신속하게

동서고금을 막론하고 난세에는 설령 잘못된 판단이라도 신속하고 과감하게 결단을 내리는 것이 매우 중요하다. 결단하지 못한 채 우왕좌왕하며 우유부단하면 결단을 안 하는 것보다 위험하다.

『한비자』도 군주를 허수아비로 만든 뒤 전횡하는 권신의 행보를 '전제專制', 신하들의 의견을 고루 들은 뒤 고독한 결단을 하는 군주의 행보를 '독제獨制' 또는 '독단獨斷'으로 표현했다. 한비자의 이 표현은 『상군서』의 '군단君斷'을 차용한 것이다.

춘추전국시대에 나온 문헌 가운데 군주의 결단을 『상군서』만큼 자세히 설명한 고전도 없다. 지금까지도 결단에 관해 이 책을 능가하는 책은 없다. 『상군서』에서 분류한 군주의 결단 유형은 현대에도 암시하는 바가 매우 크다. 제자백가 가운데 법치 이론을 사상 최초로 정립한 상앙商鞅은 결단의 문제를 치도와 연결시킨 최초의 인물이다. 그는 『상군서』 「거강」에서 간략히 언급한 뒤 『상군서』 「설민」에서 군주의 결단 문제를 종합적으로 정리해놓았다.

이를 정확히 이해하기 위해서는 먼저 전제와 독재의 의미부터 명확하게 할 필요가 있다. 21세기 현재 전제와 독재 모두 최고통치권자인 군주나 대통령에 의해 자행되는 퇴행적인 통치로 간주하고 있다. 모두 군주정을 민주정과 대립되는 것으로 파악한 서양의 역사와 문화의 영향 때문이다.

『상군서』와 『한비자』를 비롯한 법가 사상서와 『손자병법』을 위시한 동양 전래의 병서는 서양과는 정반대로 군주의 독재와 전쟁터에 용병하는 장수의 전제를 역설하고 있다. 그것은 난세이기 때문에 전제를 해야 한다는 것이다.

『한비자』는 군주의 독재와 권신의 전제를 엄격하게 분리했다. 이는 무엇을 근거로 한 것일까? 『한비자』 「망징」에 그에 대한 설명이 나온다.

"신하들이 붕당을 결성해 군주의 눈과 귀를 가리면서 권력을 휘두르면 그 나라는 패망한다. 변경을 지키는 장수의 직위가 너무 높아 멋대로 명을 내리면 그 나라는 패망한다. 나라의 창고는 텅 비어 있는 데도 대신의 창고만 가득 차 있으면 그 나라는 패망한다."

한비자가 좌우의 의견에 흔들리지 않고 독자적으로 결단하는 군주의 독재를 역설한 이유가 이것 때문이다. 군주의 결단이 국가의 존망과 직결된다고 판단했기 때문이다. 그는 「외저설 우상」에서 상앙과 비슷한 시기에 활약한 신불해申不害의 말을 인용해 군주의 고독한 결단을 이와 같이 설명하고 있다.

"일을 처리할 때 남의 눈치를 보지 않고 홀로 진상을 파악하는 것을 명明, 어떤 일이 일어나도 남의 말에만 귀를 기울이지 않고 홀로 판단하는 것을 총聰이라고 한다. 이처럼 남의 말과 뜻에 흔들리지 않고 '총'과 '명'에 따라 홀로 결단하는 사람은 가히 천하의 제왕이 될 수 있다."

『한비자』는 군주의 고독한 결단을 독단獨斷으로 표현했다. 앞서 설명한 서구의 정치사상사에서 말하는 '딕테이터십', 즉 독재와 유사한 개념이다. '독재'라는 용어가 유행하게 된 것은 메이지 유신 당시 일본인들이 '딕테이터십'을 '독단' 대신 '독재'로 번역한 다음부터이다. 원래 '재裁'와 '단斷' 모두 옷감이나 재목 따위를 치수에 맞도록 재거나 자르는 마름질을 의미한다. 독재 대신 독단으로 번역했을지라도 결국 같은 뜻이다.

그러나 그 내막을 보면 상앙과 한비자가 말하는 독단이나 독재는 서구의 '딕테이터십'과 적잖은 차이가 있다. 『상군서』 「수권」에는 독재가 독제獨制로 나온다. 독단과 독제를 「거강」과 「설민」 및 「근령」 등에서는 군주의 고독한 결단을 뜻하는 군단君斷으로 표현해놓았다. 난세의 정도가 극에 달했을 때 반드시 필요한 결단의 유형으로 언급한 것이다.

「거강」과 「설민」 및 「근령」의 풀이에 따르면 태평성대에는 모든 문제를 백성들 스스로 판단해 처결하게 된다. 이를 '가단家斷'이라고 한다. 그보다 약간 못한 치세에는 분쟁을 마을 단위에서 처결한다. '곡단曲斷'이다. '곡曲'은 시골의 구석진 '향곡鄉曲'을 뜻한다. 가단과 곡단을 합쳐 '하단下斷'이라고 한다. 하단과 대비되는 것이 '상단上斷'이다. 이는 크게 '관단官斷'과 '군단君斷'으로 나뉜다. 쟁송이 많아져서 관아에서 처결하는 것이 관단이다.

나라가 그만큼 어지러워졌음을 뜻한다. 관아에서도 처결하지 못해 마침내 모든 사람이 최고통치권자인 군주의 결단을 요구하는 최악의 상황이 도래한다. 이때 필요한 게 바로 군단이다. 난세의 심도가 그만큼 깊어졌음을 의미한다.

상앙은 자신이 활약하던 전국시대 중기의 상황을 난세의 절정으로 파악했다. 그래서 군주의 고독한 결단을 촉구한 것이다.

한비자는 상앙의 이런 주장에 공감했다. 『한비자』 「칙령」에서 엄정한 법치의 확립을 역설한 것도 이런 맥락에서 이해할 수 있다. 한비자는 이렇게 말한다.

"군주는 자신의 명령을 공정하고 불편부당하게 시행하여 법제에 부합토록 해야 한다. 법제가 공평하면 관원이 간사한 짓을 못하게 된다. 공적에 따라 인재를 임용하면 백성들의 말이 적고, 공허한 인의도덕을 떠벌이는 자를 임용하면 백성들의 말이 많아진다.

법치는 향촌에서부터 엄히 시행될 필요가 있다. 곧바로 5리 범위 안에서 엄히 시행할 수 있으면 왕자王者, 9리 범위 내에서 엄히 시행할 수 있으면 강자强者가 된다. 지척대며 시행을 늦추는 나라는 영토가 깎이고 쇠약해진다."

고금을 막론하고 법치가 확립되어 있지 못하면 백성들은 시비판단의 근거가 없어 사안을 속히 처리할 수 없게 된다. 이렇기 때문에 쟁송은 더욱 많아진다. 이를 방치하면 나라가 이내 어지러워질 수밖에 없다. 상앙과 한비자가 법치가 확립되면 향촌 단위에서 조속히 시비를 결단해 문제를 미연에 방지할 수 있다고 역설했다. 「설민」이 하단과 상단이 등장하는 배경을 치세와 난세의 틀 속에서 '일치日治'와 '야치夜治', '숙치宿治'로 바꿔 표현했다.

　원래 가단家斷은 다스리는 데 여유가 있는 상황이다. 업무시간인 낮에 결단해 사안을 처리하는 '일치'가 이뤄지는 경우를 말한다. 이같이 하면 왕자가 된다.

　관단官斷은 다스리는 데 다소 부족한 상황이다. 밤늦게 결단해 사안을 처리하는 '야치'가 이뤄지는 경우를 말한다. 이같이 하면 강자가 된다.

　군단君斷은 다스리는 데 큰 어려움을 겪을 정도로 매우 어지러운 상황이다. 머뭇거린 탓에 하룻밤을 묵혀 다음날 결단해 사안을 처리하는 '숙치'가 이뤄지는 경우를 말한다. 이같이 하면 나라의 영토가 깎인다.

　『한비자』와 『상군서』는 가단을 최고의 치도인 치도帝道로 상정했다. 『상군서』와 『한비자』에 나오는 '치세 및 난세에 적용되는 결단의 차원'을 종합하면 대략 다음과 같이 정리할 수 있다.

치세 및 난세에 적용되는 결단의 차원					
상황	필요한 결단의 종류		결단의 완급	결단 주체	치자治者
치세	하단	가단家斷	즉치卽治	가호	제자帝者
		곡단曲斷	일치日治	5리	왕자王者
난세	하단	곡단曲斷	일후치日後治	7리	패자霸者
		곡단曲斷	석치夕治	9리	강자强者
		곡단曲斷	석후치夕後治	10리	약자弱者
	상단	관단官斷	야치夜治	관아	삭자削者
		군단君斷	숙치宿治	군주	위자危者
		무단無斷	불치不治	무	망자亡者

지도자가 허수아비가 될 때는 패망의 지름길이다

공평무사한 법 집행이 제대로 이뤄지는 순서로 말하면 '가단家斷'의 수준이 가장 높다. 일정한 기준이 없어 멋대로 법 집행이 이뤄지는 '무단無斷'과 정반대되는 상황이다. 무단은 결단의 주체가 없는 상황을 말한다. 권신들이 발호해서 백성들을 그물질해 사욕을 채우는 최악의 단계를 상정한 것이다.

이 단계에서는 군주가 허수아비로 전락한 까닭에 결단의 주체가 없고, 오직 권신들이 자신들의 입맛에 따라 멋대로 정책을 결정하고 법령을 집행할 뿐이다. 후한 말기에 등장한 환관의 발호와 조선조의 세도정치 등이 무단의 대표적인 사례에 해당한다. 난세일수록 강력한 군권君權에 기초한 단호한 결단이 필요한 것이다.

상앙은 무단이 군주가 허수아비로 전락한 상황이라고 판단했다. 그는 이를 '군약신강君弱臣强'이라 표현했다. 군약신강을 언급한 최초의 사례에 해당한다. 그는 군약신강을 패망의 지름길로 간주했다. 『상군서』「신법」에서 이렇게 말한다.

"군주가 '군약신강'의 배경을 제대로 살피지 못하면 설령 열국 제후들의 침공을 받지 않을지라도 반드시 백성들의 겁박劫迫을 받게 된다. 붕당 세력의 교묘한 언설이 횡행하면 현자나 불초한 자나 모두 이를 따라 배울 것이다. 선비들이 언변에 뛰어난 사람에게서 배우면 일반 백성은 실질적인 일을 팽개친 채 허황된 언설을 낭송하고 다닐 것이다. 국력은 줄어들고 서로를 비난하는 소리가 난무한다. 군주가 이를 제대로 살피지 못하면 전쟁이 일어났을 때 반드시 장병을 모두 잃을 것이고, 성을 지키려고 해도 오히려 성을 팔아먹는 자가 나타날 것이다."

군약신강의 상황은 국가공동체 차원에서 빚어지는 '무단'에 해당한다. 최소 단위의 부부공동체의 경우에도 '무단'의 상황이 충분히 존재한다.

기업공동체도 예외가 아니다. 『한비자』가 역설했듯이 금슬 좋았던 부부 사이에서도 먹고사는 일이 심각한 문제로 부상하면 다툼이 잦아진다. 풍요로울 때는 사소한 문제에 지나지 않았던 것이 자칫 심각한 문제로 번질 수 있다. 이때 양측이 서로 이해하고 타협하면 아무런 문제가 없다. 이는 가단에 비유할 수 있다.

만일 갈등이 누적돼 다툼이 격화되면 중재인이 등장한다. 양측 가족과 친지가 이에 해당한다. 이는 5리 안의 '곡단'에 비유할 수 있다. 이들의 중재가 실패하면 사회 원로 등에게 중재를 부탁할 수 있다. 10리 안의 '곡단'이 이에 해당한다. 만일 이마저 실패해 다툼이 격화되면 결국 법정으로 갈 수밖에 없다. '관단'이 개입하는 상황이다.

일단 '관단'이 개입하면 비용도 많이 들 뿐만 아니라 사안을 원만히 해결하기도 어렵게 된다. '관단'은 기본적으로 정해진 규정에 의해 획일적으로 판단하는 까닭에 위자료 등을 둘러싸고 양측 간에 첨예한 공방전이 펼쳐지게 된다. 모양새가 좋을 리 없다. 비록 다툼이 격화되기는 했으나 그나마 이 단계에서라도 조정 등의 다양한 형식을 통해 사안이 해결되면 다행이다.

만일 '관단'에 의해서도 해결되지 않고 양측이 서로 삿대질을 하며 치고받는 상황으로 치닫게 되면 어찌되는 것일까? 이때는 법원의 조정 차원을 넘어 국가공권력이 발동하게 된다. 이를 방치할 경우 국가공동체에 심각한 폐해를 줄 수 있기 때문이다. 이혼과 함께 강제력에 의한 상호 접근금지 등의 명령이 내려지는 것이 이에 해당한다. 그야말로 난세가 절정에 달한 셈이다.

여기서 한 발 더 나아가 법원의 결정에 불복하고, 제3자가 개입해 권모술수를 동원한 난타전으로 진행되면 그야말로 최악의 단계인 '무단'에 해당한다.

기업공동체의 패망도 같은 맥락에서 풀이할 수 있다. 창업주 2세가 등장한 뒤 창업주와 고락을 같이했던 임원과의 갈등이 폭발할 경우 이와 유사한 양상을 보인다. 국가공동체 역시 말기에 들어와 군주가 암약하고 권신이 발호할 때 예외 없이 이런 양상이 나타난다. 춘추전국시대와 삼국시대 등 난세 때마다 권신이 군주를 시해하고 나라를 빼앗는 시군찬역弑君簒位가 나타난 게 그렇다. 모두 집안이나 기업의 형편이 극도로 어려워지거나 내란 및 외우 등의 환란으로 인해 나라가 휘청거릴 때 이런 양상이 빚어지는 것이다.

『한비자』「외저설 우하」에서 군주통치의 요체를 백성을 직접 다스리는 '치민治民'이 아니라 관원을 대상으로 한 '치리治吏'에서 찾은 이유가 여기에 있다. 이는 권신의 발호를 미연에 방지해 보위를 튼튼히 하고, 군주가 의도한 바대로 신하를 부리고자 하는 제신술制臣術의 일환으로 나온 것이다. 상앙의 군단 개념을 확장한 것으로 볼 수 있기 때문이다.

위기에서는 주인의식을 가진 리더십이 필요하다
주목할 것은 전문 경영인이 주축이 된 기업 CEO의 민주적인 리더십을 강조하는 서구의 경영 이론은 위기상황에는 별반 효력이 없을 뿐더러 오히려 해로울 수 있다는 점이다.

2008년에 터져 나온 미국발 금융대란과 2011년의 유럽발 재정대란과 같은 위기상황에서는 과감히 도려낼 것은 도려내고 새로운 상황에 맞춰 즉시 변신해야 한다. 급속한 결단을 요하는 이런 상황에서 민주적인 리더십은 결단이 늦어질 수밖에 없다.

위기상황에서 결단을 미루면 미룰수록 사안은 위중해진다. 이는 패망에 이르는 길이다. 전쟁터에서 지휘관이 임기응변의 즉각적인 명을 내리지 못하고 우물쭈물하며 연일 구수회의만 열다가 몰살을 자초하는 것과 같다.

위기상항에서는 전문경영인 CEO의 민주 리더십보다는 오너 CEO의 제왕 리더십이 더욱 빛을 발한다. 뉴욕 대 정치학과 석좌교수 메스키타는 지난 2011년 동료교수 스미스와 함께 펴낸 『독재자의 핸드북』에서 권력의 획득 및 유지 차원에서 독재 문제를 집중 거론했다. 그는 이 책에서 "정치란 권력을 확보하고 유지하는 일에 지나지 않는다"고 단언하며 민주와 독재의 구분을 거부했다. 독재자들은 "정치가 곧 돈이다"라는 기본원칙을 극단적으로 드러내 보여준 사람에 지나지 않는다는 것이다.

북한의 김정일과 이라크의 사담 후세인 등의 무자비한 독재자는 물론 로마의 카이사르, 짐바브웨의 무가베, 미국의 오바마에 이르기까지 고금동서의 모든 통치자에게 이 원칙이 그대로 적용된다. 마피아의 두목과 월스트리트 경영자, 국제올림픽위원회와 국제축구연맹의 스포츠 권력도 예외가 아니다.

이들의 분석에 따르면 "짐이 곧 국가다"라고 언급한 루이 14세는 독재를 행한 것으로 알려져 있지만 실상은 달랐다. 23세에 실권을 잡은 그는 기성귀족 대신 법복귀족이라 불리는 새로운 인재집단을 등용하고 이들에게 집중적으로 보상함으로써 충성심을 얻고, 이를 토대로 막강한 왕권을 확립했다. 동서고금을 막론하고 통치 권력은 홀로 행사할 수 없는 만큼 당연한 해석이기도 하다.

　주목할 것은 이들이 찾아낸 독재자의 권력 획득 및 유지의 비결이다. 핵심 집단을 최소 규모로 유지하고, 대체 가능 집단은 최대 규모로 유지하고, 수입의 흐름을 통제하고, 지지자들에게 충성심을 유지할 정도만 보상하고, 국민을 잘살게 해주겠다며 지지자의 주머니를 터는 짓을 하지 않는 것 등 모두 다섯 가지이다.
　이 지침은 독재자들에게만 적용되는 게 아니다. 1864년 재선에 나선 링컨 미국 대통령은 당선 가능성이 희박했다. 그는 군인들을 위한 부재자 투표 제도를 도입해 대체 가능 집단을 확대하는 전략을 택했다. 그 결과 뉴욕에 큰 영향을 미쳐 인기가 높던 매클란 장군을 물리치고 재선에 성공했다.

　지지자들에게 충성심을 유지할 정도로만 보상하라는 지침도 현실 정치에서 막강한 위력을 발휘한다. 짐바브웨의 무가베는 쿠데타 위협에 직면할 때마다 군대에 보상하는 식으로 장기집권에 성공했다.

　국민을 잘살게 해주겠다고 지지자의 주머니를 털지 말라는 지침도 암시하는 바가 크다. 카이사르는 퇴역 군인들에게 무상으로 토지를 제공하고 시민의 부채를 약 25퍼센트나 감면해주는 등의 조치를 취했다. 시민들은 열광했지만 유력 집단의 일원인 핵심집단이 반발했다. 카이사르 암살의 배경을 여기서 찾았다.

이들은 대다수 국민을 굶기면서 얻은 돈으로 선택된 소수의 지지자에게 뿌리면서 충성심을 얻어낸 대표적인 사례로 파키스탄의 자르다리를 꼽았다. 그는 1인당 소득이 세계 최하위에 가까운 나라를 통치하면서 40억 달러에 이르는 막대한 부를 축적했다. 독재자가 비밀계좌를 만드는 이유다.

일단 권력을 쟁취한 뒤에는 측근들을 늘 긴장시켜야 한다. 언제든 제거될 수 있다는 걸 알 때 그들은 더욱 충성한다.

히틀러는 돌격대의 도움으로 권력을 얻었지만 친위대를 창설해 돌격대를 제거했다. 싱가포르의 리콴유는 선거에서 자신의 정당을 지지하지 않는 지역에는 주택 공급과 임대를 축소했다.

북한의 김정일은 잠재적 지지자들이 많으니 충성을 다하지 않으면 언제든 쫓겨날 수 있다는 메시지를 측근에게 던지는 데 능했다. 레닌은 조작된 보통선거 제도를 도입해 방대한 대체가능 집단을 창조한 이 방면의 달인으로 꼽혔다. 민주국가의 독재 통치술은 독재국가보다 훨씬 정교하다.

21세기의 경제전쟁 상황에서 민주국가든 독재국가든 어느 나라를 막론하고 최대의 화두로 등장한 '리더십 위기'는 빈부의 양극화에 있다. 메스키타는 2011년 '재스민 혁명'의 시발점이 되었던 이집트 시민혁명은 대표적인 사례로 꼽았다. 많은 사람들이 SNS를 주요 성공요인으로 보고 있지만 그의 해석은 다르다. 1979년 이집트-이스라엘 평화조약 체결 후 무바라크 정부를 지원해온 미국의 원조가 끊기자 청년 실업률이 20퍼센트가 넘는 등 심각한 경제 위기가 닥쳤다. 핵심집단에 대한 보상이 줄어들면서 군부가 등을 돌렸다. 시민군을 진압할 만한 인센티브가 없어지자 군부가 이내 시민혁명을 방치했다는 게 그의 설명이다.

21세기에 들어와 지구촌 곳곳에 보편적인 모습으로 나타나고 있는 '리더십 위기'는 기본적으로 특혜와 부정비리로 인한 시장질서의 교란에서 비롯된 것이다. 공정한 거래질서가 실종된 곳에서는 약육강식이 난무한다. 급전이 필요한 서민들이 사금융의 먹이가 돼 천문학적인 이자에 신음하고 있는 현실이 그렇다. '동반성장'이 여야를 막론하고 2012년 총선 및 대선의 최대 화두로 부상한 것도 이 때문이다. '리더십 위기'는 결국 민생해결의 실패를 달리 표현한 것에 지나지 않는다.

고금을 막론하고 민생이 도탄에 빠져 있는 한 '리더십 위기'에서 벗어날 길은 없다. 이 덫에서 벗어날 수 있는 유일한 길은 공정한 법집행을 전제로 한 최고통치권자의 과감한 결단이다. 민생의 현장인 시장의 교란을 막는 게 요체이다.

『상군서』가 난세의 심도가 깊을수록 군주의 신속하고도 고독한 결

단이 필요하다고 역설한 이유다. 그게 '군단'이다. 『상군서』가 부국
강병 책략의 최고 고전으로 꼽히는 것도 결단의 문제를 통치의 수
준과 연결시켜 분석한 사실과 무관하지 않다. 마키아벨리가 『군주
론』 제25장에서 교황 율리우스 2세를 과감한 결단의 대표적인 사례
로 거론한 것도 이런 맥락에서 이해할 수 있다. 동서고금을 막론하
고 결정적인 순간에 머뭇거리며 결단하지 못하는 것은 패배를 자초
하는 길이다.

다시 말하지만, 위기일수록 과감하게 판단하고 신속하게 결단하라.

회유계
懷柔計

14

회유가 안 통하면
강압적으로라도 설득하라

"과업을 수행하기 위해서는 먼저 남의 도움을 청해야 하는 상황에 처해 있는
지, 아니면 자력으로 수행할 수 있는지 여부를 검토해야 한다.

전자의 경우라면 아무것도 성취하지 못한 채 이내 실패할 수밖에 없다. 그러나
자력으로 개혁을 추진할 만한 충분한 힘을 보유한 후자의 경우는 결코 실패하
지 않는다.

무장한 예언자는 늘 승리한 데 반해 무장하지 않은 예언자는 늘 패망한 이유
가 이것이다. 이런 결과는 백성의 변덕스런 속성에 기인한 것이기도 하다. 백
성을 일단 회유해 설득키는 쉽지만 그 믿음을 유지시키기는 어렵다. 사람들이
더 이상 믿지 않을 경우 강압적인 방법을 동원해 믿지 않을 수 없도록 만들어
야 한다."

_군주론 제6장 〈자신의 힘과 자질로 성립된 새 군주국에 관해〉

마키아벨리는 이 대목에서 강압적인 방법 등 모든 수단을 동원해 백성들을 회유함으로써 군주를 믿지 않을 수 없도록 만들어야 한다고 역설하고 있다. 마키아벨리는 백성의 믿음을 잃는 순간, 곧 패망할 수밖에 없다는 사실을 통찰하고 있었던 것이다.

유사한 구절이 『로마사 논고』에도 나온다. 군주는 무턱대고 엄벌로 다스리기보다는 설득하고 고무시킬 수 있어야 효과적으로 조직을 통솔할 수 있다는 것이다. 자신이 생각한 바를 충분히 전달할 수 있는 화술의 위력을 지적한 셈이다.

화술은 21세기 비즈니스 기술에서 그대로 써먹을 수 있는 것이다. 사실 이런 화술이 없으면 비즈니스 정글에서 살아남기 힘들다. 회유와 설득은 결국 상대방으로 하여금 자신을 믿도록 만드는 것을 뜻한다. 능란한 화술도 중요하지만 결국은 인간적인 신뢰를 토대로 상대를 설복시키는 것이 그 요체다.

인간적인 신뢰를 쌓아 상대를 이끌어라

춘추전국시대의 제자백가들은 이를 통찰했다. 눌변訥辯의 공자도 예외가 아니었다. 공자는 무려 14년 동안 천하를 주유하며 열국의 군주 앞에서 군자가 다스리는 바람직한 정치를 설파하고 다녔다. 이른바 '철환천하轍環天下'이다. '철轍'은 수레를 탄다는 동사, '환環'은 한 바퀴 돈다는 뜻의 동사로 사용됐다. 수레를 타고 천하를 돌아다니며 유세한 그의 '철환천하'는 철저한 실패작이었다. 여러 이유를 들 수 있으나 책략과 유세 테크닉의 부재가 가장 큰 원인이었다.

주목할 것은 지금의 외교학파에 해당하는 종횡가縱橫家들이 '형편 없는' 유세가인 공자에 대한 각박한 평가와 달리 공자의 수제자 자공子貢에 대해서는 칭송을 아끼지 않았으며, 종횡가의 비조로 받든 점이다. 사제관계를 "콩 심은 데 콩 난다"는 우리말 속담 차원에서 보면 지독한 아이러니다. 종횡가의 이런 평가는 결코 뜬금없는 게 아니다. 『사기』「중니제자열전」에 이를 뒷받침하는 일화가 나온다.

이에 따르면 자공은 '응대사령應對辭令'에 뛰어났다. '응대應對'는 상대의 물음이나 요구 따위에 응하여 상대하는 것을 말한다. 비즈 니스 협상 내지 외교협상과 같은 뜻이다. 손님을 맞아들여 접대하 는 응대應待와 구별해야 한다. '사령辭令'은 응대하는 말을 뜻한다. 흔 히 외교사령外交辭令으로 사용한다. 외교관들처럼 자기의 감정을 감 추고 상대편에게 듣기 좋게 말하는 사교적인 말을 뜻한다. 전국시대 말기를 풍미한 종횡가 소진과 장의의 스승으로 알려진 귀곡자鬼谷子 가 설파한 유세의 기술이 바로 외교사령이다.

『논어』「선진」에서 자공이 '언변에 능해 외교사령에 뛰어났다'고 표현한 것은 그가 종횡가의 선구였음을 반증한다. 고금을 막론하고 뛰어난 언변은 해박한 지식이 바탕에 없으면 이룰 수 없는 것이다. 창조적인 발상도 이 지식에서 나온다. 언변과 지식, 창조는 마치 둥 근 원처럼 서로 꼬리에 꼬리를 물고 있는 모습을 하고 있다. 자공의 뛰어난 외교사령은 스승의 나라인 노나라를 패망의 위기에서 구한 역사적 사실을 통해 쉽게 확인할 수 있다.

공자가 활약한 춘추시대 말기는 통상 '오월吳越의 시대'로 불린다. 오왕 부차와 월왕 구천이 천하를 놓고 다툰 데서 알 수 있듯이 전통적인 강국인 중원의 진晉나라와 남방의 강국 초나라가 상대적으로 피폐해진 결과다. 모두 권신들의 발호 때문이 이런 일이 생긴 것이다.

오랫동안 동방의 작은 나라로 취급받던 오나라와 월나라가 갑자기 신흥 강국으로 우뚝 선 것은 중원이 약해진 결과인 셈이다. 제나라가 이웃한 소국 노나라를 치고자 한 것도 이런 사실과 무관치 않았다. 당시 공자의 명을 받은 자공이 오나라와 월나라, 제나라 등을 두루 돌아다니며 구사한 명변은 그를 종횡가의 시조로 꼽기에 충분하다.

『사기』「중니제자열전」에 따르면 기원전 484년 오왕 부차가 북쪽으로 진공해 제나라를 쳤다. 월왕 구천이 이 얘기를 듣고 곧 휘하를 이끌고 가서 부차를 조현했다. 이때 보물을 잔뜩 갖고 가서 태재 백비白嚭에게 바치면서 제나라를 칠 것을 부추겼다. 부차가 백비를 믿고 그의 계책을 채택하자 오자서가 궁으로 들어가 이같이 간했다.

"월나라는 우리 오나라에게 가슴과 배에 들어온 치명적인 병인 '심복지병心腹之病'과 같습니다. 그런데도 대왕은 오히려 이를 미리 제거하지 않고 있습니다. 지금 대왕은 허황된 얘기를 믿고 제나라를 치려고 합니다. 제나라를 치는 것은 비유컨대 큰 돌덩이로 뒤덮인 땅을 취하는 것과 같습니다. 그런 땅에는 어떤 곡식도 심을 수 없습니다. 바라건대 대왕은 제나라를 버리고 월나라를 치도록 하십시오."

탁월한 사람을 모방하라 – 마키아벨리처럼

부차가 이를 듣기는커녕 오히려 오자서에게 제나라에 사자로 보내 교전 날짜를 통보하게 했다. 오자서가 자식들에게 다음과 같이 당부했다.

"내가 여러 차례 간했으나 대왕은 내 계책을 받아들이지 않았다. 지금 나는 이미 오나라가 멸망할 것이 눈에 보인다. 네가 오나라와 함께 망하는 것은 아무런 의미가 없다."

그러고는 자식을 데리고 제나라로 가서 제나라 대부 포목鮑牧에게 맡긴 연후에 돌아왔다. 결국 그는 이 일이 들통 나는 바람에 스스로 목숨을 끊게 되었다.

이듬해인 기원전 483년 제나라 권신 진항陳恒이 허울뿐인 제간공齊簡公을 제거하고자 했다. 다만 제나라의 대성인 고씨高氏와 국씨國氏, 포씨鮑氏, 안씨晏氏 등을 꺼린 나머지 먼저 노나라를 친 뒤 구실을 여세를 몰아 제간공을 제거코자 했다. 노애공魯哀公이 이를 크게 우려했다. 공자도 크게 걱정한 나머지 곧 제자들을 불러 모아놓고 이같이 말했다.

"제후들이 서로 공벌하고 있으니 나는 이를 심히 수치스럽게 생각한다. 무릇 노나라는 부모의 나라로 조상의 묘가 모두 여기에 있다. 지금 제나라가 장차 우리 노나라를 치려 하니 그대들은 출국하여 한번 노나라를 위해 노력해볼 생각이 없는가?"

이때 성질이 급한 자로가 곧바로 작별을 고한 뒤 출국하려고 하자 공자가 만류했다. 자장 등이 자원했으나 이 또한 허락하지 않았다. 자공이 나섰다.

"제가 가면 어떻겠습니까?"

"네가 가면 괜찮을 것이다."

자공이 제나라에 당도해 진항을 배알한 다음 이같이 말했다.

"노나라는 공략하기 매우 어렵고, 오나라는 공략하기가 극히 쉬운 나라입니다. 그대가 노나라를 치려는 것은 잘못입니다."

"왜 그렇다는 것이오?"

자공이 대답했다.

"노나라의 성벽은 얇고도 낮고, 성을 둘러싼 해자垓字는 좁고도 얕고, 군주는 어리석으며 불인不仁하고, 대신들은 쓸모가 없고, 병사들은 전쟁을 싫어합니다. 그러니 그대는 그들과 싸울 수 없습니다. 차라리 오나라를 치느니만 못합니다. 오나라는 성벽이 견고하며 높고, 성을 둘러싼 해자는 넓고도 깊고, 갑옷은 견고하고, 사병은 정예하고, 궁노弓弩는 강력합니다. 그러니 공략하기 쉬운 나라입니다."

진항이 화를 냈다.

"그대가 어렵다고 하는 것은 사람들이 쉽게 여기는 것이고, 그대가 쉽다고 한 것은 사람들이 어렵다고 여기는 것이오. 그대가 이러한 얘기로 나를 가르치려고 하는 것은 도대체 무슨 뜻이오?"

자공이 말했다.

"지금 노나라를 쳐서 제나라의 영토를 넓히고, 노나라를 멸함으로써 자신의 위세를 높이려 하나, 사실 그대가 세울 공은 여기에 있지 않습니다. 만일 이같이 되면 제나라의 군신 모두 방자하고 자만해져 사람을 능욕하고 다툴 것이니 그대의 사업을 성취키가 어렵게 됩니다. 그래서 '오나라를 치느니만 못하다'고 말한 것입니다.

오왕은 용맹하고 과단성이 있어 능히 자신의 의지를 관철시킬 수 있습니다. 그의 백성들은 공수에 능하고, 법의 금령을 잘 알고 있습니다. 제나라 군사가 그들과 교전하면 이내 그들의 포로가 되고 말 것입니다. 그리 되면 백성들은 나라 밖에서 전사하게 되고, 대신들은 군사들을 이끌고 가게 되어 조정은 텅 비게 됩니다.

이같이 하면 위로는 그대에게 대적할 사람이 없게 되고, 아래로는 그대와 다툴 포의지사布衣之士도 없게 됩니다. 군주를 고립시켜 제나라를 제압하는 것은 오직 그대의 선택에 달려 있습니다."

장차 강 씨의 제나라를 삼키고자 하는 진항의 입장에서 볼 때 이보다 더 나은 계책도 없었다. 진항이 즉시 얼굴을 부드럽게 한 뒤 은근히 물었다.

"그러나 다만 우리 군사가 이미 노나라 성벽 아래까지 갔소. 만일 내가 노나라를 떠나 다시 오나라를 향하면 대신들은 곧 나에 대해 의심할 것이오. 이는 어찌 대처하는 것이 좋겠소?"

"그대는 단지 군사들을 장악하고 움직이지 마십시오. 그러면 내가 오왕을 만나 제나라를 치도록 청하겠습니다. 그대는 이 기회를 이용해 오나라 군사를 치도록 하십시오."

진항이 크게 기뻐하며 이를 수락했다.

자공은 곧 오나라로 가 부차를 설득한 데 이어 월나라의 구천과 진晉나라 군주를 차례로 설복했다. 기원전 482년 부차가 대군을 동원했다. 오나라와 제나라 군사가 지금의 산동성 내무현 동쪽인 애릉

艾陵에서 교전했다. 제나라 군사가 대패했다. 구천은 여세를 몰아 지금의 하남성 봉구현 서남쪽인 황지黃池에서 열국의 제후들을 모아놓고 패자의 자리에 올랐다.

이를 틈타 구천이 오나라 도성을 급습했다. 허를 찔린 셈이다. 크게 놀란 부차는 황급히 군사를 이끌고 퇴각한 뒤 월나라와 강화했으나 몇 년 뒤 월나라의 거듭된 침공을 견디지 못하고 스스로 목숨을 끊고 말았다. 자공의 세 치 혀에 놀아난 것이 패인이었다.

누구든 설득할 수 있는 화술을 익혀라

이를 두고 사마천은 「중니제자열전」에서 자공이 보여준 뛰어난 종횡술에 경탄을 금치 못하며 그 효과를 '일석오조一石五鳥'라고 요약해놓았다. 존로存魯, 난제亂齊, 파오破吳, 강진强晉, 패월霸越이 그 다섯 가지 효과이다. 노나라를 존속하게 만들고, 제나라를 어지럽게 만들고, 오나라를 깨뜨리고, 진나라를 강하게 만들고, 월나라를 패권국으로 만들었다는 뜻이다. 당시 자공은 열국 내부의 사정은 물론 제후들의 속마음까지 정확히 읽고 있었다. 그의 유세가 제대로 먹힌 배경이다. 이를 통해 이후의 종횡가들이 자공을 비조로 꼽은 것이 결코 허언이 아니었음을 알 수 있다.

동서고금을 막론하고 국가 간의 이해관계가 격렬히 충돌할 경우 예외 없이 우격다짐이 동원됐다. 이웃과 선린관계를 유지하는 것은 매우 중요하나, 상대가 무력으로 뜻을 펴고자 할 때는 반드시 무력으로 맞서야 한다. 모든 나라가 평시에도 많은 수의 상비군을 두는 이유는 이 때문이다. 두말할 것도 없이 유비무환有備無患이 모든 위정자들이 취해야 할 과제이다.

21세기 경제전쟁에서 글로벌 기업 CEO는 국가 존망을 책임진 장수와 같다. 종횡가와 법가, 병가, 상가 등이 역설하고 있는 부국강병 논리를 두루 꿰어야 하는 것은 이 때문이다. 애플의 아이폰처럼 기술과 예술을 결합시킨 혁신 제품을 만들 필요가 있다. 글로벌 시장을 석권할 수 있는 비결이 바로 이것이다.

마키아벨리가 『군주론』 제6장에서 "사람들이 더 이상 믿지 않을 경우 강압적인 방법을 동원해 믿지 않을 수 없도록 만들어야 한다"고 주장한 것도 이런 맥락에서 이해할 수 있다.

세계인을 감동시킬 만한 비전과 경영이념을 전면에 내걸고 이용후생에 도움이 될 만한 좋은 제품을 만들어 널리 활용토록 만드는 것이 관건이다. 훌륭한 제품을 만드는 것은 기업의 개발자나 연구원이 하지만, 그것을 최초로 받아들이고 방향을 제시하는 것은 CEO의 몫이다.

그런 안목을 키우기 위해서도 뛰어난 지식을 갖추어야 하고, 또 상대방과 고객들을 설득할 수 있는 화술도 연마해야 한다. 치열한 경쟁사회에서 기업의 리더가 갖추어야 할 덕목들은 이렇게 많다.

시악계
時惡計

15

때로는 악행이나 가혹함이 필요한 경우도 있다

"국가를 보전하기 위해서는 종종 신의와 자비, 인정, 신앙심과 상반되는 행동을 취해야 하는 경우가 있다. 군주는 운명의 풍향과 세상사의 격변이 명하는 바에 따라 모든 상황에 적극 대처할 수 있는 자세를 지녀야만 한다. 군주는 가급적 선행에서 벗어나지 않도록 주의해야 하나, 필요에 따라서는 능히 악행도 저지를 수 있어야 한다."

_군주론 제18장 〈군주는 어떻게 약속을 지켜야 하는가?〉

마키아벨리는 이 대목에서 무자비한 정책으로 백성을 통합시키고 충성심을 얻고 싶으면 무자비하다는 평판에 신경 쓰지 말라고 주문하고 있다. 관용을 베풀어 유혈 사태를 초래하는 군주보다 훨씬 자비로운 존재이기 때문이다. 마키아벨리는 『군주론』 제18장에서 체사레 보르자를 대표적인 사례로 꼽았다. 마키아벨리의 체사레 보르

166

탁월한 사람을 모방하라 – 마키아벨리처럼

자에 대해 내린 평가다.

"체사레 보르자는 통상 가혹한 인물로 생각되지만 덕분에 로마냐의 질서가 바로잡혀 통일되고, 평화롭고 충성스런 상태로 회복된 것 또한 사실이다. 군주는 백성의 결속과 충성을 유지하기 위해서라도 가혹하다는 악명에 초연해야 한다. 지나치게 인자한 나머지 많은 사람이 죽거나 약탈당하게 만드는 군주보다는 일벌백계로 기강을 바로잡는 군주가 훨씬 인자하기 때문이다.

전자는 공동체 전체가 화를 입지만, 후자는 일벌백계로 특정한 개인만이 화를 입는다. 군주 가운데 특히 신생 군주국 군주는 가혹하다는 악명을 피해서는 안 된다. 신생 군주국은 늘 위험으로 가득 차 있기 때문이다."

마키아벨리는 여기서 과정보다 결과에 초점을 맞출 것을 주문하고 있다. 도중에 아무리 많은 칭송을 들을지라도 결과가 좋지 못하면 결국 백성의 비난 대상이 된다고 적시하고 있는 것이다. 도중에 아무리 욕을 먹을지라도 결과가 좋으면 백성들은 군주를 칭송하게 된다는 것이 마키아벨리의 분석이다.

리더에게는 비난도 감수해야 할 때가 있다

마키아벨리는 비난을 받을 만한 가혹한 행위를 하고도 부하들의 지지를 받은 대표적인 경우로 한때 로마를 공포의 도가니로 몰아넣은 카르타고의 장수 한니발을 들었다. 이런 관점에 대한 『군주론』 제18장에 나오는 마키아벨리의 분석이다.

"군주는 군사를 이끌고 출전해 많은 병력을 지휘할 때 가혹하다는 비난 따위는 신경 쓸 필요가 없다. 그리하지 않으면 군대의 결속과 전투태세의 확립을 제대로 할 수 없다. 한니발의 뛰어난 활약이 이를 뒷받침한다. 그는 여러 종족으로 구성된 대군을 이끌고 먼 타국에서 싸웠다. 전세가 유리하든 불리하든 군대 내에서 지휘관을 상대로 한 불화나 반목이 전혀 없었다. 병사들을 비인간적으로 가혹하게 대한 덕분이다. 다른 많은 자질과 더불어 휘하 병사들로 하여금 그를 늘 존경하고 두려워하도록 만든 것이다. 그렇지 않았다면 여타 자질이 아무리 뛰어날지라도 결코 그런 뛰어난 성과를 거두지는 못했을 것이다."

마키아벨리의 이런 주장은 21세기에도 그대로 적용할 만하다. 한니발에 대한 칭송을 통해 짐작할 수 있듯이 지도자는 때론 세인들의 비난을 받을 수 있는 가혹한 행위도 능히 행할 수 있어야 한다. 말할 것도 없이 이는 기업공동체 및 국가공동체 전체를 살리기 위한 고육책에 해당한다.

주지하다시피 모든 사람과 가까이 지내는 것이 무조건 좋은 것은 아니다. 동서고금을 막론하고 신민과 적당한 거리를 유지해야만 제왕의 권위를 유지할 수 있다. 본디 인간의 속성이 그렇다. 상대와 거리를 두고 조금은 차갑게 대해야만 위엄이 있게 느끼는 법이다.

이종오가 『후흑학』에서 갈파했듯이 천하를 거머쥐고자 하는 자는 능히 악행을 벌일 준비를 해야 한다. 그게 바로 두꺼운 얼굴과 시커먼 속마음을 뜻하는 '면후面厚'와 '심흑心黑'이다. 『사기』「항우본기」

에도 이를 뒷받침하는 일화가 나온다. 유방과 항우의 운명을 가른 이른바 '홍문지연鴻門之宴' 일화가 대표적이다.

당초 항우는 제후의 군사를 이끌고 함곡관에 도착했을 때 유방이 이미 함양을 함락시켰다는 소식을 비로소 듣게 됐다. 크게 노한 그는 경포 등을 보내 함곡관을 치게 했다. 항우가 이끄는 연합군이 마침내 관내關內로 들어가 희수戱水 서쪽에 이르렀다. 당시 유방은 파상霸上에 주둔하고 있었다. 항우와 아직 만나지 못했을 때 유방의 좌사마左司馬 조무상曹無傷이 사람을 시켜 항우에게 이처럼 일렀다.

"패공沛公 유방이 관중의 왕이 되려고 합니다. 자영을 재상으로 삼은 뒤 진귀한 보물을 모두 차지하려는 속셈입니다."

항우가 크게 노했다.

"내일 아침 병사들을 잘 먹인 뒤 패공의 군사를 쳐부술 것이다!"

당시 항우의 병사는 40만 명으로 신풍新豊의 홍문鴻門, 유방의 병사는 10만 명으로 파상에 주둔하고 있었다. '신풍의 홍문'은 지금의 섬서성 임동구성臨潼區城에서 동쪽으로 약 5킬로미터 가량 떨어진 신풍진新豊鎭 홍문보촌鴻門堡村을 말한다. '홍문'은 여산驪山에서 흘러내리는 빗물이 빠져 나갈 때 북쪽 끝 출구가 문의 형상을 하고 있고, 그 모습이 홍구鴻溝와 매우 닮은 데서 나온 명칭이다. 항우의 책사 범증范曾은 항우에게 이처럼 말했다.

"유방은 함곡관 이동의 산동山東에 있을 때만 해도 재물을 탐하고 미색을 밝혔습니다. 그러나 지금 관내에 들어가서는 재물을 취하지도 않고 여인을 가까이하지도 않습니다. 이는 그의 뜻이 작은 데 있지 않다는 것을 말합니다. 제가 사람을 시켜 그 기운을 살펴보았습니다. 모두 용과 범의 기운으로 오색찬연했습니다. 이는 천자의 기세입니다. 급히 공격을 가해 기회를 잃지 마십시오."

초나라 좌윤左尹 항전項纏은 항우의 계부季父로 자는 백伯이다. 평소 유후留侯 장량張良과 친하게 지냈다. 당시 장량이 패공 유방을 따랐던 탓에 밤에 패공의 군영으로 달려갔다. 몰래 장량을 만나 자초지종을 고하고 함께 달아날 것을 권했다. 장량이 유방을 만난 뒤 항백을 장막 안으로 불러들였다. 항백이 곧바로 들어와 유방을 알현했다. 유방이 술잔을 들어 장수를 기원하며 사돈을 맺기로 약속했다.

"나는 관내로 들어온 뒤 추호도 감히 보물을 가까이 한 적이 없고, 관원과 백성의 호적을 정리하고, 부고府庫를 관리하며 항 장군이 오기만 기다렸습니다. 장수를 보내 관문을 지킨 것은 다른 도적의 출몰과 비상사태를 미연에 막고자 한 것입니다. 밤낮으로 장군이 속히 오기를 고대한 까닭입니다. 어찌 감히 반역할 수 있겠습니까? 원컨대 그대는 나를 위해 감히 배은망덕한 짓을 할 사람이 아니라는 것을 자세히 말해주십시오."

항백이 이를 허락했다.

"내일 아침 일찍 와서 항왕項王에게 사죄하지 않으면 안 될 것이오."

"좋소!"

항백이 다시 밤에 왔던 길을 되돌아가 군영에 이른 뒤 유방의 말을 낱낱이 항우에게 보고했다.

"유방이 먼저 관중을 격파하지 않았다면 공이 어찌 들어올 수 있겠습니까? 지금 그가 큰 공을 세웠는데도 그를 치면 이는 의롭지 못

탁월한 사람을 모방하라 - 마키아벨리처럼

한 일입니다. 잘 대우해주느니만 못합니다."

항우가 이를 허락했다. 유방이 이튿날 아침 1백여 기를 이끌고 항우를 만나러 왔다. 홍문에 이르러 사죄했다. 항우가 이날 함께 술을 마시기 위해 유방을 장막 안에 머물게 했다. 항우와 항백은 동쪽, 아부亞父는 남쪽을 향해 앉았다. '아부'는 범증을 말한다. 당시 유방은 북쪽을 향해 앉고, 장량은 서쪽을 향해 앉았다.

범증이 항우에게 누차 눈짓을 하며 차고 있던 옥결玉珏을 들어 속히 유방의 목을 칠 것을 암시했다. 이같이 하기를 세 번이나 했으나 항우는 잠잠하게 있으며 이에 응하지 않았다. 범증이 일어나 밖으로 나온 뒤 항우의 사촌 동생인 항장項莊을 불렀다.

"우리 군왕은 사람이 모질지 못하다. 그대는 안으로 들어가 앞에서 축수祝壽를 올리고, 축수를 마친 뒤 검무劍舞를 청하라. 기회를 틈타 유방을 쳐 죽이면 된다. 그리하지 않으면 그대들 모두 패공의 포로가 되고 말 것이다."

항장이 곧바로 들어가 축수를 올렸다. 축수가 끝난 뒤 이와 같이 청했다.

"군왕과 패공이 주연을 즐기는데 군중에 취흥을 돋을 만한 것이 없습니다. 신이 검무를 추고자 합니다."

항우가 허락했다.

"좋소."

항장이 검을 뽑아 춤을 췄다. 이때 항백이 곧바로 검을 뽑아들고 일어나 춤을 추며 계속 몸으로 유방을 감쌌다. 그래서 항장은 유방을 치지 못했다.

당시 장량은 군문軍門까지 가 번쾌樊噲를 만났다. 번쾌가 물었다.

"지금 상황이 어떠합니까?"

장량이 대답했다.

"심히 위급하오. 지금 항장이 검을 뽑아들고 춤을 추고 있소. 계속 패공의 목숨을 노리고 있는 것이오."

번쾌가 말했다.

"실로 급박한 일입니다. 신이 안으로 들어가 패공과 함께 생사를 같이하고자 합니다."

번쾌가 곧바로 검을 차고 방패를 든 채 군문 안으로 들어갔다. 파수를 서는 위사衛士가 막으며 들여보내려 하지 않았다. 번쾌가 방패로 비껴 치자 위사들은 땅에 엎어졌다. 마침내 안으로 들어가 장막을 들추고 서쪽을 향해 섰다. 눈을 부릅뜬 채 항우를 노려봤다. 머리카락이 위로 솟고, 눈꼬리가 찢어질 대로 찢어졌다. 항우가 칼을 만지며 무릎을 세웠다.

"그대는 무엇을 하는 자인가?"

장량이 대답했다.

"패공의 참승參乘 번쾌입니다."

"장사로다. 술 한 잔을 내리도록 하겠다."

그러고는 한 말이나 되는 큰 잔에 술을 부어주었다. 번쾌가 감사의 절을 한 뒤 일어나 선 채로 마셔버렸다. 항우가 물었다.

"장사로다. 더 마실 수 있겠는가?"

번쾌가 대답했다.

"신은 죽음도 피하지 않는데, 술 한 잔을 어찌 사양하겠습니까! 진나라 왕은 호랑이나 승냥이의 마음을 갖고 있습니다. 다 죽이지 못할까 우려하는 듯 사람을 마구 죽이고, 형벌을 다 사용하지 못할까 우려하는 듯 사람을 마구 형벌에 처했습니다. 그래서 천하가 모두 그에게 등을 돌린 것입니다.

초회왕이 여러 장수들 앞에서 약조하기를, '먼저 진나라를 격파하고 함양에 들어가는 자를 왕으로 세울 것이다'라고 했습니다. 지금 패공은 먼저 진나라를 격파하고 함양에 진입했지만 터럭만 한 작은 물건도 감히 가까이 한 바 없습니다. 궁실을 굳게 봉하고 다시 파상으로 철군한 뒤 대왕이 오기를 고대했습니다. 일부러 장수를 보내 관문을 지키게 한 것은 다른 도적들의 출입과 비상사태를 대비한 것입니다.

애써 수고한 공이 이처럼 큰데 봉후封侯의 상을 내리기는커녕 소인배의 참언만 듣고 공을 세운 자를 죽이려 합니다. 이는 멸망한 진나라를 잇는 것일 뿐입니다. 제 생각에는 장군이 그런 일을 해서는 안 된다고 봅니다."

항우가 이에 응답하지 않고 말했다.

"앉게."

번쾌가 장량을 좇아 앉았다. 번쾌가 앉은 지 얼마 안 돼 유방이 일어나 측간을 가면서 이들을 밖으로 불러냈다. 유방이 나간 뒤 항우가 도위都尉 진평陳平에게 패공을 불러오게 했다.

한고조 유방은 훗날 자신의 책사로 활약한 진평陳平의 반간계를 이용해 항우를 제압한 바 있다. '홍문지연' 당시 항우가 진평을 시켜

밖으로 나간 유방을 안으로 불러들인 것은 음미할 만한 대목이다. 만일 항우가 진평을 자신의 책사로 중용했다면 유방이 달아나는 일이 애초부터 불가능했을지도 모를 일이다.

아무튼 당시 유방은 전후 사정도 모른 채 번쾌에게 이같이 물었다.

"지금 하직 인사도 하지 않고 나왔으니 어찌하는 게 좋겠소?"

번쾌가 대답했다.

"큰일을 할 때는 사소한 예절은 돌보지 않고, 큰 예절을 행할 때는 작은 허물을 마다하지 않는 법입니다. 지금 저들이 바야흐로 칼과 도마, 우리는 그 위에 놓인 물고기의 신세가 되어 있습니다. 무슨 인사를 한다는 것입니까?"

마침내 그곳을 떠나며 장량으로 하여금 남아서 사죄하게 했다.

이상이 바로 그 유명한 '홍문지연' 일화의 개략적인 내용이다. 이 일화에서 가장 주목해야 할 대목은 하직 인사 여부를 물은 유방의 질문에 대한 번쾌의 대답이다. 그는 단언하기를 "큰일을 할 때는 사소한 예절은 돌보지 않고, 큰 예절을 행할 때는 작은 허물을 마다하지 않는 법입니다"라고 한 것이다. 사소한 예절을 따질 계제가 아니라는 얘기다. 필요에 따라서는 능히 악행도 저지를 수 있어야 한다는 마키아벨리의 말과 그 뜻이 같다.

『사기』에는 번쾌의 대답을 '대행불고세근大行不顧細謹, 대례불사소양大禮不辭小讓'이라 표현했다. 도도한 천하대세에 발맞춰 행보하는 와중에 빚어지는 사소한 잘못은 크게 탓할 것이 못 된다는 취지이다. 이와 유사한 표현으로 대사를 도모하는 사람은 작은 일에 신경을 쓰지 않는다는 뜻의 '축록자불고토逐鹿者不顧兎' 구절도 있다.

반드시 필요한 악행을 마다하는 사람에게는 리더의 자격이 없다

원래 난세에 군웅이 천하의 대권을 다투는 것을 두고 '군웅축록群雄逐鹿'으로 비유한다. '축록'은 군웅들의 각축전을 마치 질족疾足을 자랑하는 사람들이 달아나는 사슴의 뒤를 쫓아가는 것에 비유한 것이다. 중국에서는 이 '축록' 이야기가 워낙 유명한 까닭에 수많은 고전에 이를 인용한 고사가 남아있다. 축록과 관련해 전한前漢 중엽에 활약한 회남왕 유안劉安이 문인들의 도움을 받아 저술한 『회남자』 「설림훈」에 다음과 같은 구절이 나온다.

"짐승을 쫓는 사람의 눈에는 태산이 보이지 않는다. 즐기고 욕심내는 것이 자신의 몸 밖에 있으면 곧 밝음이 가려지기 때문이다."

'축록'을 '축수逐獸'로 표현한 이 구절은 촌철살인의 경구를 인용해 '축록' 과정에서 빚어지는 비극적인 측면을 날카롭게 지적한 것이다. 같은 책에서 이를 긍정적으로 해석해놓은 구절이 있다. 그것이 바로 사슴을 쫓는 자에게는 토끼가 보이지 않는다는 뜻의 '축록자불고토逐鹿者不顧兎'란 구절이다.

마키아벨리가 『군주론』 제18장에서 "필요에 따라서는 능히 악행도 저지를 수 있어야 한다"고 역설한 것도 따지고 보면 이런 취지에서 나온 것이다.

기업을 운영하는 CEO들 가운데는 마냥 사람만 좋은 리더들이 있다. 남에게 싫은 소리를 하지 못하기 때문에 대인관계는 좋지만, 결정적인 순간에 배신을 당하기도 한다.

평소에 조직의 화합을 위해서 쓴 소리를 하지 않으면 결정적인 순간에 일을 그르칠 수 있다. 보통 때에 화합을 위해 쓴 소리를 삼가더라도, 해야 할 바른 소리까지 다물어서는 안 된다. 말만 그런 것이 아니라 행동도 마찬가지이다. 리더라면 자신의 공동체의 생존을 위해서, 또한 번영을 위해서 가끔은 눈을 질끈 감고 악행을 저질러야 할 때도 있는 법이다. 이런 것조차 마다하면 리더의 자격이 없는 것이다.

공구계
恐懼計

16

사랑받기보다는 두려운 지도자가 되라

"군주가 백성들로부터 사랑받는 대상이 되는 길과 두려운 대상이 되는 길 가운데 어느 쪽을 택하는 게 더 나은가? 백성들로부터 사랑받고 또한 두려운 대상이 되는 것이 가장 바람직하나 이는 지극히 어려운 일이다. 부득불 하나를 포기해야 한다면 사랑받는 대상보다 두려운 대상이 되는 것이 낫다. 은혜를 모르고, 변덕스럽고, 위선적이고, 해악을 멀리하며 이익을 향해 줄달음치는 인간의 기본 품성 때문에 그렇다. 백성은 위험이 멀리 떨어져 있는 한 재물은 물론 생명과 자식들까지 군주에게 바칠 것처럼 행동하지만, 위험이 박두하면 이내 등을 돌리고 만다. 그들의 맹세만 믿고 달리 대책을 강구하지 않은 군주가 위기 때 패망하는 것은 이 때문이다."

_군주론 제17장 〈가혹과 인자, 친애와 공포 가운데 어느 쪽이 나은지에 관해〉

마키아벨리는 이 대목에서 난세의 시기에 나라를 다스리는 기본 이치를 설파하고 있다. 인자한 모습을 보여 백성들로부터 사랑받고 또한 두려운 대상이 되는 것이 가장 바람직하나 부득이할 경우 두려운 대상이 되는 게 낫다고 말한다. 백성의 사랑을 받는 인정仁政과 두려움의 대상이 되는 위정威政 사이의 선택 문제이다.

마키아벨리는 왜 '인정'과 '위정'을 대립시켜 '위정'을 택하라고 주문한 것일까? 바로 은혜를 모르고, 변덕스럽고, 위선적이고, 해악을 멀리하며 이익을 향해 줄달음치는 인간의 기본 품성 때문이다. 마키아벨리는 같은 '위정'일지라도 '타의에 의한 위정'이 아니라 '자의에 의한 위정'을 당부했다. 『군주론』 제17장의 해당 대목이다.

"무릇 백성이 군주를 사랑하는 것은 자신의 선택에 따르나, 두려움을 느끼는 것은 군주의 선택에 달려 있다. 현명한 군주는 백성의 선택이 아닌 자신의 선택을 토대로 권력의 기반을 구축한다. 다만 두려운 존재로 군림하되 증오를 사는 일만큼은 피해야 한다."

마키아벨리의 이런 주장은 이익을 향해 무한 질주하는 인간의 '호리지성'에 대한 통찰을 전제로 한 것이다. 서양의 지성사에서 마키아벨리처럼 인간이란 존재를 이처럼 극단적인 이기적 심성의 소유자로 파악한 사상가는 없다. 한비자의 성악설을 방불하게 한다. 여기서 "사랑을 받는 군주가 되느니 차라리 두려움의 대상이 되라"는 마키아벨리의 주문이 나오게 됐다.

또한 인간의 '호리지성'이 재산을 지키고자 하는 욕망에서 가장 극명하게 드러난다고 말한 것을 주목해야 한다. 마키아벨리는 그 배경을 이처럼 설명하고 있다.

"군주는 백성들로부터 사랑을 받지는 못할지언정 증오를 사는 일

만큼은 없어야 한다. 그래야만 두려움의 대상이 되면서 증오를 사지 않는 존재로 군림할 수 있기 때문이다. 이는 군주가 백성과 그들의 재산과 부녀자에 손을 대지만 않으면 쉽게 성취할 수 있다."

『로마사 논고』 제3권 제6장과 제26장에도 동일한 내용이 나온다. 이는 마키아벨리가 자신의 저서에서 거듭 역설하는 주제이기도 하다. 여기서 하나 생각할 것은 인간 개개인의 본성인 '인성人性'과 국가공동체를 이루는 백성 전체의 심성인 '민성民性'의 상호관계이다. 맹자는 이를 '심心'의 문제로 파악했다. 민심民心을 천심天心으로 간주하며 민심을 좇는 이른바 순민심順民心을 역설한 것이다. 이는 민심을 거스르는 역민심逆民心을 하늘의 뜻을 거스르는 역천자逆天者로 간주했다.

그러나 민심은 변덕스럽게 수시로 변한다. 맹자는 여기에 관해서는 제대로 설명을 하지 않고 있다. 맹자와 달리 상앙과 한비자 등 법가는 '인성'보다 '민성'에 분석의 초점을 맞췄다. '민성'에 대한 가장 날카로운 분석은 『상군서』「산지算地」의 다음 대목이다.

"원래 민성民性은 배고프면 먹을 것을 구하고, 지치면 쉬기를 원하고, 괴로우면 즐거움을 찾고, 치욕을 당하면 명예를 바라기 마련이다. 백성들이 각자 자신의 이익을 추구하면 예의의 법도를 잃게 되고, 각자 명성을 추구하면 나라의 기본 규율을 잃게 된다."

마키아벨리가 "백성은 위험이 멀리 떨어져 있는 한 재물은 물론 생명과 자식들까지 군주에게 바칠 것처럼 행동하나, 위험이 박두하면 이내 등을 돌리고 만다"고 한 것과 하등 다를 것이 없다. "그들의 맹세만 믿고 달리 대책을 강구하지 않은 군주라면 위기 때 패망하고 마는 이유가 이것이다"라고 설파한 것은 일반 평민보다는 귀족을 겨냥한 소리다. 군주의 자리를 위협하는 1차적인 위험은 바로 이들로부터 비롯된다.

『상군서』「산지」역시 이와 같이 갈파하고 있다.

"지금 도적 같은 귀족의 무리가 위로 군주의 금령을 범하고, 아래로는 신민으로서의 예의를 잃고 있다. 명성이 땅에 떨어져 욕을 먹고 몸이 위태로워졌는데도 이들이 여전히 도적질을 그치지 않는 것은 바로 자신들의 이익 때문이다."

마키아벨리가 백성들로부터 사랑도 받고 동시에 두려운 대상이 되는 것이 어려운 만큼, 사랑받는 대상보다 두려운 대상이 되는 것이 차라리 낫다고 말한 이유가 바로 이것이다. 바로 자신들의 이익을 위해 도적질을 멈추지 않는 귀족들을 경계하고자 한 것이다.

마키아벨리가 "백성은 위험이 멀리 떨어져 있는 한 재물은 물론 생명과 자식들까지 군주에게 바칠 것처럼 행동하나, 위험이 박두하면 이내 등을 돌리고 만다"고 언급한 것 역시 귀족의 권력 앞에서는 복종하고 돌아서면 배신하는 '면종복배面從腹背'를 지칭한 것으로 보는 것이 옳다. 군주 앞에서 자신의 재물은 물론 생명과 자식들까지 바칠 것처럼 아첨을 하는 것은 바로 귀족이기 때문이다.

재물은 물론 자신의 생명과 자식들까지 바칠 것처럼 아첨을 하는 신하들의 말만 믿고 대책을 강구하지 않은 군주는 위기가 닥치면 패망하게 된다는 마키아벨리의 경고도 한비자의 법가와 같은 취지에서 나온 것이다.

사랑받는 대상이 되기보다 두려움의 대상이 되는 것이 낫다

한비자와 마키아벨리는 군주의 눈과 귀를 가리며 권력을 농단하는 권신이 군주에게 가장 위협적인 인물이라는 사실을 통찰하고 있었다. 두 사람 모두 신민들로부터 사랑받는 대상이 되기보다 차라리 두려움의 대상이 되라고 권한 것은 이 때문이다.

이를 뒷받침하는 대표적인 일화로 나관중의 『삼국연의』 제21회에 나오는 「자주론영웅煮酒論英雄」 대목을 들 수 있다.

조조와 유비가 술을 끓여 마시며 당대의 영웅을 논한 대목이다. 유비가 조조에게 몸을 맡기고 있을 당시 하루는 조조가 유비를 불러 술상을 사이에 두고 마주 앉은 후 술을 권했다. 마침 검은 구름이 온 하늘을 뒤덮으며 금세 소나기가 쏟아지려 했다. 조조가 문득 유비에게 물었다.

"현덕은 용의 조화를 아시오?"

"아직 잘 모릅니다."

"용은 커지기도 하고 작아지기도 하며 하늘에 오르기도 하고 물속에 숨기도 하는데, 그 조화가 무궁하여 이루 다 말할 수가 없소. 커지면 구름을 일으키며 안개를 토하고, 작아지면 티끌 속에 형체를 감춥니다. 하늘로 오를 때에는 우주를 날고, 숨을 때는 파도 속에 몸을 숨기오.

지금 바야흐로 봄이 깊었으니 용이 바로 때를 만나 조화를 부리려는 참이오. 모름지기 용이라는 영물은 가히 인간 세상의 영웅에 비할 만하오. 현덕은 오랫동안 사방을 편력했으니 당대의 영웅들을 잘 알 것이오. 과연 누가 영웅인지 어디 한번 말씀해보시오.”

“저야 승상 덕분에 조정에 들어와 있는데 어찌 천하의 영웅들을 제대로 알 리 있겠습니까?”

“그럴지라도 이름이야 들어보지 않았겠소?”

“원술은 군사와 식량을 넉넉히 가지고 있으니 가히 영웅이라고 할 수 있지 않겠습니까?”

“그는 무덤 속의 해골이오. 조만간 내가 그를 사로잡을 것이오.”

“원소는 명문가 출신에 기주 땅을 차지한 채 많은 인재를 부리고 있으니 가히 영웅이라 부를 수 있지 않겠습니까?”

“원소는 겉보기에는 위엄이 있으나 담이 작고, 계책을 꾸미기는 좋아하나 결단을 내리지 못하고, 큰일을 당하면 몸을 사리고, 작은 이익을 보면 목숨을 걸고 달려드니 그도 영웅이 아니오.”

“문인들에게 명망이 높은 유표는 어떻습니까?”

“유표는 허명만 있을 뿐 속이 비어 있으니 영웅이 아니오.”

“무력이 뛰어난 손책은 어떻습니까?”

“손책은 부친의 위광을 빌었으니 그도 영웅이 아니오.”

“익주의 유장은 가히 영웅이라고 할 수 있지 않겠습니까?”

“유장은 한실의 종친이라고는 하나 실은 집 지키는 개에 불과할 뿐이오.”

"그러면 장로와 한수 같은 사람은 어떻습니까?"

"그런 자들이야 보잘 것 없는 소인배에 불과하니 거론할 가치조차 없소."

"그들 외에는 더 아는 사람이 없습니다."

그러자 조조가 그 유명한 '영웅론'을 설파했다.

"무릇 영웅이란 가슴에 큰 뜻을 품고 뱃속에 좋은 계책이 있어야 하니 바로 우주를 감싸 안을 기지機智와 천지를 삼켰다 뱉을 정도의 의지를 지닌 자를 말합니다."

유비가 물었다.

"그러면 누구를 가리켜 그런 사람이라고 할 수 있습니까?"

조조가 문득 손을 들어 유비를 가리킨 뒤 자신을 가리키며 말했다.

"지금 천하의 영웅은 오직 그대와 나 조조뿐이오. 원소와 같은 자들은 낄 수조차 없소."

그 말에 밥을 먹던 유비가 문득 수저를 바닥에 떨어뜨렸다. 그는 자신이 동승과 모의해 그를 해치려 하는 사실을 조조가 알아차린 줄 알고 대경실색한 것이다. 마침 하늘에서 우레 소리가 들리자 유비가 천연스레 고개를 숙이고 수저를 집어든 뒤 이같이 변명했다.

"성인이 말하기를, '빠른 번개와 광풍에는 으레 낯빛을 바꾼다'고 했는데 이 말이 실로 일리가 있습니다."

당시 조조는 유비가 거기장군 동승과 한통속이 되어 은밀히 자신을 해치려 한다는 사실을 전혀 몰랐다. 그가 껄껄 웃었다.

"현덕 같은 영웅도 성인의 말씀을 좇아 우레 소리에 낯빛을 바꾸는 것이오!"

얼마 후 유비는 못내 불안했는지 이내 도주하듯이 조조 곁을 떠났다. 도둑이 제 발 저린 격이었다. 마키아벨리의 분석틀에 넣어 해석하면 조조는 사랑받는 사람보다 두려움의 대상이 되는 길을 택한 덕분에 위기를 면한 것이나 다름없다. 만일 조조가 그런 대상이 아니었다면 유비는 이내 동승과 협잡해 조조를 척살하려 했을 것이다.

주목할 것은 삼국시대의 풍운아 조조와 21세기 최고의 기업가로 손꼽히는 애플의 창업주 스티브 잡스가 사랑보다 두려움을 받는 것이 낫다는 마키아벨리의 주장을 뒷받침하고 있는 점이다.

두 사람이 천하를 거머쥐는 과정은 그야말로 우여곡절의 연속이었다. 잡스는 자신이 세운 회사에서 쫓겨나는 등의 온갖 수모를 당했다. 그럼에도 그는 이에 좌절하지 않고 부단히 노력한 결과 애플을 제국으로 만들었다. 이 과정에서 잡스는 아주 냉혹한 모습을 보였다. 마음에 맞지 않는 직원은 과감하게 내쳤다.

조조도 끊임없이 노력한 덕분에 '난세의 영웅'이라는 찬사를 받게 됐으나, 그 과정에서 혹독한 모습을 많이 보였다. 잘못을 저지른 부하를 추호도 용서치 않았다. 천하를 호령하는 과정에서 실력 위주의 인재등용과 신상필벌의 원칙을 관철하며 강력한 리더십을 구축한 것이 두 사람의 공통점이다.

마키아벨리의 주장에 따르면 두 사람 모두 사랑받는 존재보다 두려움의 대상이 되는 길을 택한 덕분에 천하를 호령한 셈이 된다. 이 마키아벨리의 금과옥조는 현대의 기업에 대입시켜도 여전히 잘 작동하는 원리인 것이다.

17

아랫사람의 충성을 확보하려면
먼저 대우하라

"군주는 충성을 확보하기 위해서 신하를 우대하고, 부유하게 만들고, 가까이
두어 높은 명예와 자리를 부여하는 등 세심하게 배려해야 한다. 또 신하들로
하여금 군주 없이는 홀로 설 수 없고, 기존의 배려를 뛰어넘는 명예와 녹봉을
넘보지 못하게 하고, 떠맡고 있는 여러 직책을 잃을까 우려해 체제의 변화를
두려워하도록 만들어야 한다. 군신의 관계가 이런 식으로 유지되면 서로 깊이
신뢰할 수 있다."

_군주론 제22장 〈군주의 주변 참모에 관해〉

마키아벨리는 이 대목에서 신하들을 다루는 제신술制臣術을 논하고
있다. 크게 우대해 높은 명예와 자리를 배려하는 것이 골자이다. 그
래야만 신하들로 하여금 군주 없이는 홀로 설 수 없다는 사실을 뼈
저리게 느끼도록 만들 수 있다는 것이다. 군자의 신하 가운데 가장

높은 자리에 있는 자는 각료이다.

마키아벨리는 『군주론』 제22장에서 군주가 곁에 두고 부리는 각료를 발탁하는 기준 등을 심도 있게 논하고 있다. 바로 이 대목이다.

"군주의 대리인인 각료의 선임은 군주에게 매우 중요한 일이다. 유능한 각료의 선임은 전적으로 군주의 분별력에 달려 있다. 군주의 분별력을 알려면 측근을 보면 된다.

측근이 유능하고 충성스러우면 군주가 분별력이 있다고 평할 수 있다. 현명한 군주만이 측근의 능력을 제대로 파악하고 충성을 이끌어낼 수 있기 때문이다. 반대로 측근이 무능하고 불충하면 군주가 분별력이 없다고 평할 수 있다. 군주가 인선에서 실패하면 결코 좋은 평가를 받을 수 없다."

조직원이 리더에게 의지해 헌신하게 만들어야 한다

여기서 신하의 문제도 결국 군주 자신의 자질 문제로 귀결된다. '군주의 자질'은 『군주론』을 관통하는 키워드이다. 아무리 뛰어난 참모를 곁에 둘지라도 이를 활용하는 것은 결국 군주의 자질에 달려 있을 수밖에 없다.

마키아벨리는 대표적인 예로 시에나의 군주 판돌포를 꼽고 있다. 그가 안토니오 조르다니라는 뛰어난 재상을 곁에 두고 있었기 때문이다. 원래 안토니오 조르다니는 판돌포에게 기용된 시에나 대학에서 교수를 지낸 법률가이다.

마키아벨리의 친구이자 로마 교황청 주재 피렌체 대사인 프란체스코 베토리는 안토니오 조르다니를 두고 이와 같이 칭송한 바 있다.

"이제까지 들어본 사람들 가운데 안토니오가 가장 설득력 있는 사람이었다."

베토리의 인물평이 얼마나 객관적인지 여부는 알 길이 없다. 다만 마키아벨리가 베토리의 칭송 등을 토대로 안토니오 조르다니를 매우 유능한 인물로 파악했고, 그를 발탁한 시에나 군주 판돌포를 명군으로 간주한 것만은 확실하다. 한마디로 유능한 인재를 단박에 알아보는 안목을 지닌 군주만이 명군의 자질이 있다는 것이다.

마키아벨리는 『군주론』 제22장에서 각료를 선발하는 비법을 이처럼 제시했다.

"군주가 각료를 판단할 때 아주 확실한 방법이 있다. 군주보다 자신의 일에 더 마음을 쓰고, 하는 일이 자신의 이익을 도모하기 위한 것이면 결코 좋은 각료가 될 수 없다. 그런 자를 믿고 의지할 수는 없는 노릇이다."

날카로운 지적이다. 예나 지금이나 군주의 이름을 팔아 사적인 명예와 이익을 챙기려는 각료들은 언제 어디에나 존재한다. 각료의 선발은 아무리 주의를 기울일지라도 결코 지나치지 않다.

마키아벨리는 『군주론』에서 주로 제1인자 리더십에 대하여 논하고 있으나, 제22장에서는 제2인자 리더십에 관해서도 언급하고 있다.

"각료는 군주를 대신해 나라를 다스리는 관원이다. 결코 자신을 생각해서는 안 되고, 반드시 군주만을 생각해야 한다. 군주와 관련된 일이 아니면 조금도 관심을 기울여서는 안 된다."

마키아벨리가 각료에 대해 이런 충고를 하기는 했으나, 이들을 믿은 것은 아니다. 군주에게 각료들의 충성을 확보하기 위해 이들을 우대하고, 부유하게 만들고, 가까이 두어 높은 명예와 자리를 부여하는 등 세심하게 배려해야 한다고 주문한 이유다. 각료 역시 일반 서민과 마찬가지로 이익과 명예를 좇는 인간의 본성과 심성에서 벗어날 수 없다고 판단한 것이다.

"각료로 하여금 군주 없이는 홀로 설 수 없고, 기존의 배려를 뛰어넘는 명예와 녹봉을 넘보지 못하게 하라."

이렇게 주문한 것도 같은 맥락에서 이해할 수 있다.

원래 한비자는 신불해의 제신술을 세심하게 다듬어 매우 뛰어난 계책을 만들어냈다. 이를 뒷받침하는 『한비자』「간겁시신」의 구절을 보자.

"성인은 나라를 다스릴 때 사람들로 하여금 군주를 위해 일하지 않을 수 없도록 만드는 계책을 구사했다. 사람들이 스스로 군주를 위하도록 만드는 것이다. 다른 사람이 군주를 사랑해주는 것에 근거해 군주를 위해 일하도록 하는 방안은 위험하다. 군주에게 의지해 헌신하지 않을 수 없도록 만드는 것이 관건이다."

신하들은 이익을 향해 무한 질주하는 '호리지성好利之性' 이외에도 명예를 중시하는 '호명지심好名之心'을 지니고 있다. 난세에는 호명지심이 호리지성 못지않게 강력한 작용을 한다. 신하들을 예우하며 부려야 하는 이유는 이 때문이다.

마키아벨리가 "신하들로 하여금 현재의 직책을 잃을까 우려해 체제의 변화를 두려워하도록 만들어야 한다"고 말한 것도 마찬가지 이유이다. 모반을 꾀하지 않도록 미리 조치하라는 주문이다. 한비자도 신하들의 모반을 막는 최상의 방안은 인간의 호리지성을 적극 활용하는 데 있다고 주장했다. 『한비자』 「내저설 상」에 이를 뒷받침하는 일화가 나온다.

당초 제나라는 온갖 예를 갖춰 후하게 장례를 치르는 후장厚葬을 좋아했다. 베와 비단을 서서 죽은 자의 수의壽衣를 만들고, 재목으로 안팎의 관곽棺槨을 만들었다. 제환공齊桓公이 이를 우려해 관중에게 물었다.

"베와 비단을 모두 수의로 사용하면 수레에 덮개를 만들 천이 없고, 재목을 모두 관곽으로 사용하면 마땅한 방비 시설을 갖출 길이 없소. 그런데도 사람들이 이런 후장을 그치지 않고 있소. 이를 금하려면 어찌하는 것이 좋겠소?"

관중이 대답했다.

"사람이 어떤 일을 하는 것은 명예나 이익 때문입니다."

이에 곧바로 영을 내렸다.

"관곽을 지나치게 할 경우 시신을 꺼내 형을 가하고, 상주 또한 처벌할 것이다!"

이를 두고 한비자는 이같이 평했다.

"시신에 형을 가하는 것은 명예를 실추시키는 일이고, 상주가 벌을 받는 것은 이롭지 못한 일이다. 사람들이 무슨 까닭으로 그 짓을 다시 하겠는가?"

인간의 호리지성을 적극 활용하라고 권한 것이다. 형벌은 호리지성, 포상은 호명지심과 불가분의 관계를 맺고 있다. 두 가지를 모두 활용하는 것 가장 바람직하나, 급할 때는 호리지성에 초점을 맞춘 형벌을 적극 활용할 필요가 있다.

객관적으로 볼 때 마키아벨리가 제22장에서 제시한 신하들의 충성 확보 계책은 한비자의 제신술을 방불하는 것이다. 마키아벨리는 "군주는 자신을 섬기는 측근이나 궁정 신하를 심하게 해치거나 모욕하지 않도록 조심해야 한다"고 말했으나 여기에는 군주를 곁에서 모시는 후비后妃와 궁녀도 포함한 것이다.

아무리 가까운 사람이라도 함부로 모욕하지 말라

위진남북조시대 당시 남조 동진 말기에 이를 뒷받침하는 사건이 벌어진 적이 있다.

동진의 효무제 사마요司馬曜는 재위 24년만인 태원 21년인 396년 9월에 당년 35세로 급사했다. 그의 급사 원인이 몹시 황당하다. 그는 평소 주색을 극히 밝혔다. 주량도 날이 갈수록 늘어났다. 이해 9월 건강建康, 지금의 남경南京의 청서전淸暑殿 안에서 무희들이 음악에 맞춰 춤을 추고 있었다. 효무제가 곁에 있는 장귀인張貴人에게 농담조로 말했다.

"장귀인, 당신도 곧 30세가 되겠구려. 나이로 따지면 응당 폐출될 나이요. 나는 젊고 예쁜 여인들이 좋소!"

효무제는 껄껄 웃으며 잔을 들이킨 뒤 얼마 후 대취한 나머지 어탑御榻 위에 쓰러져 그대로 잠이 들고 말았다. 장귀인이 태감들을 불러 효무제를 숙소로 모시게 했다. 장귀인이 4명의 시첩을 시켜 효무제의 몸 위에 이불을 덮은 뒤 네 귀퉁이를 단단히 묶게 했다.

얼마 후 그녀는 몇 겹이나 되는 이불 속에 있는 효무제의 머리를 깔고 앉아 버렸다. 숨이 막힌 효무제가 고통스럽게 발버둥쳤지만 비단 이불의 사방을 단단히 묶은 까닭에 아무리 소리를 지르고 발버둥을 쳐도 아무 소용이 없었다.

다음날 장귀인은 황제가 악몽을 꾸다 가위눌려 급사했다고 말했다. 당시 태자 사마덕종司馬德宗은 백치인 데다 효무제의 동생 사마도자司馬道子 역시 먹고 마시는 방탕한 생활을 영위한 까닭에 더 이상 추궁하지 않았다.

결국 황제를 죽인 장귀인은 아무 처분도 받지 않았다. 효무제만 억울하게 죽은 셈이다. 말 한마디 잘못하는 바람에 화를 자초한 것이나 다름없다.

이는 중국의 역대 궁중비사 가운데 가장 기괴한 사건 가운데 하나로 꼽힌다. 사가들 역시 동진의 효무제를 중국의 역대 황제 가운데 가장 황당한 죽음을 맞은 황제 가운데 한 사람으로 기록해놓았다. 마키아벨리는 비록 구체적으로 언급하지는 않았지만, 군주가 모욕하지 말아야 할 측근 속에 반드시 후비와 궁녀도 포함해 생각했을 것이다.

우리는 이 일화를 통해 후비나 궁녀처럼 가까운 사람일지라도 후하게 대해 완벽하게 내 사람을 만들지 못하면 비참한 최후를 맞을 수 있다는 사실을 확인할 수 있다.

마키아벨리가 『군주론』 제22장에서 "군주는 충성을 확보하기 위해 신하를 우대하고, 부유하게 만들고, 가까이 두어 높은 명예와 자리를 부여하는 등 세심히 배려해야 한다"고 당부한 배경도 이런 맥락에서 이해할 수 있다.

동서고금을 막론하고 자신과 가족을 배불리 먹이고 명예를 안겨주는 주군을 배신하는 것은 매우 어려운 일이다. 마키아벨리는 여기서 한 발 더 나아가 이들이 목숨을 내걸고 군주를 위해 충성을 바치도록 만들 것을 주문하고 있다. 천하를 거머쥐는 비결이 여기에 있다.

현대의 활발한 기업들이 자신들의 직원들의 복지를 강화하고 우대하며 연봉을 많이 주려고 애를 쓰는 것도 이와 일맥상통하는 일이다. 회사의 장래와 이익을 위해 수족처럼 움직여야 할 직원들의 사기를 증진시키지 않고는 그 목표를 달성하기 어렵기 때문이다. 이는 회사 구성원의 호리지성에 기댄 방법이라 하지 않을 수 없다.

그러나 기업이 반드시 이 호리지성에 기대야 하는 것만은 아니다. 보이지 않는 직원의 명예와 신망을 높이는 일도 직원의 사기를 높이고, 회사에 충성을 하게 하는 데 유용하다. 기업을 경영하면서 이 호리지성과 호명지명 모두 적재·적소·적시에 사용할 줄 알아야 한다.

불방계
不放計

18

결정적인 시기를 절대 놓치지 말라

"시기를 놓치면 그 어떤 해결책도 무용지물이 되고 만다. 로마인은 화근이 자라는 것을 방치하지 않았다. 시간은 이익과 해악을 가리지 않고 모든 것을 한꺼번에 몰고 온다는 사실을 알았기 때문이다."

_군주론 제3장 〈혼합 군주국에 관해〉

마키아벨리는 이 대목에서 설령 미래에 대한 확고한 비전과 강력한 추진력을 갖고 있을지라도 소기의 성과를 거두기 위해서는 시기를 놓쳐서는 안 된다는 점을 강조하고 있다. 마키아벨리는 『군주론』 제25장에서 이를 상세히 논하고 있다.

"우리는 어떤 군주가 성격이나 능력은 전혀 변하지 않았는데도 오늘 흥했다가 내일 패망하는 모습을 목도하곤 한다. 운에만 의지하는 군주가 운이 바뀌는 즉시 곧바로 패망하는 것이 대표적인 사례이다.

단언컨대 시변時變의 흐름을 좇아 응변應變하면 성공하고, 그렇지 못하면 패망한다."

모든 일은 때를 놓치면 패망으로 이어진다

마키아벨리는 『로마사 논고』 제3권 제8장에서도 유사한 논지를 펴고 있다. '시변時變의 흐름'이란 말의 원문은 'le qualità de' Tempi'이다. 직역을 하면 '시대의 성질'이다. 대다수 영역본은 '시대적 요구'를 뜻하는 'the demands of the times'로 번역했다. 이 말은 난세를 지칭하는 것이다. 난세가 요구하는 자질로 풀이하는 것이 가장 그럴 듯하다.

동양에서는 이를 통상 임기응변의 논리로 풀이했다. 시기時機와 인기人機, 천기天機, 지기地機를 좇아 스스로 변하는 것이 임기응변이다. 마키아벨리가 『군주론』 제3장에서 "시기를 놓치면 그 어떤 해결책도 무용지물이 되고 만다"고 말한 것은 우리 속담의 "원님 행차 뒤에 나발 불기"와 그 뜻이 잘 들어맞는다. 때늦은 후회를 해봐야 소용이 없다는 이야기다.

매사가 그렇듯이 때를 놓치면 소기의 성과를 거두지 못할 뿐만 아니라, 자칫 부메랑을 맞을 수도 있다. 모반을 꾀하는 자들이 삼족이 멸하는 멸문지화를 당하는 것도 대부분 시기를 놓친 데 따른 것이다. 마키아벨리는 구체적인 사례로 로마가 기원전 191년에 선수를 쳐 안티오코스 3세를 제압한 일화를 들었다.

당시 로마는 전쟁을 피할 수도 있었지만 그런 안이한 길을 택하지 않았다. 사람들이 입버릇처럼 말하는 "시간의 이득을 누리라"는 격언을 받아들이지 않은 것이다. 시간을 늦추는 것은 현실에 안주하며 후환을 키우는 짓에 불과하다고 생각한 것이다. 마키아벨리가 당시 로마가 취한 행보를 두고 "시간은 이익과 해악을 가리지 않고 모든 것을 한꺼번에 몰고 온다는 사실을 알았기 때문이다"라고 분석했다. 유사한 내용이 『로마사 논고』에도 나온다.

원래 '시기時機'에 대한 탐사는 동양에서 깊이 이뤄졌다. 시기를 천시天時가 바뀌는 계기로 해석한 것부터가 시작이다. 이는 『주역』의 변역變易 이론에서 나온 것이다. 원래 '역易'은 주변 상황에 따라 자유자재로 색이 변하는 도마뱀을 상징하는 상형문자에서 나온 것이고, '변變'은 임기응변臨機應變의 기機와 같은 뜻이다. 바뀌는 계기를 통상 '기변機變'으로 표현하는 것은 이 때문이다. 우리말의 '낌새'를 뜻하는 '기미機微'와 통한다. 기미는 극히 미세한 변화의 조짐을 지칭할 때 주로 사용하고, 기변은 미세한 변화의 조짐이 표면화한 경우를 지칭할 때 주로 사용하는 것이 약간 다를 뿐이다.

『주역』에서 말하는 '변역'은 조짐이나 낌새를 눈치 채고 스스로 변화하는 것을 뜻한다. '임기응변'의 기본적인 취지는 바로 여기에 있다. 이는 크게 '임기'와 '응변'으로 나눠볼 수 있다. 임기응변의 '임기臨機'는 '기'의 변화 조짐을 뜻하는 기변의 상황에 맞닥뜨린 경우를 지칭한다. '응변應變'은 이런 '임기' 상황에서 인간 스스로 변화하는 것을 뜻한다. '임기'와 '응변'은 원인과 결과, 상황과 결단의 관계를 맺고 있다. 임기는 천지자연의 끝없는 순환과 변역에 맞닥뜨린 상황, 또는 그 원인, 응변은 이런 상황에서 개개인이 자신의 지혜를 동원해 내린 결단, 또는 그 결과에 해당한다.

임기응변에는 반드시 인간의 지략智略이 개입되어 있는 까닭에 '임시변통臨時變通'과 엄밀히 구분해야 한다. '변통變通'과 '응변應變'에는 커다란 간극이 있다. 변통에는 지식과 계책을 동원해 적극적으로 변신해나간다는 의미가 없다. 임시변통은 엉겁결에 만들어낸 방편이 요행히 통한 것에 지나지 않는다. 그러므로 임시변통은 갑자기 터진 일을 우선 간단하게 둘러맞춰 처리하는 '임시방편臨時方便'과 같은 의미로 사용된다. 그런데도 적잖은 사람들이 임기응변이란 용어를 임시변통이나 임시방편과 섞어 사용하고 있다. 영어를 포함한 서구의 언어에는 임기응변을 뜻하는 용어가 없다.

『주역』「혁괘革卦」에서는 변혁變革을 언급하고 있다. 변역과 거의 같은 뜻이다. 변역의 주체에 방점을 찍은 것이 약간 다르다. 혁명革命 개념이 「혁괘」에서 나온 게 그렇다. 「혁괘」는 군주의 변혁을 '대인호변大人虎變', 신하의 보필을 '군자표변君子豹變'으로 표현했다. 장려하게 털갈이를 한 호랑이와 표범처럼 아름답다는 뜻이다. 군주와 신하가 합세해 '혁명'을 완수하는 것을 이같이 표현한 것이다.

변역의 '역'은 천지자연의 변화에 초점을 맞추고 있다. 이에 반해 변혁의 '혁'은 인간의 능동적인 변역에 방점을 찍고 있다. 명군과 현신 등 군자의 '자강불식'을 지칭한 것이다.

제자백가 가운데 임기응변의 중요성을 가장 절실하게 깨달은 학파는 병가다. 『사마법司馬法』은 이른바 무경칠서武經七書 가운데 『맹자』처럼 인의를 높이 외친 것으로 유명하다. 그럼에도 난세의 임기응변을 적극 수용하고 있다. 다음은 이를 뒷받침하는 『사마법』「인본仁本」의 대목이다.

"옛 성왕은 인仁을 근본으로 삼고 의義에 입각해 나라를 다스렸다. 이를 '정도正道'라고 한다. 그러나 정도가 막혀 뜻대로 되지 않을 때는 타개책으로 '권도權道'를 사용했다."

권도는 목적 달성을 위해 상황에 따라 임기응변으로 임하는 것을 말한다. 정도가 인의에 입각한 왕도라면, 권도는 강력한 무력과 법치를 토대로 한 패도를 지칭한다. 패도의 대표적인 사례로 주나라의 건국 원훈인 태공망 여상呂尙을 들 수 있다.

결정적인 기회 앞에서 머뭇거리지 말라

기원전 1046년 2월 주나라 무왕의 군사가 지금의 하남성 기현淇縣 부근인 은나라 도성 조가朝歌 근교의 목야牧野에 이르렀을 때 갑자기 벼락이 치고 폭우가 쏟아졌다. 깃발과 북이 모두 찢어지자 군심이 흉흉해졌다. 무왕의 한 측근이 점을 친 뒤 길조가 있을 때 진군해야 한다며 행군의 중단을 주장하자 여상이 다음과 같이 일갈했다.

"썩은 풀과 말라빠진 거북등으로 무엇을 묻겠는가? 지금은 비상한 시기로 군주를 치러 가는 때다. 점괘가 불길하다고 해서 어찌 훗날 다시 거병할 날을 기다릴 수 있단 말인가!"

그러고는 무왕을 설득해 곧바로 진격했다. 난세의 임기응변이 어떤 것인지를 극명하게 보여준 대표적인 사례이다. 이것이 바로『주역』「혁괘」에서 말하는 변혁이다. 당시 여상이 구사한 임기응변이 주나라 건국의 결정적인 계기로 작용한 것은 말할 것도 없다. 난세의 임기응변인 변역이 새 왕조의 건립으로 이어질 때 이를 '혁명'이라고 한다. 임기응변에 능한 자만이 난세의 시기에 천하를 평정할 수 있다. 개인이나 기업도 마찬가지다.

서구 자본주의의 출발이 호리지성에 대한 통찰에서 출발한 것도 같은 맥락에서 이해할 수 있다. 애덤 스미스가『국부론』에서 역설한 '보이지 않는 손'에 의한 시장가격의 형성은 이미 사마천이『사기』「화식열전」에서 역설한 것이기도 하다. 「화식열전」에서 부상富商의 전형으로 거론한 인물이『맹자』에도 나오는 백규白圭이다. 그는 인간의 호리지성을 적극 이용해 엄청난 재산을 모은 전설적인 부호다. 그는 부를 쌓는 비결을 묻는 질문에 이같이 대답했다.

"나는 생업을 운영하면서 이윤伊尹과 여상呂尙이 계책을 내고, 손무와 오기가 군사를 운용하고, 상앙이 변법을 시행하듯이 했다. 그 지혜가 임기응변에 부족하거나, 그 용기가 결단하는 데 부족하거나, 그 어짊이 먼저 내주어 나중에 더 크게 취하는 수준이 안 되거나, 그 강인함이 지킬 바를 끝까지 지키는 수준에 이르지 못한 사람은 아무리 내 비술을 배우고자 해도 결코 가르쳐주지 않았다."

주어진 상황에서 최선의 답안을 찾는 지혜를 비롯해 결정적인 시기에 결단하는 용기, 지킬 바를 반드시 끝까지 지키는 강단, 먼저 내주어 나중에 더 크게 취하는 어짊을 비결로 든 셈이다. 지혜는 곧 임기응변을 뜻하고, 용기는 결정적인 시기가 찾아왔을 때 머뭇거리지 않고 결단하는 결기決機와 같다. 지킬 바를 반드시 끝까지 지키는 강단은 때와 사안이 무르익을 때까지 참고 견디며 부단히 연마하는 시기時機와 사기事機 및 심기心機와 통한다.

먼저 내주어 나중에 더 크게 취하는 어짊은 모처럼 기회가 왔을 때 과감히 승부수를 던지는 응변應變을 설명한 것이다. 변덕스럽기 그지없는 염량세태 속에서 세를 확장하는 세기勢機와 승리의 계기를 스스로 조성하는 전기轉機가 응변의 골자이다. 이는 전적으로 당사자의 몫이다.

마키아벨리가 "시간은 이익과 해악을 가리지 않고 모든 것을 한꺼번에 몰고 온다"고 말한 것은 이 때문이다. 시기가 왔을 때 과감히 이에 올라타 응변하는 자는 흥하고, 그러지 못한 자는 망한다는 취지를 담고 있다.

마키아벨리 역시 임기응변에 능한 자만이 살아남을 수 있다고 설파한 셈이다. 이는 개인이나 기업이나 나라를 이끄는 리더나 모두 마찬가지인 원리다.

04

집권

원할 때 들을 수 있는
조언자를 두는 리더십

執權

택간계
擇諫計

19

다양한 조언을 듣고 신중하게 선택하라

"불초한 군주는 주변 사람들로부터 여러 조언을 들을지라도 다양한 견해를 하나로 녹일 능력이 없는 까닭에 결정적인 조언을 얻을 길이 없다. 각기 자신들의 이해관계에 기초해 조언하는데도 그 내막을 알지도 못하고, 이를 바로잡을 능력도 없기 때문이다.

각료를 위시한 측근은 어떤 절박한 상황에 몰려 선행을 강요당하지 않는 한 늘 자신의 이해관계에 기초해 일을 처리하는 까닭에 군주에게 해로운 존재이다. 현군의 명성은 결코 뛰어난 참모의 간언에서 비롯된 게 아니다. 오히려 뛰어난 간언은 누가 간하든 상관없이 전적으로 군주의 지혜에 달려 있다."

_군주론 제23장 〈아첨을 어떻게 피할 것인가?〉

마키아벨리는 이 대목에서 간언의 중요성을 역설하고 있다. 군주는 간언을 경청할 필요가 있으나, 이것이 무턱대고 아무 말이나 들어도 좋다는 취지는 아니다. 간언을 잘하는 자를 곁에 두고 그의 말을 전적으로 듣는 것이 이 방법의 요체이다. 여기에서 군주의 측근을 두

탁월한 사람을 모방하라 – 마키아벨리처럼

고 "어떤 절박한 상황에 몰려 선행을 강요당하지 않는 한, 늘 자신의 이해관계에 기초해 일을 처리하는 까닭에 군주에게 해로운 존재이다"라고 지적한 대목에 주의할 필요가 있다. 마키아벨리 역시 한비자와 마찬가지로 군주와 신하의 이익이 정면으로 충돌하고 있음을 통찰하고 있는 것이다.

마키아벨리의 『정략론』에도 이와 유사한 말이 나온다. 신하를 파견할 경우 두 명의 뛰어난 인물을 파견하느니 단 한 명의 평범한 인물을 파견하는 것이 더 낫다고 말했다. 하나의 군대의 지휘관은 반드시 한 명이어야 하는 까닭이 바로 이것이다. 난세에 지휘관이 여러 명인 것만큼 해로운 일은 없다. 동서고금을 막론하고 단 하나의 예외가 없다. 지휘권이 분산되면 그 조직은 이내 내분에 휩싸여 무너지고 만다.

조언을 들을 때는 반드시 신중해야 한다

군주가 각료를 위시한 측근들의 간언을 가려서 들어야 하는 것은 이들 모두 자신들의 이해관계에 얽매여 있기 때문이다. 마키아벨리는 이렇게 지적한다.

"현군의 명성은 결코 뛰어난 참모의 간언에서 비롯된 게 아니다. 오히려 뛰어난 간언은 누가 간하든 상관없이 전적으로 군주의 지혜에 달려 있다."

군주가 지녀야 할 난세 리더십의 핵심을 이처럼 적확하게 지적한 구절은 어디에도 없다. 크게 보면 『한비자』에서 역설한 제신술의 일환에 해당한다. 간언을 들을 때는 반드시 적절히 신중한 모습을 취해야 한다는 『군주론』 제17장의 충고도 이와 같은 맥락에서 이해할 수 있다.

"군주는 풍문에 귀를 기울이거나 남에게 적대적인 자세를 취할 때는 늘 신중해야 한다. 그렇지 않으면 사람들이 공포를 느낀다. 그렇다고 우유부단해서도 안 된다. 적절히 신중하면서도 자애로운 모습을 보여야 한다. 지나친 자신감으로 인해 경솔히 처신하거나, 과도한 경계심으로 인해 주위 사람을 불안하게 만들어서는 안 된다."

군주가 너무 엄한 모습을 취하면 신하들이 간언을 꺼리게 된다. 정반대로 너무 만만한 모습을 보이면 위험 부담이 큰 간언을 하기보다는 아첨을 통해 총애를 얻고자 한다. 마키아벨리가 '적절한 신중함'을 역설한 이유가 여기에 있다. 같은 제23장에서 군주는 뛰어난 조언자를 얻기 위해 애써야 한다는 주문도 이런 맥락에서 이해할 수 있을 것이다.

"군주가 깊이 생각하지 않거나 뛰어난 조언자를 얻지 못하면 자주 실수를 범하게 마련이다. 그 경우 궁정에는 아첨꾼들만 가득 차게 된다. 군주가 매번 아첨이라는 질병에 걸려 위기를 맞는 이유는 이 때문이다. 이를 미연에 방지하려면 귀족들로부터 경멸의 대상이 되는 위험도 감수해야 한다. 진실을 말해도 화를 내지 않을 것이라는 사실을 널리 알리는 것 외에는 달리 방법이 없다."

마키아벨리는 간언의 중요성을 통찰하고 있었다. "진실을 말해도 화를 내지 않을 것이라는 사실을 널리 알리는 것 외에는 달리 방법이 없다"는 구절에서 이런 통찰을 엿볼 수 있다. '적절한 신중함' 등 다양한 방략을 제시한 것도 이런 맥락에서 한 가지 계통으로 이해할 수 있는 것이다.

그러나 그 내용과 깊이는 『한비자』에 비할 바가 아니다. 진시황에게 천하통일의 방략을 유세한 바 있는 한비자는 생전에 이 문제를 깊이 연구했다. 신하들이 간하거나 건의할 때마다 군주는 속마음을 깊이 감춘 채, 그 저의를 소상히 살피라고 권유한 것을 보면 그 연구의 깊이를 알 수 있다. 마키아벨리가 지적했듯이 '아첨이라는 질병'에 걸리지 않기 위한 고육책에 해당한다.

동서고금을 막론하고 아무리 뛰어난 자질을 지닌 군주일지라도 천하는 매우 넓기에 이를 효과적으로 다스리기 위해서는 반드시 대소 관원의 도움이 필요하다. 그러나 각료를 비롯한 측근은 양날의 칼과 같다. 군주가 칼자루를 쥐고 있을 때는 아무 탈이 없으나, 이를 놓칠 경우 오히려 군주를 벨 수도 있기 때문이다.

군주의 입장에서 볼 때 곁에서 간언이나 자문을 해줄 수 있는 인물은 그 지위나 재능 등으로 인해 이내 막중한 권한을 지닌 중신重臣으로 활약할 소지가 크다. 여기서 한 발 더 나아가면 이내 실권을 틀어쥔 '권신權臣'이 된다.

『한비자』「팔설八說」에서 이와 같이 경고했다.

"현군이 다스리는 나라에서는 존귀한 자리에 앉은 귀신貴臣은 있을지언정 핵심적인 자리에 앉은 '중신重臣'은 없다."

중신은 권신을 달리 표현한 것이다. 한비자가 극진한 총애를 받는 총신寵臣을 곁에 두지 말아야 한다고 주장한 것도 같은 취지에서 나온 말이다. 『한비자』「애신愛臣」의 한 대목이 이를 뒷받침한다.

"군주가 신하를 총애하면서 지나치게 가까이 하면 반드시 군주의 신변이 위태롭게 되고, 대신의 지위가 너무 높아지면 반드시 군주의 자리를 빼앗게 된다. 만물 가운데 군주의 몸보다 더 귀한 것이 없고, 군주의 자리보다 더 존엄한 것이 없고, 군주의 권세보다 더 중한 것이 없고, 군주의 세력보다 더 성한 것이 없다. 그래서 말하기를 '군주가 자신에게 갖춰진 네 가지 미덕을 잘 운용하지 못하면 이내 측근 신하에게 쫓겨나 나라 밖에서 최후를 맞게 된다'고 한 것이다."

군주는 신하가 아무리 뛰어난 조언과 충언을 할지라도 지나치게 믿어서는 안 된다는 가르침이다. 마키아벨리가 "각료를 위시한 측근은 늘 자신의 이해관계에 기초해 일을 처리하는 까닭에 군주에게 해로운 존재이다"라고 경고한 것도 바로 이 때문이다.

조언을 가려듣는 것은 리더가 반드시 갖춰야 할 자질이다

마키아벨리는 구체적으로 언급하지 않았으나, 한비자는 군주가 경계해야 할 '총신' 속에 총희寵姬도 포함했다. 『한비자』「비내備內」에는 이렇게 적고 있다.

"군주의 재난은 사람을 믿는 데서 비롯된다. 다른 사람을 믿으면 그 사람으로부터 제압을 받게 된다. 신하는 군주와 골육의 친분을 맺고 있는 것이 아니라 군주의 권세에 얽매여 어찌할 수 없이 섬기는 자이다. 그럼에도 신하된 자가 군주의 마음을 엿보고 살피느라 잠시도 쉬지 못하는데, 군주는 그 위에서 게으름을 피우며 교만하게 처신한다. 세상에서 신하가 군주를 협박하고 시해하는 일이 빈발하는 것은 이 때문이다. 무릇 아내처럼 가까운 사람과 골육의 친분이 있는 자식조차 신뢰할 수 없는데 나머지 사람들은 더 말할 것도 없다."

'골육의 친분' 운운한 것은 군주를 시해할 위험이 가장 높은 집단을 언급한 것이다. 한비자가 가장 가까운 거리에서 군주를 보필하고 있는 후비后妃를 늘 조심해야 한다고 역설한 것도 바로 이런 이유에서다. 이를 뒷받침하는 구절이 같은 「비내」에 나온다.

"남자는 나이 50세가 되어도 호색하는 마음이 그치질 않는다. 그러나 여자는 나이 30세가 되면 미모가 쇠한다. 미모가 쇠한 부인이 호색하는 장부를 섬기면 이내 자신이 내몰릴까 염려하고, 천시되지 않을까 염려하고, 자식이 보위를 잇지 못할까 염려한다. 이것이 후비와 부인들이 군주의 조기 서거를 바라며 군주를 짐주鴆酒로 독살하거나, 은밀하게 목을 졸라 죽이거나, 칼로 목을 베려는 까닭이다.

옛 초나라 사서인 『도올춘추檮杌春秋』에서 말하기를, '군주의 죽음에서 병으로 죽는 경우는 절반도 안 된다'고 했다. 군주의 죽음으로 이익을 얻은 사람이 많을수록 군주는 위험해진다고 말하는 것은 이런 까닭이다."

한비자의 이런 충고가 신하를 늘 경계하라고 주문한 마키아벨리와 동일한 취지에서 나온 것임은 말할 것도 없다. 한마디로 각료를 비롯한 측근의 간언을 액면 그대로 받아들여서는 매우 위험하다는 것이다. 『한비자』「간겁시신」에는 이런 구절이 있다.

"신하가 칭송하는 바를 군주 역시 옳다고 여기면 '취하는 것이 같다'는 뜻의 '동취同取'라고 한다. 신하가 비방하는 바를 군주 역시 그르다고 여기면 '버리는 것이 같다'는 뜻의 '동사同舍'라고 한다. 간신이 군주를 속이고 사욕을 채우는 배경이 바로 동취와 동사에 있다. 그러면 위에서는 군주가 기만을 당하고, 아래에서 신하가 막강한 권한을 휘두르는 일이 벌어진다. 이것이 바로 '천주지신擅主之臣'이다."

천주지신은 군주를 멋대로 조정하는 신하라는 뜻이다. 천주지신이 등장하면 군주는 목숨을 부지하기도 어렵다.

마키아벨리도 『군주론』 제23장에서 유사한 취지의 경고를 했다.

"적잖은 사람이 현군의 명성과 관련해 군주의 자질 때문이 아니라 뛰어난 참모의 간언 덕분으로 생각하고 있으나 이는 커다란 잘못이다. 현명하지 못한 군주가 간언을 제대로 받아들이지 못한다는 것은 자명한 이치이다. 다만 군주가 우연히 매사를 신중히 처리하는 참모를 만나 모든 것을 일임한 경우는 예외이다. 이 경우도 나름 좋은 조언을 얻을 수는 있으나 이내 권력을 잃고 만다. 참모에게 쉽게 찬탈篡奪할 수 있는 절호의 기회를 제공했기 때문이다."

군주가 시해를 당하고 보위를 찬탈당하는 1차 책임은 군주 자신에게 있다는 지적이다. 권신과 중신을 탓하기 전에 동취와 동사로 인해 천주지신이 나타난 것을 방조한 군주가 스스로 반성해야 한다는 한비자의 지적과 궤를 같이한다. 두 사람 모두 군주는 간언을 가려서 들을 줄 알아야만 목숨을 부지하고 권력도 유지할 수 있다는 충고한 셈이다.

부국강병을 중시한 한비자와 마키아벨리의 관점에서 보면 5백 년 조선의 역대 군왕 가운데 폭군으로 매도당한 태종과 세조는 가장 뛰어난 군주에 속한다. 국가의 안위와 민생의 안녕을 기준으로 삼을 수밖에 없기 때문이다.

미국과 중국이 한 치의 양보도 없이 치열하게 다투고 있는 현대에서의 평가도 마찬가지이다. 난세의 이치가 동서와 고금에 따라 달라질 리 없다. 결국 마키아벨리가 역설했듯이 모든 국가의 대사는 간언을 가려서 들을 줄 아는 군주의 자질 문제로 귀결된다.

전 세계가 전쟁터로 변한 시장에서 싸워야 하는 기업은 더 말할 나위가 없다. 시류에 맞는 방향을 조언해줄 사람이 반드시 필요하지만, 취사선택은 오로지 CEO의 몫이다. 경쟁에서 이기는 뛰어난 CEO가 되기 위해서는 자신의 자질을 끌어올리기 위한 공부를 게을리할 수 없다. 조언을 취사선택해서 들을 수 있는 능력도 결코 저절로 생기지 않기 때문이다

20

이해타산에 민감한
사람의 본성을 활용하라

"통상 '사람들이 어떻게 살고 있는가' 하는 문제와 '사람들이 어떻게 살아야
하는가' 하는 문제 사이는 거리가 너무 멀다. '사람들이 무엇을 해야 하는가'
하는 문제에 매달려 '사람들이 무엇을 하고 있는가' 하는 문제를 소홀히 하는
자는 자신의 보존보다 파멸을 훨씬 빠르게 배우게 된다."

_군주론 제15장 〈인간들, 특히 군주가 칭송과 비난을 받는 일에 관해〉

마키아벨리는 이 대목에서 정치를 도덕규범이나 종교와는 엄격하
게 구별한 것을 역설하고 있다. 사람들이 어떻게 살아야 하고, 무엇
을 해야 하는가 하는 문제를 천착하는 것은 종교나 도덕철학의 영역
이다. 이런 접근으로는 사람들이 어떻게 살고 있고, 무엇을 하고 있
는가 하는 현실 문제를 해결할 수 없다. 현실 정치의 고유영역이 바
로 이것이다. 종교나 도덕철학과 긴장관계를 유지하면서 서로 영역

을 달리해 최선을 다하는 것이 정답이다. 서구가 마키아벨리의 등장을 계기로 비로소 근대사회로 진입하게 되었다는 평가는 그래서 나오는 것이다. 근대의 정치학과 법학이 마키아벨리의 출현을 계기로 비로소 가능해졌다.

동양은 이미 춘추전국시대 때 한비자 등에 의해 근대 정치학과 법학을 완성한 것이나 다름없다. 안타까운 것은 이토록 일찍 근대적인 학문의 기초를 마련했음에도 오히려 뒤로 후퇴하는 모습을 보인 점이다. 서양이 마키아벨리의 등장을 계기로 인간 중심의 르네상스 시대로 깊숙이 진입한 데 반해, 동양은 성리학의 등장을 계기로 더욱더 어두운 도덕철학의 수렁으로 빠져들었다.

19세기 초의 아편전쟁을 계기로 중국이 서구 열강의 반半식민지로 전락하게 된 배경에는 이런 이유들이 있다. 이 와중에 한국은 서구의 제국주의 노선을 추구한 일제의 식민지로 굴러 떨어지고 말았다.

현실에 발을 딛고 실현 가능한 꿈을 꾸어라

객관적으로 볼 때 마키아벨리는 주어진 현실 속에서 최상의 해법을 찾고자 한 대표적인 현실주의자였다. 그렇다고 그가 '꿈'을 포기한 것은 아니었다. 그는 이탈리아 통일을 넘어 로마제국의 영광을 재현하고자 했다. 그러나 이는 플라톤의 '철인왕'과 마르크스의 '지상 천국'과 같은 '비현실적인 꿈'이 아니라, 인간이 노력하기만 하면 능히 달성할 수 있는 '실현 가능한 꿈'이다. 현실에 굳건히 발을 내디딘 채 '실현 가능한 꿈'을 제시한 마키아벨리를 두고 '민주주의자'

또는 '공화주의자'라고 규정하는 식으로 어느 한쪽 면만 집중 부각시키는 것은 잘못이다. 마키아벨리는 국가와 백성의 상호관계를 통찰하여 그 백성의 본질을 다음과 같이 파악했다.

첫째, 백성 모두 이익을 향해 무한 질주하는 이른바 호리지성好利之性을 지니고 있다. 군거群居 생활을 영위하는 인간은 사회공동체나 국가공동체를 유지하기 위해 부득불 혈통이나 능력에 따른 다스리는 자와 다스림을 받는 자의 존재를 인정할 수밖에 없다.

마키아벨리는 다스리는 자인 귀족은 백성을 부리거나 억압하고자 하며, 다스림을 받는 자인 백성은 이에 저항하고자 한다고 했다. 각자 자신에게 유리한 쪽으로 매사를 결정하고자 하는 호리지성을 지적한 것이다. 성악설을 주장한 순자 및 한비자의 인성관人性觀이나 민성관民性觀과 같은 맥락이다.

둘째, 사회나 국가공동체는 이를 유지하기 위해 공공선公共善 내지 공공질서公共秩序 등을 내세우며 법률 등의 강압조치를 통해 개개인의 호리지성을 제약할 수밖에 없다. 이를 방치할 경우 홉스의 말처럼 사회나 국가공동체는 '만인의 만인에 대한 투쟁'으로 인해 이내 해체될 수밖에 없다. 소크라테스와 플라톤을 비롯해 마키아벨리 이전에 등장한 서구의 모든 철학자들은 하나같이 이상적인 도덕 정치를 통해 호리지성의 충돌에 따른 개인과 공동체의 딜레마를 해결하자 했다. 묵자와 맹자가 인의仁義로 상징되는 덕치德治로 해결하고자 한 것과 비슷하다.

그러나 정치를 도덕규범이나 종교 교리의 세속적 실천으로 접근하면 할수록, 정치에 대한 올바른 이해는 더욱 요원해지고 도덕과 종교 또한 타락의 길을 걸을 수밖에 없다.

마키아벨리는 『군주론』 제25장에서 운명의 여신은 기껏 인간 행동의 절반가량만 지배할 뿐이므로, 그 어떤 역경이 닥칠지라도 인간은 자유의지와 뛰어난 자질을 통해 이를 헤쳐 나갈 수 있다고 말한다. 마키아벨리가 나라를 유지하는 핵심 장치로 법제와 군대를 언급한 것은 바로 이 때문이다. 순자와 그의 제자 한비자가 각각 예치禮治와 법치法治를 역설한 것과 취지를 같이한다.

사상사적으로 볼 때 마키아벨리 사상은 제자백가 사상을 집대성한 순자와 한비자의 사상과 사뭇 닮아 있다. 순자와 한비자는 군주를 존중하는 존군尊君과 백성을 사랑하는 애민愛民을 토대로 예치와 법치를 주장했다. 플라톤이나 마르크스처럼 '비현실적인 꿈'을 추구한 묵자와 맹자 등과 달리, 현실에 뿌리를 내린 채 '실현 가능한 꿈'을 제시한 점이 마키아벨리와 같다. 춘추전국시대에 전개된 백가쟁명百家爭鳴의 주안점이 바로 이것이다.

제자백가 가운데 인간의 호리지성에 가장 예민한 반응을 보인 것은 한비자를 비롯한 법가 사상가들이다. 한비자는 성인이 만든 예제를 통해 능히 사람들을 교화할 수 있다는 스승 순자의 주장을 좇지 않았다. 한비자가 볼 때 인간의 호리지성은 결코 예치로 다스릴 수 있는 성질의 것이 아니었다. 군신 간은 물론 부자 및 부부 사이에서도 예외 없이 드러나는 근원적인 문제들이 모두 이 호리지성에 바탕을 두고 있는 까닭에, 강력한 법제를 동원하지 않으면 혼란을 막을 길이 없다고 보았다. 『한비자』「육반」편에서는 이렇게 말한다.

"남아를 낳으면 축하하고 여아를 낳으면 죽인다. 나중의 편안함을 고려하고, 장기적인 이익을 계산했기 때문이다. 하물며 부자 관계가 아닌 경우야 더 말할 나위가 없다."

인간은 본질적으로 이해관계를 벗어날 수 없는 까닭에 가족관계도 예외가 될 수 없다고 본 것이다. 장의사는 사람이 많이 죽어 장례식이 이어지는 것을 바라고, 의사는 사람들이 혐오하는 종기를 기꺼이 입으로 빼는 것은 바로 서로의 이해관계 때문이라는 것이 그의 해석이다. 모든 인간관계는 이기심이라는 끈으로 연결되어 있다고 보고 있다. 이욕에 휘둘리는 인간의 적나라한 모습을 통찰하여 내린 결론이다. 그래서 그는 군주들에게 설령 신하가 충성스런 모습을 보일지라도, 사실은 자신이 영달하려는 마음에서 군주에게 아첨을 하는 것에 지나지 않는다고 경고한 것이다.

법가의 '성악설'은 엄한 법치를 통해서만 인간의 호리지성을 통제할 수 있다고 주장한 점에서 덕치를 역설한 맹자의 '성선설'과 극명하게 대립한다. '성악설'의 시조이자 본령은 바로 법가인 셈이다. 이는 인성에 대한 철저한 불신에서 비롯됐다. 인간은 그 누구라도 가면을 벗기고 나면 이해관계에 따른 이기주의의 추악한 모습을 드러낼 수밖에 없다고 보았기 때문이다.

법가가 개인 차원의 심신수양과 정반대되는 국가공동체 차원의 법적 제재에 지대한 관심을 기울인 것도 이와 무관치 않다. 법가는 기본적으로 유가가 강조하고 있는 민의民意나 민심民心에 대해서도 비판적인 입장을 견지하고 있다. 민의와 민심 자체도 개인적인 이기심의 표현에 불과하다고 본 것이다. 그래서 「현학」편에서는 이렇게 적고 있다.

"옛날 우임금은 장강의 물길을 트고 황하의 바닥을 쳐냈는데도 백성들은 기와와 돌을 그에게 던졌다. 우임금은 천하를 이롭게 하고, 정나라의 자산은 나라를 편하게 했는데도 비난을 받았다. 백성들의 지혜가 쓸모가 없다는 것 또한 자명한 일이다."

군주를 가볍게 여기고 백성을 높이는 맹자의 '귀민경군貴民輕君' 주장과 달리 군주를 높이고 백성을 가볍게 보는 이른바 '귀군경민貴君輕民'을 주장한 까닭은 바로 이것이다.

그래서 난세 상황에서 나라의 안녕을 기하고, 한발 더 나아가 천하를 통일하기 위해서는 반드시 강력한 법치로 호리지성을 다스려야 한다고 한 것이다.

또한 「오두」편에서는 이렇게 말한다.

"지금 버릇 나쁜 자식이 있다. 부모들이 성을 내어도 행동을 고치지 않고, 고장 사람들이 욕해도 꿈쩍하지 않으며, 스승과 윗사람들이 가르쳐도 변하지 않는다. 관리가 병사를 동원해 법적 제재를 가하고자 하면 무서워서라도 태도와 행동을 바꾼다."

먹고사는 문제부터 해결해주어야 한다

인간의 호리지성은 결코 맹자가 말하는 '덕화德化'나 공자나 순자가 언급한 '극기복례克己復禮'의 교화로는 치유할 수 없고 오직 강력한 법치를 동원한 교정에 의해서만 가능하다는 신념을 지니고 있는 셈이다. 전국시대 말기의 험악한 세태가 법가의 이런 신념에 커다란 영향을 미쳤다. 당시의 상황에 비춰 한비자의 이런 주장은 나름대로 타당성을 지니고 있다.

그러나 사마천의 생각은 달랐다. 그가 볼 때 한비자를 비롯한 법가의 접근방식은 결코 근원적인 해결책이 될 수 없었다. 엄격한 법치를 동원해 인민들을 가지런하게 만들 수는 있을지 몰라도, 먹고 사는 문제를 이것으로 해결할 수는 없는 일이다. 관중을 사상적 비조로 하여 사마천에 이르는 상가商家 사상의 위대한 면모가 바로 여기에 있다.

우리 속담에 "쌀독에서 인심 난다"는 말이 있다. 인심은 먹고사는 문제가 제대로 해결됐는지 여부에 따라 각박해지기도 하고 너그러워지기도 한다. 세태에 따른 인심의 변화무쌍한 모습을 놓고 인간의 본성 문제로 다루려는 것은 그 자체가 호사가의 사변유희에 지나지 않는다.

마키아벨리가 『군주론』 제15장에서 군주는 "사람들이 어떻게 살고 있는가" 하는 문제와 "사람들이 무엇을 하고 있는가" 하는 문제를 해결하는 데 전념해야 한다고 한 것도 이런 맥락에서 이해해야 한다. 군주의 자리에 오른 자는 뜬구름 잡는 얘기는 종교인이나 도덕 철학가에게 맡기고, 인민의 먹고사는 문제와 나라를 보위하는 문제에 매진해야 한다는 주문이다.

　기업 CEO도 하등 다를 바가 없다. 21세기 G2시대가 국가 총력전 양상의 경제전으로 치닫고 있기에 더욱 그렇다.

격려계
激勵計

21

가끔은 깜짝 놀랄 정도로 포상하라

"군주는 학문과 예술의 거장을 환대하고 각종 기예의 달인에게 명예를 수여
함으로써 자신이 탁월한 자질을 좋아한다는 사실을 널리 보여주어야 한다. 또
농상 및 기타 부문에 종사하는 모든 사람이 안심하고 생업에 전념할 수 있도
록 고취해야 한다."

_군주론 제21장 〈군주가 어찌해야 명성을 얻을 수 있는가?〉

마키아벨리는 이 대목에서 사람들을 격려하고 친근감을 보이는 방
식으로 사람들을 감동시킬 것을 주문하고 있다. 동서고금을 막론하
고 그 어떤 군주든 정도의 차이는 있을지언정 큰 틀에서 보면 백성
들을 감싸고 격려하는 인군仁君 행보를 보였다.

문제는 그 내용이다. 특이하게도 마키아벨리는 『군주론』 제21장에
서 매우 구체적인 방안을 제시하고 있다.

"군주는 백성이 착취를 당할까 두려워해서 재산증식을 주저하거

탁월한 사람을 모방하라 – 마키아벨리처럼

나, 무거운 세금을 맞을까 우려해 개업을 망설이게 만들어서는 안된다. 군주라면 개업을 준비하는 자를 포함해서, 도시나 국가를 풍족하게 만들려고 하는 자들을 격려하며 포상할 줄 알아야 한다. 예컨대 1년 중 적절한 시기에 축제와 구경거리를 만들어 사람들을 즐겁게 해주는 것도 한 방법이다. 종종 일반 백성들과 자연스럽게 만나는 등 적당히 친근감을 보여줄 필요가 있다.”

자연스럽게 백성과 접촉하라고 이야기한 것에 주의할 필요가 있다. 동서고금을 막론하고 군주가 머무는 궁성은 담장이 높고 일반인의 통행이 차단되어 있는 까닭에 자칫 세상 물정에 어둡기 십상이다. 그래서 많은 군주들이 남의 눈을 피하기 위해 짐짓 남루한 옷차림을 하고 민정시찰에 나서는 것이다.

마키아벨리가 『군주론』 제21장에서 “종종 일반 백성들과 자연스럽게 만나는 등 적당한 친근감을 보여줄 필요가 있다”고 언급한 것은 바로 이런 경우를 지칭한 것이다.

그는 『로마사 논고』에서도 유사한 말을 한 것이 있다. 이 또한 민정시찰의 중요성을 강조하고자 한 것이다. 일반 백성의 입장에서 보면 자신의 군주를 불쑥 만나게 된 것은 바라지도 않았던 은혜이기에 기쁨에 들뜨고, 스스로 요구할 생각을 못했기에 큰 횡재라고 생각하기 마련이다. ‘감동의 정치’를 수시로 구사할 것을 주문한 것이다. 사람이라면 누구나 정도의 차이는 있을지언정 기대하지 않은 보상을 받을 때 훨씬 커다란 감동을 받게 마련이다. 선물을 줄 때 사전에 아무런 귀띔도 하지 않다가 불쑥 내미는 것이 훨씬 효과가 크다는 이치와 같다. 이른바 '깜짝 선물'의 위력이다. 나라와 회사를 경영할 때도 이런 이치는 그대로 적중한다.

인재는 충분히 포상하여 충성을 바치게 하라

동양의 제자백가는 이미 수천 년 전에 이를 통찰하고 있었다. 대표적인 문헌이 정치와 군사를 하나로 녹인 대표적인 병서 『삼략三略』이다. 여기에는 이런 구절이 나온다.

"병서인 『군참軍讖』에 나오는 얘기다. 군중에 물자가 없으면 병사들이 귀부하려 하지 않고, 포상이 없으면 병사들이 참전하려 하지 않는다. 『군참』에 그 배경을 설명하는 말이 나온다. 향기로운 미끼로 고기를 유인하면 고기는 반드시 바늘을 물게 되어 있다.

두터운 상을 내리면 반드시 용사들이 나오기 마련이다. 현사賢士가 진심으로 귀부하는 것은 두터운 예우 때문이고, 용사勇士가 죽음을 무릅쓰고 싸우는 것은 두터운 포상 때문이다.

두터운 예우로 현사의 귀부를 종용하고, 두터운 상으로 용사를 부추겨야 구하고자 하는 자들이 오게 된다. 처음에는 크게 예우하다가 나중에 이를 바꾸면 현사가 오래 머물지 않고, 처음에는 크게 포상하다가 나중에 이를 바꾸면 용사를 뜻하는 대로 부릴 수 없다. 두텁게 예우하고 포상하는 자세를 시종 관철해야만 현사와 용사가 죽음을 무릅쓰고 그 힘을 다하게 된다."

여기에 사람을 그러모으고 부리는 모든 이치를 요약되어 있다. 반

탁월한 사람을 모방하라 - 마키아벨리처럼

드시 두터운 포상이 있어야 하고, 처음에는 약하게 하다가 점차 크게 해야 하는 게 관건이다. 이를 거꾸로 하면 오히려 현사와 용사가 떠나게 된다. 소홀한 대접을 받고 있다는 생각이 들기 때문이다.

이는 21세기에도 그대로 적용되는 용인술이다. 포상과 형벌은 동전의 양면과 같아서 반드시 혼용해야 효과를 극대화할 수 있다. 한비자도 이를 통찰했다.

『한비자』「칙령」에는 이런 말이 있다.

"형벌을 무겁게 하고 포상을 남발하지 않는 '중형소상重刑少賞'은 군주가 백성을 사랑하는 길이다. 그러면 백성은 상을 받기 위해 목숨마저 바친다. 정반대로 포상을 남발하고 형벌을 가볍게 하는 '다상경형多賞輕刑'은 군주가 백성을 사랑하지 않는 길이다. 그리하면 백성은 목숨을 내걸고 상을 받을 필요를 전혀 느끼지 못하게 된다.

포상의 이익이 군주 한 사람에게서 나오면 무적의 나라가 된다. 그 이익이 군주와 권신 두 사람인에게서 나오면 군령이 둘로 쪼개져 군사를 반밖에 쓸 수 없다. 그 이익이 열 사람에게서 나오면 군주의 명령이 서지 않아, 백성들은 나라를 지킬 길이 없게 된다."

한비자는 여기서 중형소상과 다상경형을 대비시켜 놓았다. 원래 이는 『상군서』「거강」을 그대로 따온 것이다. 「거강」에는 이렇게 쓰여 있다.

"형벌을 무겁게 하고 포상을 희소하게 하는 '중벌경상重罰輕賞'은 군주가 백성을 아끼는 것이다. 그래야 백성이 군주를 위해 목숨을 바친다. 포상을 남발하고 형벌을 가볍게 하는 '중상경벌重賞輕罰'은 군주가 백성을 아끼는 것이 아니다. 그리하면 백성은 군주를 위해 목숨을 바치지 않는다. 흥성한 나라가 형벌을 시행하면 백성은 군주에게 유용하게 사용되며 군주를 경외하고, 포상을 시행하면 군주에게 유용하게 사용되고 군주를 경애한다."

「칙령」의 중형소상과 다상경형은 바로 「거강」의 중벌경상과 중상경벌을 약간 돌려 표현한 것임을 쉽게 알 수 있다. 한비자는 상앙이 변법을 시행하는 과정에서 관철한 엄정한 상형술賞刑術을 높이 평가했다. 오직 그 길만이 부국강병을 이룰 수 있는 유일한 길이라고 보았기 때문이다.

주의할 점은 상앙이 「거강」에서 말한 중벌경상의 '경輕'과 중상경벌의 '중重'을 통상적인 의미로 새겨서는 안 된다는 점이다. 한비자가 언급한 중형소상의 '적을 소少'와 다상경형의 '많을 다多'의 뜻으로 해석해야 한다. '소상少賞'은 두터운 포상인 '후상厚賞'을 뜻하는 것이기도 하다. 소수의 유공자에게 집중적으로 많은 상을 내리는 것을 말한다.

『한비자』「팔경」은 이렇게 말하고 있다.

"포상은 후하게 하는 게 최상이다. 백성이 이를 큰 이익으로 여기게끔 만들기 때문이다. 칭송은 미화하는 것이 최상이다. 백성이 이를 큰 영광으로 여기게끔 만들기 때문이다.

또 처벌은 엄하게 하는 게 최상이다. 백성이 이를 큰 두려움으로 여기게끔 만들기 때문이다. 비방은 추화醜化하는 것이 최상이다. 백성이 이를 큰 치욕으로 여기게끔 만들기 때문이다."

상앙 역시 한비자와 마찬가지로 포상을 남발하는 다상多賞을 크게 경계하면서, 두텁게 포상하는 후상을 시행해야 그 효과를 배가시킬 수 있다고 주장했다.

『상군서』「수권」에는 이런 말이 나온다.

"포상은 후하면서 신뢰성이 있어야 하고, 형벌은 엄중하면서도 반드시 실시돼야 한다. 포상할 때 관계가 소원한 사람들을 빠뜨리지 않아야 하고, 형벌을 내릴 때 친근한 사람을 피하지 않아야 한다. 신하가 군주를 덮어 가리지 않고, 아랫사람이 윗사람을 속이지 않는 것은 이 때문이다."

포상을 두텁게 하는 후상이 포상을 신중히 하는 소상과 불가분의 관계를 맺고 있음을 알 수 있다. 다만 상앙처럼 중벌경상과 중상경벌에서 '경輕'과 '중重'을 대비시켜 사용한 것은 나름대로 일리가 있으나 오해의 소지가 크기 때문에, 한비자처럼 중형소상과 다상경형으로 표현하는 것이 옳다.

포상이 후해야 하는 것처럼 형벌 또한 무거워야 한다

고금을 막론하고 포상을 남발하면 값어치가 떨어져 효과가 없다. 형벌도 마찬가지이다. 형벌이 가벼우면 있으나마나 한 것이 되어 오히려 범법자를 양산하게 된다. 『춘추좌전』에 중형소상과 관련한 유명한 일화가 나온다.

기원전 496년 정나라의 명재상 자산子產이 병으로 자리에 누워 사경을 헤맸다. 그는 곧 자신이 수명이 다 된 것을 알고 대부 유길游吉을 불러 이처럼 당부했다.

"내가 죽게 되면 그대가 틀림없이 집정이 될 것이오. 오직 덕이 있는 자만이 너그러운 정사인 관정寬政으로 백성을 복종시킬 수 있소. 그렇지 못한 사람은 엄한 정사인 맹정猛政으로 다스리느니만 못하오.

무릇 불은 맹렬하기 때문에 백성들이 이를 두려워하므로 불에 타죽는 사람이 많지 않소. 그러나 물은 유약하기 때문에 백성들이 친근하게 여겨 쉽게 생각하다가 이로 인해 매우 많은 사람이 물에 빠져 죽게 되오. 그래서 관정을 펴기가 매우 어려운 것이오."

그러나 당시 유길은 자산의 당부를 제대로 이행하지 않았다. '맹정'을 펴지 못하고 '관정'으로 일관하자 도둑이 급속히 늘어났다. 유길은 크게 후회했다.

"내가 일찍이 자산의 말을 들었더라면 이 지경에 이르지는 않았을 것이다."

그러고는 곧 보병을 출동시켜 무리를 지어 숨어 지내는 도둑들을 토벌했다. 도둑이 점차 뜸해졌다.

이를 두고 공자는 이같이 평했다.

"참으로 잘한 일이다. 정치가 관대해지면 백성이 태만해진다. 태만해지면 엄히 다스려 바르게 고쳐놓아야 한다. 정치가 엄하면 백성이 상해를 입게 된다. 상해를 입게 되면 관대함으로 이를 어루만져야

탁월한 사람을 모방하라 – 마키아벨리처럼

한다. 관대함으로 백성들이 상처 입는 것을 막고, 엄정함으로 백성들의 태만함을 고쳐야 정치가 조화를 이루게 되는 것이다.

『시경』에 이르기를, '다투거나 조급하지 않고, 강하지도 유하지도 않네. 정사가 뛰어나니 온갖 복록이 모여 드네'라고 했다. 이는 관정과 맹정이 잘 조화된 지극한 정치를 말한 것이다."

공자의 평은 왕도와 패도를 섞어 쓰는 이른바 '관맹호존寬猛互存'의 이치를 말한 것이다. 춘추시대 전 시기를 통틀어 관중과 자산만큼 국가의 기강을 바로잡아 나라를 부강하게 만들고, 백성들로 하여금 평안히 생업에 종사하게 만들고, 천하를 병란의 위협으로 구해낸 인물도 없다.

두 사람 모두 공자가 갈파했듯이 관맹호존의 입장을 취했기 때문이다. 관맹호존은 상앙과 한비자가 역설한 법치의 관점에서 보면 중형소상을 달리 표현한 것이나 다름없다. 관정은 포상, 맹정은 형벌에 해당한다.

마키아벨리가 『군주론』 제21장에서 "군주는 개업을 준비하는 자를 포함해 도시나 국가를 풍족하게 만들려고 하는 자들을 격려하며 포상할 필요가 있다"고 말한 것도 같은 맥락에서 이해할 수 있다. 포상이 빠진 형벌, 형벌이 배제된 포상은 그 효과가 절반으로 줄어들 수밖에 없기 때문이다.

기업체를 운영함에 있어서도 마찬가지이다. 잘못한 일은 엄하게 추궁해야 다시는 그런 일이 발생하지 않으며, 때로는 일을 잘한 사람에게 깜짝 놀랄 만큼의 포상을 주어야 회사에 생기가 돌게 된다.

가령 화합 분위기를 위해 하는 회식도 잦으면 감흥도 없고, 화합의 뜻도 사라진다. 드물게 하고, 또 충족한 비용으로 보통 때 감히 엄두를 내지 못할 만큼 해야 포상의 의미도 있고, 적극적인 화합의 의미도 찾을 수 있다.

위험을 무릅쓰더라도
과감하게 개혁을 추진하라

"구질서를 무너뜨리고 신질서를 만드는 것보다 더 어렵고 위험하며 성공하기
힘든 일은 없다.

개혁 군주는 구질서 아래서 이익을 누리던 기득권자를 적으로 만들기 십상이고,
신질서 아래서 이익을 누릴 자들은 단지 미온적인 지지만을 보내기 십상이다.

신질서에 적대적인 기득권자들이 수시로 당파적 열성을 바탕으로 개혁 군주
에게 맹공을 퍼붓는데도 신질서의 추종자들은 반신반의하며 방어에 급급할
뿐이다.

개혁 군주를 비롯해 그를 미온적으로 지지하는 자들이 통상 커다란 위험에 놓
이는 근본 원인이 여기에 있다."

_군주론 제6장 〈자신의 힘과 자질로 성립된 새 군주국에 관해〉

마키아벨리는 이 대목에서 "개혁은 혁명보다 어렵다"는 속언이 결코 틀린 말이 아니라는 사실을 말하고 있다. 같은 제6장에서 자력으로 일어선 개혁 군주와 남의 도움에 의존하는 개혁 군주를 비교 검토한 것은 이런 사실을 밝히기 위함이다. 마키아벨리는 이렇게 말한다.

"군주는 먼저 과업을 수행하기 위해 남의 도움을 청해야 하는 상황에 처해 있는지, 아니면 자력으로 수행할 수 있는지 여부를 검토해야 한다. 전자의 경우에는 아무것도 성취하지 못한 채 곧 실패로 끝나게 된다. 그러나 자력으로 개혁을 추진하는 후자의 경우는 결코 실패하지 않는다."

자력으로 스스로를 보위할 정도의 무력을 지닌 자는 결코 주변의 이런저런 얘기에 휘둘리지 않는다. 마키아벨리가 무장한 군주는 승리하는데 반해, 무장하지 않은 군주는 패망할 수밖에 없다고 역설했다. 같은 제6장에서 이렇게 말한다.

"백성에게 뭔가를 회유하기는 쉽지만 그 믿음을 유지시키는 것은 어렵다. 사람들이 더 이상 믿지 않을 경우 강압적인 방법을 동원해 믿지 않을 수 없도록 만들어야 한다."

이는 두 가지 취지를 담고 있다. 첫째, 과업을 이루기 위해 백성들을 동원할 수는 있으나, 더불어 과업을 완수할 수는 없다는 뜻이다. 혁명은 소수의 직업적인 혁명가의 몫이라고 갈파한 레닌의 언급을 연상시키는 대목이다. 둘째, 과업을 완수하기 위해 유사시에는 강압적인 방법을 동원해서라도 백성들을 믿고 따르도록 만들어야 한다는 뜻이다.

마키아벨리가 말한 강압적인 방법은 무력 동원을 의미한다. 공포 정치가 이에 해당한다. 그는 이렇게 말한다.

"만일 모세, 키루스 2세, 테세우스, 로물루스가 무력을 갖추고 있지 않았다면 그들이 고안한 새 질서를 그토록 오랫동안 유지할 수 없었을 것이다."

창업주를 비롯한 군주는 강한 무력을 지니고 있어야만 반신반의 하며 주춤거리는 백성들을 믿고 따르게 만들 수 있다는 것이다.

개혁을 단행하려면 강한 힘으로 밀어붙여라

마키아벨리는 자신의 이런 주장을 뒷받침하기 위해 피렌체의 새로운 지도자로 각광을 받았던 사보나롤라가 대중들의 탄핵을 받고 형장의 이슬로 사라진 것을 예로 들었다. 무력을 지니지 않았기에 대중들의 회의적인 태도를 제지하지 못했고, 결국에는 스스로 발등을 찍는 결과를 가져왔다는 분석이다. 『군주론』 제6장에 나오는 마키아벨리의 이에 대한 언급이다.

"대중들이 사보나롤라를 믿지 않게 되자 그는 자신이 만든 신질서와 더불어 일거에 몰락하고 말았다. 그는 자신을 믿는 자들을 굳건히 붙들어 둘 방안도, 그렇지 못한 자들을 믿게 만드는 수단을 지니지 못했다."

막강한 무력을 지니지 못했기에 결국 천당에서 지옥으로 떨어졌다는 분석이다. 사보나롤라 역시 모세, 키루스 2세, 테세우스, 로물루스처럼 무력을 갖추고 백성들을 설득했다면 능히 성공했을 것이라는 주장이기도 하다.

마키아벨리는 구체적인 성공 사례로 기원전 270년부터 기원전 215년까지 재위한 시라쿠사의 군주 히에론 2세를 들었다.

"히에론 2세는 원래 일개 시민의 신분에서 보위에 오른 사람이다. 원래 그에게는 통상적인 기회를 제외하고는 별다른 운이 없었다. 그 기회란 시라쿠사 백성이 절망적인 위기 상황에 몰려 있을 때 그를 장군으로 선출한 점이다. 그는 자신의 직무를 성공적으로 수행함으로써 마침내 보위에 오르게 됐다. 모두 백성의 일원으로 있을 때부터 뛰어난 자질을 보여준 덕분이다.

당시 어떤 자는 그에 관해 '군주가 되기 위해 그가 갖지 못한 것은 단지 나라밖에 없었다'고 평가했다. 그는 구식 군대를 해체하면서 신식 군대를 확립했고, 과거의 동맹관계를 파기하며 새로운 동맹관계를 구축했다. 그는 자신의 군대와 믿을 만한 동맹을 갖게 되자, 이를 토대로 하여 자신이 평소 원하던 나라를 만들어갔다. 그가 겪은 어려움은 나라를 얻는 과정에서 빚어진 것이다."

개혁이 혁명 못지않게 어렵다는 점을 언급한 것이다. 동서고금을 막론하고 혁명은 반대 세력을 무력으로 제압하면 된다. 그러나 개혁은 반대파를 아우르면서 가야 하는 까닭에 훨씬 어려울 수밖에 없다.

마키아벨리가 히에론 2세의 집권 과정을 두고 "구식 군대를 해체하면서 신식 군대를 확립했고, 과거의 동맹관계를 파기하며 새로운 동맹관계를 구축했다"고 말한 것은 혁형이 아닌 개혁을 완수했다는 의미로 한 것이다. 개혁의 표상을 신식 군대의 확립과 새로운 동맹관계의 구축에서 찾은 것이다.

원래 동양에서는 '혁명적 개혁'을 '변법變法'이라 표현했다. 이는 체제의 기본 틀을 뒤바꾸는 것을 말한다. 중국의 전 역사를 통틀어 전국시대 중기 진秦나라 재상 상앙商鞅이 행한 변법만이 유일한 성공 사례로 꼽힌다. 개혁은 그만큼 힘든 것이다.

여기서 주목할 것은 변법을 강력하게 추진한 자는 거의 예외 없이 비참한 최후를 맞았다는 사실이다. 상앙은 수레에 몸이 찢기는 거열형을 당했고, 전국시대 초기 초나라에서 '변법'을 강력 추진한『오자병법』의 저자 오기吳起는 궁에 난입한 기득권의 귀족들이 쏜 화살을 온몸에 고슴도치처럼 맞고 횡사했다.

반드시 필요하다면 과감하게 개혁하라

왜 개혁이 이처럼 어렵고, '변법'을 추진한 자들은 비참한 최후를 맞은 것일까?

같은 제6장에 나오는 마키아벨리의 진단은 통렬하다.

"신질서 아래에서 이익을 누릴 자들이 미온적인 지지를 보내는 것은 기본적으로 구질서 아래에서 법제를 일방적으로 유리하게 적용했던 기득권자에 대한 두려움에서 비롯된다. 여기에는 확실한 결과를 눈으로 확인하기 전에는 새로운 것을 신뢰하지 않으려는 인간의 회의적인 속성도 크게 작용한다."

크게 두 가지 이유를 꼽은 셈이다.

첫째, 기득권자의 반격에 대한 두려움이다.

둘째, 확고한 결과를 눈으로 확인한 뒤 비로소 적극적인 지지에 나서고자 하는 인간의 기본 심성이 그것이다.

첫 번째 이유로 거론된 '기득권자에 대한 두려움'은 기득권 세력이 늘 '그들만의 리그'를 벌이고 있다는 반증이기도 하다.

마키아벨리가 『군주론』 제6장에서 "신질서에 적대적인 기득권자들이 수시로 당파적 열성을 바탕으로 개혁 군주에게 맹공을 퍼붓는데도 신질서의 추종자들은 반신반의하며 방어에 급급할 뿐이다"라고 탄식한 것은 이런 맥락에서 이해할 수 있다. 개혁이 혁명보다 어렵다는 사실에는 동서고금에 차이가 없다.

기업체의 경우에도 기존의 방식을 변화시키는 것은 지극히 어렵다. 그 기존의 틀이 외부의 것이라면 이를 격파할 수 있는 충분한 역량을 갖추기 전에는 변혁을 시도하지 낫는 것이 낫다.

여기서 역량이라 함은 위에서 말한 군대와 같은 의미이다. 이런 역량을 갖추지 못한 채로 변혁을 시도하면, 기득권 세력과 틀을 바꾸기 싫어하는 사람들에게 밀려 실패하고, 자신만이 온갖 피해를 입게 된다.

만일 시장의 발전에 변혁이 불가피하다는 결론을 내렸다면 마땅히 실력을 키워 때를 기다려야 할 것이다.

그러나 내부의 개혁이라면 과감하게 밀어붙일 필요가 있다. 내부의 개혁이라고 결코 쉬운 것은 아니다. 이미 고정된 관습의 틀은 힘이 세다. 수많은 직원들이 개혁에 반대하고 암암리에 저항할 것이다.

그러나 반드시 필요한 개혁이라 판단했다면 그 반대가 무서워서 피할 수는 없다. 설득과 끈기를 가지고 강력하게 밀고 나가야만 한다. 그것이 유능한 CEO가 해야 할 일이다.

친민계
親民計

23

나라는 민중을, 기업은 소비자를 자기편으로 만들어야 한다

"외적은 통상 포위 공격을 가하기 직전 성의 외곽 지역을 불태우며 약탈을 행한다. 이때는 백성의 결사항전 의지가 뜨거울 때이다. 크게 두려워할 이유가 없다. 며칠 지나면 백성이 냉정을 되찾아, 이미 커다란 피해와 희생이 빚어졌음에도 마땅한 구제책이 없다는 사실을 깨닫기 시작한다. 이때 백성들은 군주를 보호하기 위해 자신들의 집이 불타고 재산이 파괴됐다고 생각하기 때문에 군주가 자신들에게 빚을 지고 있다고 여긴다. 이들이 더욱 뭉쳐 군주와 하나가 되는 것은 이 때문이다. 군주가 견고한 도시를 보유하고 백성의 미움을 받지 않고 있다면 그 어떤 외부 침공에도 안전할 수 있다.

인간은 원래 수혜受惠는 물론 시혜施惠를 통해서도 책임감을 느끼며 유대를 강화하는 존재이다. 필요한 식량과 무기를 보유하고 있으면 백성의 사기를 유지하는 것은 그리 어려운 일이 아니다."

_군주론 제10장 〈군주국의 총력은 어떻게 측정하는가?〉

　　탁월한 사람을 모방하라 – 마키아벨리처럼

마키아벨리는 이 대목에서 백성과 군주가 하나가 되는 배경을 설명하고 있다. 『군주론』 제9장에서 언급한 "반드시 백성을 자신의 편으로 잡아두어야만 한다"는 대목을 보다 구체적으로 설명한 것이기도 하다.

주목할 것은 마키아벨리가 군주와 백성이 하나로 뭉치는 계기를 백성이 군주로부터 혜택을 받는 수혜자로부터 문득 군주에게 혜택을 베푸는 시혜자로 바뀌는 데서 찾고 있는 것이다. "군주를 보호하기 위해 자신들의 집이 불타고 재산이 파괴됐다고 생각하는 까닭에 군주가 자신들에게 빚을 지고 있다고 여긴다"고 말하고 있는 것이다.

이익을 주는 것보다 나은 것은 없다

고금을 막론하고 군주와 백성이 서로 시혜자 겸 수혜자가 될 경우 그 유대는 더욱 돈독해질 수밖에 없다. 마키아벨리가 "인간은 원래 수혜는 물론 시혜를 통해서도 책임감을 느끼며 유대를 강화하는 존재이다"라고 언급한 이유다. 마키아벨리가 『군주론』에서 시종 백성과 함께 가야만 권력을 계속 유지할 수 있다고 역설한 것도 이런 맥락이다. 제9장에 이런 대목이 있다.

"백성의 지지를 받아 보위에 오른 군주는 늘 백성을 자신의 편에 잡아두어야만 한다. 백성의 소망은 귀족들로부터 억압당하지 않는 것이 전부인 까닭에 이는 그리 어려운 일도 아니다. 설령 백성과 대립하는 귀족들의 지지로 보위에 오른 군주일지라도, 무엇보다 민심을 얻는 데 진력해야 한다. 이 또한 백성의 보호자로 나서면 어려운 일이 아니다."

백성의 지지로 즉위할 경우에는 귀족의 백성에 대한 억압을 막아주는 것만으로도 충분하고, 귀족의 지지로 즉위했을 경우에는 백성의 보호자를 자처하면 능히 백성의 지지를 얻을 수 있다는 주장이다. 백성의 지지로 보위에 올랐든, 아니면 귀족의 대변자로 선택돼 보위에 올랐든, 권력 유지의 관건은 백성의 지지에 있다는 이야기나 다름없다. 백성의 지지를 정권 유지의 요체로 파악한 것이다.

제21장에서 서민의 생업을 안정적으로 보장해야 한다고 주장한 것도 이런 맥락에서 나온 것이다.

"군주는 서민이 안심하고 생업에 전념할 수 있도록 고취해야 한다. 서민이 착취를 두려워해 재산 증식을 주저하거나, 무거운 세금을 우려해 개업을 망설이게 만들어서는 안 된다. 나라를 풍족하게 만들려고 하는 자들을 격려하며 포상할 필요가 있다. 또한 연중 적절한 시기에 축제와 구경거리를 만들어 사람들을 즐겁게 해주어야 한다."

마키아벨리가 서민의 생업 보장을 역설한 것은 말할 것도 없이 백성의 지지를 확고하게 붙들기 위한 방안으로 나온 것이다.

"서민이 착취를 두려워해 재산 증식을 주저하거나, 무거운 세금을 우려해 개업을 망설이게 만들어서는 안 된다"는 것은 민생이 정치의 중요한 요소임을 밝힌 것이다.

이는 제자백가 가운데 관중을 효시로 하는 이른바 상가商家와 맥을 같이 하는 것이기도 하다. 21세기에 들어와 중국 학계에서 각광을 받고 있는 '상가'는 세계 최초의 정치경제학파에 해당한다. 민생은 고금동서의 정치에서 이것이 가장 중요한 요소로 꼽는 것은 모두

탁월한 사람을 모방하라 – 마키아벨리처럼

상가에서 연유하고 있는 셈이다.

그렇다면 백성의 지지로 보위에 올랐을 때 귀족의 백성에 대한 억압이 그리 크지 않았거나, 귀족들의 지지로 즉위했을 때 귀족이 백성과 크게 대립하지 않았을 때는 어찌 대처해야 하는 것일까? 이때 군주가 잘못 대처했다가는 귀족과 백성이 합세해 군주를 협공할 수도 있다. 이는 파멸로 치닫는 길이다. 마키아벨리는 백성의 재산에 손을 대지 않는데서 답을 찾았다. 제19장에서 이렇게 말한다.

"군주는 백성의 증오를 사거나 경멸을 받는 일을 삼가야 한다. 이를 삼가면 설령 다른 비행이 있을지라도 그로 인해 위험에 처하는 일은 없게 된다. 군주가 증오의 대상이 되는 가장 큰 이유는 탐욕을 부려 백성의 재산과 부녀자를 빼앗는데 있다. 대다수 백성은 군주가 자신들의 재산과 명예를 훼손하지 않는 한 대략 자족해하며 살아가지만, 소수의 야심 많은 귀족들은 그렇지 않다. 군주가 늘 이들을 경계 대상으로 삼아야 하는 것은 이 때문이다."

마키아벨리가 제시한 답안은 소극적이다. 백성의 재산에 손을 대지 않는 데서 답을 찾았기 때문이다. 이에 반해 제자백가가 제시한 해답은 훨씬 적극적이다. 바로 백성들을 이롭게 하는 '이민利民'이다. 이는 백성들의 재산을 증식시켜 주는 것을 말한다. 이게 백성의 재산에 손을 대지 않는 것보다 훨씬 효과적인 것임은 말할 것도 없다. 이를 최초로 언급한 인물은 관중이다. 그는 『관자』「오보」에서 이처럼 말했다.

"나라를 다스리는 방법으로 백성에게 이익을 주는 '이민'의 방식보다 나은 것은 없다."

많은 사람이 관중 사상의 요체를 '이민'에서 찾는다. 백성에게 이
익을 주는 '이민' 정책을 적극 펼쳐야 백성이 부유해지는 '부민'을
달성할 수 있고, 부민이 이뤄져야 나라도 부유해지는 '부국'이 가능
해지고, '부국'이 전제돼야 '강병'도 실현할 수 있고, 부국강병이 이
뤄진 연후에 비로소 모든 백성이 예의염치를 실천하는 '문화대국'의
건설도 가능하다는 게 관중의 확고한 생각이었다. 관중이 시종 '군
민일체君民一體'를 역설한 이유가 여기에 있다.

마키아벨리도 유사한 주장을 펼쳤다. 『군주론』 제20장에는 이렇게
말하고 있다.

"요새가 모반자에게는 재갈과 굴레로 작용하지만, 군주에게는 모
반자의 급습으로부터 자신을 지키는 안전한 피신처로 기능한다. 외
세의 침공보다 자국 백성의 모반을 더 두려워하면 요새를 만들고,
자국 백성의 모반보다 외세의 침공을 더 두려워하면 요새를 만들지
않는 게 옳다. 그러나 최고의 요새는 역시 백성의 증오를 사지 않는
것이다. 군주가 아무리 많은 요새를 보유하고 있을지라도 백성의 증
오를 사면 그 어떤 요새도 군주를 구하지 못한다."

군주는 결코 백성을 적대자로 만들어서는 안 된다는 강력한 경고
다. 그렇다면 군주는 어떻게 처신해야만 백성의 증오를 사지 않을
수 있는 것일까? 마키아벨리는 『군주론』 제17장에서 그 해답을 이같
이 제시하고 있다.

탁월한 사람을 모방하라 – 마키아벨리처럼

"군주는 백성들로부터 사랑은 받지 못할지언정 결코 백성의 증오를 사는 일만큼은 해서는 안 된다. 그래야 최소한 두려움의 대상이 되어 군림할 수 있기 때문이다. 이는 군주가 백성과 그들의 재산 및 부녀자에 손을 대지만 않으면 쉽게 이룰 수 있다. 인간은 유산의 상실보다 부친의 죽음을 더 빨리 잊기 때문이다."

최소한 백성들로부터 두려움의 대상이 되어야만 능히 권력을 유지할 수 있고, 이는 백성과 그들의 재산 및 부녀자에 손을 대지만 않으면 쉽게 이룰 수 있다는 게 마키아벨리의 주장이다. 나름 일리가 있다.

그러나 "유산의 상실보다 부친의 죽음을 더 빨리 잊는다"는 주장은 성리학이 역설한 기본 덕목인 '삼강오륜'을 금과옥조로 여겨온 동양에서는 쉽게 납득하기 어려운 대목이다.

그렇다고 이를 터무니없는 주장이라고 보기도 어렵다. 난세에는 부모자식 간의 천륜을 해치는 일이 비일비재하게 빚어지기 때문이다. 사서에는 이를 뒷받침할 만한 일화가 무수히 실려 있다.

원래 서양에서 부녀자를 약탈해서는 안 된다는 문제를 최초로 거론한 사람은 아리스토텔레스이다. 그는 『정치학』에서 "남의 여인은 손대지 말라"고 당부한 바 있다. 그 결과는 심각하기 때문이다.

아리스토텔레스와 마키아벨리의 이런 당부는 백성의 재산 및 부녀자에 손을 댈 경우에는 백성의 격렬한 증오를 야기하고, 그 경우 군주는 권력을 유지할 길이 없게 된다는 확신에서 나온 것이다. 이는 제자백가가 군주를 배, 백성을 물로 간주한 것과 취지를 같이한다. 백성을 사실상 천하의 주인으로 간주한 것이다.

관중을 포함한 많은 제자백가가 '군민일체'를 역설한 것도 이런 맥락에서 이해할 필요가 있다. 마키아벨리가 『군주론』에서 군주에게 백성의 지지를 확보하는 일에 모든 노력을 기울이라고 당부한 것과 하등 다를 것이 없다.

이를 통해 마키아벨리가 시공을 뛰어넘어 관중과 공자, 순자, 한비자 등의 제자백가와 사상적으로 깊이 통하고 있음을 알 수 있다. 모든 것이 융합으로 진행되는 21세기의 관점에서 볼 때, 질병을 고치고자 하면서 양방과 한방의 어느 한쪽을 고집할 이유가 없다.

치국평천하 논리도 마찬가지다. 동서와 고금에 따라 국가와 군주, 귀족, 백성의 상호관계가 달라질 리 없다. 마키아벨리가 활약한 15세기에서 16세기에 이르는 시간 속의 이탈리아는 중국의 춘추전국시대를 방불하게 하는 극심한 혼란 시기였다. 그래서 그의 해법이 한비자 등의 법가와 닮은 것이다.

마음을 얻는 것이 가장 중요하다

나라에서 통치자가 백성을 내 편으로 만들어야 한다면, 기업은 소비자를 내 편으로 만들어야 한다. 소비자가 없이는 기업은 존립할 수 없다. 통치자가 백성이 까다롭다고 여기는 것과 마찬가지로 소비자도 기업가에게 까다롭게 느껴질 수는 있다. 그렇지만 백성이 통치자를 지지하면 든든한 방벽을 만들어주는 것처럼, 소비자가 기업을 사랑하면 그보다 더 든든한 방벽은 없다. 세계적인 일류 기업들이 자신의 이미지를 개선하기 위해 사회적 공헌과 봉사활동, 기부 등과 회사 이미지 광고에 적극적으로 나서는 것은 바로 이 때문이다.

예로부터 세계적인 기업들은 보통 소비자의 사랑을 듬뿍 받은 기업이다. 그것이 품질에서 비롯되었든, 아니면 선전이나 기부의 이미지와 결합이 되었든 소비자의 지지를 받는 것은 기업에게는 큰 복이 아닐 수 없다. 아직까지 소비자의 사랑을 못 받은 기업이라면 "어떻게 소비자의 마음을 살 수 있을 것인가"를 고민해야 하고, 소비자의 사랑을 받는 기업이라면 이를 "어떻게 지속시킬 수 있을 것인가"를 고민해야 한다.

광용계
廣用計

24

오직 능력으로 인재를 등용하라

"정권 초기 적대자들이 우왕좌왕할 경우 군주는 힘들이지 않고 이들을 자기 편으로 끌어들일 수 있다. 이들은 충성스런 행보만이 과거의 나쁜 인상을 지울 수 있다는 사실을 잘 알고 있기에 누구보다 충성스럽게 군주를 섬긴다. 논공행 상에 따른 지위만 믿고 군주의 이익을 등한시하는 자들보다 이런 자들이 오히 려 훨씬 유용할 수 있다. 이전 정권에 만족했기에 신생 정권에 적대적이었던 자들을 끌어들이는 것은 이전 정권에 불만을 품고 신생 정권에 호의를 보이며 협조한 자들보다 훨씬 쉽다."

_군주론 제20장 〈요새의 구축 등은 유용한가, 무용한가?〉

마키아벨리는 이 대목에서 적대적인 인물을 감싸는 군주의 '통 큰 행보'를 주문하고 있다. 이런 덕목이 세습 군주보다 신생 군주에게 더욱 필요하다고 주장한 것이다. 건국 초기에는 원래 신임하던 사람 보다 자신이 의심스럽게 생각한 사람들 가운데서 오히려 더 충성스럽고 뛰어난 자를 발견할 공산이 크다는 것이다.

마키아벨리는 이러한 구체적인 사례를 시에나의 군주 판돌포 페트루치로 들었다. 그가 이렇게 생각한 것은 "판돌포는 자신이 신뢰하던 사람들보다 오히려 불신하던 사람들과 더 잘 협력하여 나라를 다스렸다"는 표현을 쓰고 있는 것에서 드러난다.

리더는 인재를 알아보는 눈을 가져야 한다

역사적으로 볼 때 원래 시에나는 피렌체와 경쟁하며 성장한 도시이다. 이탈리아 북부에서 로마로 향하는 도로망이 시에나 반도의 중심으로 이동하면서, 그 후 천 년 동안은 순례자들이 로마로 향해 지나는 길이 되었다. 시에나의 귀족은 요새화된 마을에 살았다.

1186년 호엔슈타우펜 왕가의 프리드리히 1세가 시에나의 독립을 인정하면서 자체적으로 마을의 영주를 뽑고 화폐를 주조할 권한을 부여했다. 11세기 말부터 15세기 초까지 발전을 거듭했으나 도중에 안팎으로 여러 분쟁이 빚어졌다.

12세기 초부터 황제를 지지하는 기벨린파가 장악한 피렌체와 크고 작은 전투를 끊임없이 지속했다. 모두 교황과 황제 사이의 불화로 인한 것이었다. 교황을 지지하는 시에나의 겔프파는 9인 정부의 공화국 체제에서 정치적 안정을 구가했다.

그렇다고 마냥 평온했던 것은 아니다. 1348년 흑사병이 돌자 도시 인구가 2만 5천 명에서 1만 6천 명으로 급속하게 줄기도 했다. 이후 대대적인 재건 사업이 전개되어 마키아벨리가 태어나기 10여 년 전인 1457년에 비로소 이전의 명성을 되찾을 수 있었다.

시에나는 내부적으로 마키아벨리가 생존한 시기를 전후한 1420년과 1555년 사이 많은 일이 일어났다. 공화국이 종언을 고하고, 상인들이 정부를 운영하고자 하고, 귀족인 판돌포가 귀족정치를 펼치는 등의 일들이 일어났기에 시끄러울 수밖에 없었다. 그런 이유로 신성로마제국의 황제 카를 5세가 시에나의 내정에 깊이 간섭하게 되었다. 1552년 시에나를 2년 동안 점령했던 신성로마제국의 군대는 프랑스 편에 충성을 바친 시에나 백성에게 쫓겨나고, 1555년 다시 신성로마제국의 군대가 점령했다.

마키아벨리는 귀족정치를 행할 당시 시에나 군주로 있던 판돌포를 주목했다. 마키아벨리는 피렌체의 외교관으로 활약하면서 이웃한 시에나의 속사정을 나름 소상히 알고 있었던 것 같다. 마키아벨리는 『군주론』 제22장에서 간접화법을 통해 이 판돌포를 칭송했다. "안토니오 조르다니가 어떤 인물인지 아는 사람이라면 예외 없이 그런 사람을 재상으로 거느린 판돌포를 명군으로 칭송할 것이다."

마키아벨리의 판돌포에 대한 우호적인 평가는 나름 객관적인 사실에 기초한 것이기도 하다. 이탈리아의 저명한 야금학자인 반노초 비링구초는 판돌포의 업적이기도 하다. 비링구초는 판돌포의 후원이 없었다면 야금술에 관한 획기적인 연구서인 『신호탄에 관하여』를 펴낼 수 없었을 것이다. 이를 통해서 인재를 단번에 알아보는 판돌포의 '지인지감知人之鑑'이 그리 간단하지 않았음을 알 수 있다.

판동토 정치의 요체는 천하의 인재를 두루 기용한 데 있다. 고금을 막론하고 적대적인 입장을 보인 인재를 과감히 발탁하는 것이 인재 등용의 정수에 해당한다. 마키아벨리가 제9장에서 적대적인 자에게 과감히 은혜를 베풀라고 역설한 것도 이런 맥락에서 이해할 수 있을 것이다.

편 가르기가 아닌 오직 능력으로 사람을 평가하라

동양의 역사를 개관하면 이런 사례를 무수히 찾아낼 수 있다. 대표적인 예로 삼국시대의 조조를 들 수 있다. 조조의 득인술은 물론 유방 같은 인물의 흉내를 낸 면이 있기는 하다. 그가 배신을 일삼은 위충魏种을 포용한 일화가 그 실례다. 『자치통감』「건안 4년」조는 그 배경을 이와 같이 기록하고 있다.

"당초 조조가 연주에 있을 때 위충을 효렴으로 추천한 적이 있었다. 연주에서 반란이 일어났을 때 조조는 '오직 위충만이 나를 배반하지 않을 것이다'라고 장담했다. 이후 조조는 위충이 도망갔다는 얘기를 듣고 크게 분노하며 '위충은 남쪽으로 도망해 월나라 땅으로 가지는 않고, 북쪽으로 도주해 호인들이 있는 곳으로 갔을 것이다. 내가 그를 그대로 가게 하지는 않을 것이다'라고 말했다.

건안 4년인 199년 원소를 대파한 후 위충을 사로잡게 되자 조조는 '나는 단지 너의 재주를 아낄 뿐이다'라고 말하면서 그의 결박을 풀어주고 하내의 태수에 임명해서 황하 이북의 일을 그에게 맡겼다."

상식적으로 볼 때 위충처럼 배신을 일삼은 경우에는 당시의 정황으로는 능지처참을 면하기 어려웠다. 실제로 모든 사람들은 조조가 위충을 죽일 것이라고 생각했다. 그러나 조조는 일반인의 상상을 뛰어넘는 행동을 보였다. 그의 포승줄을 풀어주고 그를 또다시 등용한 것이다. 조조가 중시했던 것은 오로지 그의 재능이었다.

동양의 역대 제왕 가운데 가장 유명한 인재 기용의 사례는 역시 당태종 이세민이 위징魏徵을 발탁한 일이다. 당태종과 위징이 치국의 이치를 논한 이야기를 수록한 『정관정요』에 당시의 상황이 자세히 기록되어 있다.

이세민은 626년 7월 2일에 빚어진 '현무문玄武門의 정변'을 통해 친형인 태자 이건성李建成을 제거하고 보위에 올랐다. 이때 그는 이건성의 핵심 참모로 있던 위징을 과감히 발탁해서 자신의 사람으로 만들었다. 직언을 서슴지 않는 그의 충성스런 행보를 높이 샀기 때문이다. 원래 위징은 이건성에게 기회 있을 때마다 이세민을 미리 제거할 것을 건의한 사람이다. '현무문의 정변' 직후 누군가가 이 일을 폭로했다. 그러자 이세민은 위징을 데려오게 했다.

"그대는 어찌해 우리 형제 사이를 이간질했는가?"

위징이 대답했다.

"당시 저는 태자의 참모였으니 당연히 그 분을 위한 계책을 내놓아야 했습니다. 그러나 안타깝게도 태자는 저의 말을 듣지 않았습니다. 그렇지 않았다면 지금과 같은 말로에 이르지는 않았을 것입니다."

이세민은 그가 정직하고 담력과 식견이 있는 인재임을 알아보고

간의대부諫議大夫에 임명했다. 훗날 그는 위징에게 이같이 말했다.

"관원을 선택하는 일은 절대 대충해서는 안 되오. 선한 사람을 등용하면 선한 사람이 몰려오고, 악한 사람을 등용하면 악한 사람들이 몰려오기 때문이오."

후대 사가들이 당태종의 치세를 높이 평가한 이른바 '정관지치貞觀之治'가 바로 이런 과감한 인재 등용에서 비롯됐음을 상징하는 일화다.

동양의 전 역사를 통틀어 적장을 자신의 참모로 삼아 천하를 호령한 대표적인 인물은 춘추시대 중엽 자신의 적이었으며 자신을 향해 화살을 날린 관중을 재상으로 삼아 사상 첫 패업을 이룬 제환공이다. 여기에는 관중의 막역지우인 포숙아의 천거가 결정적인 공헌을 했다.

『춘추좌전』과 쌍벽을 이루는 역사서인 『국어國語』의 「제어齊語」편에 따르면 당시 포숙아는 재상의 자리를 맡아달라는 제환공의 제의를 정중히 거절하면서 관중을 이같이 천거했다.

"신은 단지 군주의 평범한 일개 신하에 불과할 뿐입니다. 군주가 신에게 은혜를 베풀려 한다면 제가 헐벗고 굶주리지 않게만 해주십시오. 이는 군주의 막대한 은혜입니다. 만일 나라를 잘 다스리고자 하면 이는 제가 능히 할 수 있는 일이 아닙니다. 만일 그리하고자 하면 오직 관중이 있을 뿐입니다.

신은 다섯 가지 점에서 관중을 따라갈 수 없습니다. 백성이 편히 살며 즐거이 생업에 종사케 할 수 있는 점에서 신은 그만 못합니다. 나라를 다스리면서 근본을 잃지 않는 점에서 그만 못합니다. 충성과

신의로써 백성의 신임을 얻는 점에서 그만 못합니다. 예의규범을 제정해 천하 인민의 행동법칙으로 삼는 점에서 그만 못합니다. 영문^{蟹門} 앞에서 북을 치며 전쟁을 지휘하여 백성들을 용기백배하게 만드는 점에서 그만 못합니다."

그러자 제환공이 이같이 거절의 뜻을 밝혔다.

"관중은 전에 화살로 나의 혁대를 쏘아 맞춘 자요. 당시 나는 거의 죽을 뻔했소."

포숙아가 반박했다.

"그것은 당시 그가 자신의 주군을 위해 온 힘을 기울였기 때문입니다. 만일 군주가 그를 능히 사면하여 제나라로 돌아오게 하면 그는 똑같은 충성심으로 군주에게 보답할 것입니다."

제환공이 사상 첫 패업을 이루게 된 것은 바로 이 때문이었다. 필요하다면 자신에게 화살을 날린 자까지 과감히 발탁해 휘하의 참모로 부린 덕분이다. 천하를 거머쥐려면 그릇이 이 정도는 되어야 한다. 재능이 뛰어난 관중을 천거한 포숙아도 훌륭하지만, 자신의 적을 과감히 발탁한 제환공의 커다란 도량이 더욱 돋보이는 대목이다.

해당 분야에서 천하를 호령하고자 하는 자는 자신의 그릇부터 키우고 나서 일을 도모해야 할 것이다.

21세기의 기업 CEO도 하등 다를 것이 없다. 인재를 등용하여 사업을 벌이는 데 편 가르기가 아닌 오로지 능력을 보아야 할 것이고, 능력 있는 자를 발탁하기 위해서 귀를 활짝 열고 경청하며, 인재를 알아볼 수 있는 능력을 키워야 할 것이다.

　나에게, 또 우리 조직에 필요한 인재는 곁에서 나에게 아부하는 사람이 아니다. 비록 경쟁 회사에서 일을 하는 적대적인 인재라 하여도 적극적으로 발탁하여 자신의 편을 만든다면, 오히려 더 훌륭한 업적을 이룰 수가 있는 법이다.

05

역지

사자의 위엄과 여우의 지혜를
동시에 가지는 리더십

力

智

자비계
自備計

25

강한 후계자를 육성해야 한다

"오늘날 오랫동안 다스리던 나라를 잃은 이탈리아 군주들은 이를 운의 탓으로 돌릴 것이 아니라, 자신의 무능을 탓해야 한다.

날씨가 좋을 때 폭풍우가 몰아칠 것을 예상치 못하는 것은 인간의 공통된 약점이다. 이들은 평화에 젖어 상황 변화의 가능성을 전혀 예상치 못한다. 문득 폭풍우가 몰아칠 때 맞서 싸울 생각은커녕 고작 달아날 궁리만 하고, 정복자의 학정에 분노한 백성들이 다시 자신들을 불러줄 날을 손꼽아 기다린다.

효과적이고 안전하며 영구적인 방어책은 오직 군주 자신의 자질에 의존하는 것밖에 없다."

_군주론 제24장 〈이탈리아 군주는 왜 나라를 잃었는가?〉

마키아벨리는 이 대목에서 스스로 예기치 못한 재난에 철저히 대비함으로써, 그 어떠한 위기가 닥칠지라도 이를 슬기롭게 헤쳐 나갈 것을 주문하고 있다.

관건은 스스로 준비하는 데 있다. 처음부터 남에게만 의지하면 위기가 닥쳤을 때 의지할 곳이 없다. 결국에는 의지하던 사람은 떠나고 자신은 비참한 최후를 맞게 되는 것이다.

남에게 의지하다 보면 패망의 길에 들어선다는 것을 명심하라

마키아벨리는 밀라노의 군주 루도비코 스포르차를 자신의 힘은 키우지 않고 타인의 힘에만 의지하다 패망의 길로 들어선 대표적인 인물로 꼽았다. 원래 그는 레오나르도 다 빈치를 비롯한 많은 예술가를 후원하여 문화를 일으킨 사람이다. 그러나 많은 여인들과 사랑에 빠진 인물로도 유명하다.

그는 아버지가 죽은 다음 친형인 갈레아초 스포르차를 섬겼다. 형이 암살된 다음 보위는 형의 아들인 7살짜리 조카 잔 갈레아초 스포르차에게 넘어갔다. 그리고 음모를 통해 섭정의 자리에 올라 실권을 거머쥐었다.

그러나 섭정에 만족치 못한 그는 밀라노를 통치하고 싶어 했지만 조부인 나폴리의 군주 페르난도 1세가 섭정을 그치고 실권을 넘길 것을 명하자, 그는 이를 거부하고 프랑스와 신성로마제국을 끌어들이고자 했다. 이것으로 이탈리아 전역은 열강들의 전쟁터가 되고 만다.

1494년에 조카가 죽고 보위에 오르자 신성로마제국에 거금을 제공하고 조카딸 비안카를 막시밀리안 1세와 결혼시켜 주는 대가로 밀라노 공작 칭호를 받았다. 이어 프랑스 왕 샤를 8세가 나폴리 왕국을 점령할 때 이에 가담해서 이익을 얻으려 하지만, 오히려 자신의 위치가 위험하게 된 것을 뒤늦게 눈치채고 프랑스에 반대하는 동맹에 참여했다.

일시적으로 프랑스 군을 물리치기는 했지만 1499년 프랑스 왕 루이 12세가 밀라노 공작의 계승권을 주장하면서 롬바르디아로 진격하자 결국 그는 보위에서 밀려났다.

1500년 2월 다시 집권했지만 다시 프랑스와의 체포되고, 결국 성에 갇혀 지내다 죽었다. 결국 외세에 의지해 자신의 보위를 지키려 하다가 외국의 군대에 잡히고, 외국의 성에 갇혀 죽음을 맞이한 것이다.

그가 위험에 대비한 것은 오로지 외국의 군대에 힘을 빌리고자 한 것이고, 외국에 돈과 혼인을 주고 자신의 안전을 사고자 한 것이다. 자신의 부도덕한 행위로 오른 보위에서, 고작 뇌물을 주거나 결혼을 미끼로 삼은 것밖에 없다.

백성의 지지를 받기 위해 노력한 것은 눈곱만큼도 없고, 오히려 백성을 정복자들의 약탈 대상으로 방치했으니, 백성들이 그를 다시 찾을 리 없다. 위기에 대한 대비는 군주가 자신의 능력을 키우고, 자신의 군대로 뒷받침해야만 가능한 것이다.

더군다나 명문가에서 곱게 자란 스포르차는 자신의 힘으로 무엇을 해야 하는지를 몰랐다. 늘 원하는 것을 손쉽게 손에 넣은 그는, 자신의 운명도 강대국의 왕들이 그렇게 채워 주리라고 기대했다. 귀한 집안 자손은 예술의 보호자는 되었을지언정 백성의 보호자는 될 수 없었다.

유사한 사례가 명나라 말기에도 빚어졌다. 만력제의 아들 복왕福王

탁월한 사람을 모방하라 – 마키아벨리처럼

주상순朱常洵이 그 당사자이다. 당초 만력제는 황후 왕 씨가 줄곧 아이를 낳지 못해 서자만 두고 있었다. 그는 20세가 되는 재위 10년인 1582년에 태후의 시녀 출신인 왕공비王恭妃로부터 황장자皇長子 주상락朱常洛을 얻었다. 그러나 그는 이후 왕공비를 그다지 좋아하지도 않았고, 또한 주상락이 태어난 것도 그다지 반기지도 않았다. 만력 14년인 1586년에 총애하는 정귀비鄭貴妃가 세 번째 황자인 주상순을 낳으면서 황태자 책봉을 둘러싼 갈등은 본격화했다.

만력제는 마침내 재위 21년인 1593년에 황장자와 황삼자를 포함해 겨우 세 살짜리에 지나지 않는 황오자 등 세 명의 황자를 왕에 봉하는 조치를 취했다.

이를 후대 사가들은 통상 '삼왕병봉三王幷封'이라고 한다. '삼왕병봉'의 표면상 명분은 '입적불립서立嫡不立庶'였다. 적자를 황태자로 세울 수는 있어도, 서자는 세울 수 없다는 뜻이다. 그러나 이미 적자를 얻기가 불가능한 상황에서 이는 구실에 지나지 않았다. 주상락을 황태자 후보 반열에서 밀어내기 위한 궁여지책이었다.

이로 인해 명 제국의 황태자 책봉 문제를 둘러싼 당쟁은 만력제가 죽는 순간까지 무려 30여 년 동안이나 치열하게 지속되었다. 이는 광해군이 명 조정으로부터 세자 책봉을 승낙 받는 일에까지 영향을 미쳐 인조반정의 단초를 여는 계기로 작용했다.

당시 주상락을 황태자로 책봉할 것을 강력히 주장했다가 면직되어 낙향한 고헌성顧憲成은 만력 32년인 1604년에 고향인 강소성 무석無錫의 '동림서원'에 대한 보수를 끝내고 이를 사림세력의 근거지로 삼았다. 그를 추종하는 세력들을 이후 통상 '동림당東林黨'으로 부르게 된 것은 이 때문이다.

재야에서 동림당이 세력을 키워나가자 조정 대신들은 출신 지역에 따라 몇 개의 당파로 나뉘어 대립하기 시작했다. 산동의 제당齊黨, 호북의 초당楚黨, 안휘의 선당宣黨, 강소의 곤당昆黨, 절강의 절당浙黨 등의 당파가 그것이다.

절당과 제당 등 내각의 대신들은 동림당을 배척하는 점에서는 일치했다. 이들은 권세를 유지하기 위해 황실 및 환관들과 연합해 동림당을 공격했다. 이에 맞서 동림당은 이들의 전횡을 일일이 거론하며 공격했다. 동림당은 재야의 사대부를 중심으로 한 광범위한 여론이 큰 자산이었다. 이것이 동림당이 결성된 이후에 전개된 당쟁의 기본 구도였다.

이 와중에 만력제는 제국의 통치에서 아예 손을 놓은 모습을 보였다. 그는 조부인 가정제처럼 궁궐 깊숙이 틀어박혀 도무지 조정에 나오려고 하지 않았다. 중국의 전 역사를 통틀어 만력제처럼 반세기 가까이 재위하면서 이같이 철저하게 '통치 부재'를 실천한 황제는 없었다.

더 한심한 것은 주상락을 황태자에 책봉했음에도 불구하고 복왕으로 임명한 주상순을 총애함으로써 '국본' 논쟁의 불씨를 계속 살려놓은 점이다. 이로 인해 세간에는 조만간 황태자를 폐할 것이라는 불온한 소문이 횡행했다. 만력 43년인 1615년의 황태자 암살미수

사건은 바로 이런 배경에서 나온 것이었다. 이는 정귀비를 추종하는 세력의 사주를 받은 시정의 무뢰배가 대추나무 방망이를 들고 태자 주상락이 머무는 자경궁을 침범해 해를 입히려다 미수에 그친 사건이었다.

만력제는 배후인물에 대한 철저한 규명을 요구하는 언관들의 주장을 묵살하고, 곧바로 범인들을 신속히 처형해 사건을 조기에 매듭지었다. 배후세력에 대한 규명이 오리무중이 되자 오히려 태자가 조만간 폐위될 것이라는 불온한 소문이 더욱 무섭게 퍼져나갔다. 만력제는 이 와중에 세상을 떠났다. 그때가 만력 48년인 1620년 7월이었다.

이 사이 농민들의 불만이 하늘을 찌르고 있었다. 숭정 14년인 1641년, 이자성李自成이 이끄는 농민반란군이 북상을 결정했다. 가장 먼저 토벌 대상에 오른 인물은 낙양에 있는 복왕 주상순이었다. 당초 만력제는 주상순을 극도로 총애한 나머지 낙양에 여타 왕부王府보다 수십 배나 화려한 왕부를 세워주고, 주상순이 혼인할 때는 30만 냥에 달하는 황금을 혼인 비용으로 하사하기도 했다. 이후에도 크고 작은 상을 끊임없이 내렸다.

그럼에도 주상순은 만족할 줄 몰랐다. 그래서 자신의 영지에서 매일 가혹하게 세금을 거둬들였다. 기근이 이어지는데도 주상순은 이를 모르는 척했다. 일부 조정대신이 주상순에게 창고를 열어 굶주린 백성을 구할 것을 권했으나, 재물을 목숨보다 아낀 주상순은 이를 귓등으로도 듣지 않았다.

그 해 1월 19일 이자성의 반란군이 마침내 낙양 공격을 시작했지만, 낙양성의 성벽은 의외로 견고했다. 생사가 오락가락하는 이 순간에도 그는 재물을 아끼며 성을 지키는 장병들에게 인색하게 굴었다. 성을 지키는 장령들이 여러 차례에 걸쳐 은량을 풀어 병사들을 위로해줄 것을 청하자, 겨우 은 3천 냥을 내주었다. 이 또한 중간에서 장령들이 가로채버렸다. 주상순이 부득불 1천 냥을 다시 내주자 병사들이 은량의 배분 문제를 놓고 다시 다투었다.

이자성의 반란군이 진격을 다시 시도하기 전날 저녁, 성 안의 병사들이 병란을 일으켰다. 이들이 성루에 불을 지른 후 북문을 활짝 열고 반란군을 성 안으로 맞아들였다. 반란군이 재빨리 왕부를 점령하고 복왕을 생포했다.

결국 그는 목숨이 오락가락하는 절체절명의 순간까지 자신의 재물이 들어 있는 창고를 껴안고 있었던 탓에 자신의 몸이 노루고기와 함께 솥에서 푹 삶아지는 신세가 되고 말았다.

후계자는 반드시 강하게 키워야 한다

마키아벨리는 『군주론』 제24장에서 이렇게 말했다.

"날씨가 좋을 때 폭풍우가 몰아칠 것을 예상치 못하는 것은 인간의 공통된 약점이다. 이들은 평화에 젖어 상황 변화 가능성을 전혀 예상치 못한다."

바로 이 주상순의 경우를 이야기한 것 같다. 복왕 주상순처럼 귀여움만 받으며 자란 '고량자제膏粱子弟'들의 험난한 경우를 경계한

탁월한 사람을 모방하라 – 마키아벨리처럼

것이다.

부모가 남겨준 유산 덕에 부귀를 누리는 고량자제는 험난한 세파를 헤쳐 나가는 데 이내 한계를 드러낼 수밖에 없다. 험난한 세파는 어떤 일정한 패턴이 있는 것이 아니다. 시련을 견딘 자가 아니면 이런 상황에서 임기응변을 할 길이 없다. 거친 파도가 일거에 닥칠 경우 결국 패망할 수밖에 없다.

한국의 재벌 3세들이 훈련도 하지 않은 채로 초고속 승진을 하며 임원이 되는 것을 우려하는 목소리가 나오는 것도 비슷한 염려에서다. 혹여 고량자제의 재벌 3세가 사령탑이 되어 수많은 임직원과 그 식솔들의 생사가 달려 있는 기업공동체를 패망의 길로 이끌고 나가지나 않을까 우려하기 때문이다.

실제로 그런 우려가 현실로 나타나고 있다. 지난 2014년 말 세간을 시끄럽게 만든 재벌 3세의 이른바 '땅콩회항사건'이런 대표적인 사례가 아닐까 싶다. 21세기 경제전에서 고량자제로 살아남고자 할 경우에는 반드시 패망의 길로 나아갈 수밖에 없다.

온갖 시련을 견딘 자만이 능히 성공을 거둘 수 있다. 모진 풍파를 겪은 사람만이 이 험난한 자분이 경쟁, 시장의 경쟁을 뚫고 이길 수 있는 법이다.

회사의 경영권을 자식에게 물려주며 기업을 글로벌 기업으로 키우기 위해서는 밑바닥에서부터 철저히 훈련을 다진 다음 임원으로 승진시키는 방안을 강구할 필요가 있다.

아마도 사려 깊은 기업의 오너들이라면 자신의 자식들을 굳세게 키울 방법을 체득하고 있을 것이다. 아버지가 자신에게 부과한 훈련을 기억하면 무엇을 해야 할지를 알 수 있을 것이다. 후계를 고민하는 조직의 리더라면 누구나 명심해야 할 대목이다.

군지계
君智計

26

적절하고 신중한 지혜를 지녀라

"용의주도하기보다는 오히려 과단성이 있는 것이 낫다고 생각한다. 운명의 신은
여신이기 때문에 그 신을 정복하려면 난폭하게 다루어야 한다. 운명은 냉정한
생활 태도를 지닌 자에게보다도, 이런 과단성이 있는 사람에게 더 고분고분한
것 같다.
요컨대 운명은 여신이므로, 이 여신은 언제나 젊은이에게 이끌린다. 젊은이는 신
중함보다는 거치고 대담하게 여자를 지배하기 때문이다."

_군주론, 제25장 〈인간은 운명에 얼마나 지배되고, 이를 어떻게 극복하는가?〉

마키아벨리는 이 대목에서 용의주도한 지혜도 좋지만, 그것을 실천
할 때에는 과감할 것을 요구하고 있다. 용의주도함을 신중함이라 표
현한다면, 결정적인 순간에는 과감하게 실천할 것을 강조하고 있는
것이다.

아마도 이 대목의 주인공은 체사레 보르자가 아닐까 싶다. 왜냐하

면 마키아벨리가 본 체사레는 젊기도 했거니와, 과감한 전략을 성공을 이끌어냈기 때문이다. 더군다나 미남인 체사레는 운명의 여신의 마음을 사로잡지 않았겠는가 말이다.

과단성도 지혜이다

마키아벨리는 '적절한 신중함'과 같은 이성이 이끄는 방식에 대해서 신뢰를 보였다. 섣부른 결단과 무모함에 대해서는 반대한 것이다. 그러나 그가 반드시 이런 신중함만을 고집한 것은 절대로 아니다. 그는『전술론』에서 이렇게 말했다.

"무슨 일을 하든 많은 사람의 의견을 듣는 것은 바람직하나, 무엇을 할지 결정할 때는 다른 사람과 상의하지 않는 것 낫다."

지나치게 신중한 것보다는 비상한 시기라면 비상한 발상과 결단이 절실하다는 뜻이다.

결국은 결단력도 군주에게 필요한 지혜다. 군주에게는 어쩔 수 없이 고독한 결단이 요구될 때가 있다. 이럴 때에는 좌고우면左顧右眄하지 말고 청년과 같이 과감한 결단을 해야 한다. 그래야 운명의 여신이 이 젊은이에게 이끌려 그의 소원을 들어줄 수 있다는 우화 같은 이야기로 마무리를 하고 있다.

어찌 보면 장난 같은 이야기지만 우유부단함이 비상한 시국에서는 결정적인 성과를 가로막는 큰 장애가 될 수 있다는 사실의 반증이다. 과감한 결단이 오히려 지혜가 될 수 있는 것이다.

군주는 신하들이 건의할 때마다 속마음을 깊이 감춘 채로 그 저의를 소상히 살피라고 한다. 마키아벨리는 신하들에게서 '아첨이라는 질병'에 걸리지 않도록 하라고 건의한다. 그렇게 마음속에 담아두고 있다가 고독한 결정을 내릴 때에는 과감하고 신속하게 해야 하는 것이다.

군주는 나라를 다스릴 때 주요 현안이 불거질 때마다 각료를 비롯한 측근의 건의를 경청해야 한다. 그리고 결정적인 순간에는 자신이 칼자루를 쥐고 결단을 내리라는 것이다 마키아벨리는 『군주론』 제23장에서 이렇게 말한다.

"적잖은 사람이 현군의 명성과 관련해 군주의 자질 때문이 아니라 뛰어난 참모의 간언 덕분으로 생각하고 있으나, 이는 커다란 잘못이다. 현명하지 못한 군주가 간언을 제대로 받아들이지 못한다는 것은 자명한 이치이다.

다만 군주가 우연히 매사를 신중히 처리하는 참모를 만나 모든 것을 일임한 경우는 예외이다. 이 경우에도 나름 좋은 조언을 얻을 수는 있으나 곧 권력을 잃고 만다. 참모에게 쉽게 찬탈할 수 있는 절호의 기회를 제공했기 때문이다."

결국 최후에 결정은 군주가 내릴 수밖에 없으며, 그 결정은 오로지 군주만 할 수 있는 것이고, 이를 참모들에게 맡기면 끝내 자신의 지위를 빼앗기고 권력을 찬탈당하기까지 한다는 것이다. 그러기에 군주는 자신의 능력을 키워 과감하게 결단할 수 있어야 한다. 그래야 운명의 여신이 자신의 편에 서 있음을 확인할 수 있을 것이다.

커다란 승리를 거둔 세상의 모든 리더들은 이렇게 과감한 결정을 내릴 지혜를 지니고 있었다.

리더는 권한도 많지만 책임도 큰 법이다

결정을 군주가 내렸기 때문에 그에 대한 책임도 모두 군주의 몫이다. 주변에 군주를 위협하는 권신들을 두지 않았다면, 군주는 온전할 수 있다. 그러나 군주가 그 결정을 권신에게 위임한다면 군주는 그 즉시 위험에 빠진다.

이러한 사례는 역사에 무수하게 많다. 군주는 자신의 책임을 곁의 신하에게 미루려 해서도 안 되고, 온전하게 책임을 지고 나아가야 한다. 군주가 결정을 미루는 순간 책임도 권신의 손으로 넘겨가는 것 같지만, 이미 군주에게는 책임을 질 수 있는 권력도 남아 있지 않을 가능성이 더 크다.

당나라 순종 때 환관인 구사량仇士良은 동궁인 훗날 헌종을 모셨다. 헌종憲宗이 즉위한 뒤 조정의 권력을 차츰 차지하기 시작했다. 문종文宗이 즉위한 뒤에도 세력을 키워가다가 차츰 방자해져 조신朝臣을 체포해 살해하는 등 조정을 제 마음대로 주물렀다. 그리고 장군이 되어 군대까지 통솔하게 되었다.

20여 년 동안 온갖 탐욕을 부리고 학정을 저지르면서 두 명의 왕과 한 명의 왕비, 네 명의 재상을 살해했다. 황제에게는 직접 백성들 앞에 나서면 품격이 떨어진다고 자신이 대신하겠다고 했으니, 명목상 황제의 제위를 찬탈하지 않은 것뿐이다.

가신을 잘못 쓰면 이런 처지에 빠진다는 것을 이 두 사람은 너무도 잘 알았던 것이다.

군주가 고립되고 신하들이 붕당을 만들어 실질적인 대권을 행사한 대표적인 사례로 조선조 말기의 세도정치勢道政治를 들 수 있다.

철종은 바지저고리 왕으로 전락하고 대신들이 국정을 농단했다. 동서고금의 역사를 개관할 때 궁극적인 해법은 마키아벨리가 누누이 지적하고 있듯이 결국은 군주의 자질 문제로 귀결될 수밖에 없다. 군주가 부단히 스스로를 채찍질하며 앞으로 나아가며, 지혜와 용기를 키우는 것이 유일한 해답이다.

결국 모든 것은 리더의 지혜로운 판단이 좌우한다는 사실을 반드시 명심해야 한다. 곁에 아무리 머리 좋고 똑똑하며 능력 있는 사람이 보좌한다 해도, 이를 받아들이고 실천하는 것은 리더의 의지가 있을 때만 가능하다. 만일 리더가 지혜롭지 못하다면, 그래서 주위의 지혜로운 사람에게 전권이 간다면, 그때는 이미 리더의 자격을 잃는 것이다.

모든 조직에서 그만큼 리더는 중요하기에 지혜로워야 한다. 리더의 자리에 오르기까지 지혜가 필요했겠지만, 리더의 자리를 지키려면 그보다 훨씬 더한 노력이 요구된다.

그래서 리더는 끊임없이 시류를 탐지하고 지식을 쌓으면서 공부하여 지혜를 단련시켜야 한다. 그래야 그 조직이 낙후되지 않고 시류에 맞춰 앞으로 나아갈 수 있는 것이다.

리더는 권한도 많지만 책임도 막중한 법이다.

은심계
隱心計

27

긴급작전 시에는 목적지를 숨겨라

"체사레 보르자는 콜론나 가문을 분쇄한 다음 곧바로 오르시니 가문의 섬멸 기회를 노렸다. 마침내 절호의 기회가 오자 이 기회를 즉각 살렸다. 그는 먼저 교묘히 속셈을 숨긴 채 오르시니 가문 측의 영주 파올로의 중재를 통해 오르시니 가문의 지도자들과 화해했다. 파올로를 안심시키기 위해 많은 돈과 값진 옷, 명마를 선물하는 등 무진 애를 썼다. 오르시니 가문 사람들이 순진하게도 연회에 참석했다가 모두 목이 잘리게 되었다. 그는 오르시니 가문의 지도자들을 모두 처단한 뒤 추종자들을 자기편으로 끌어들였다."

_군주론 제7장 〈타인의 힘과 호의로 성립된 새 군주국에 관해〉

마키아벨리는 이 대목에서 거사를 행할 때는 속마음을 깊숙이 숨긴 채로 일거에 해치울 것을 충고하고 있다. 『로마사 논고』에도 유사한 내용이 나온다. 화급을 다투거나 실행의 순간이 아니면 결코 다른 사람에게 발설해서도 안 되고, 발설할지라도 충성심을 오랫동안 충

탁월한 사람을 모방하라 – 마키아벨리처럼

분히 시험한 자나 자신과 뜻을 함께하는 자로 제한해야 한다는 내용이다.

리더는 자신의 속마음을 철저히 숨겨야 한다

서양의 역사에서 속마음을 깊숙이 숨긴 덕분에 보위에 올라 천하를 호령한 대표적인 인물이 있다. 바로 나폴레옹이다. 당초 프랑스 대혁명의 산물인 제1공화정의 총재 정부는 툴롱 항 전투와 이탈리아 원정으로 인기가 매우 높은 코르시카 출신 젊은 군사 영웅 나폴레옹 보나파르트를 크게 경계했다. 그의 대중적 인기와 군대의 탄탄한 지지기반 때문이다. 언제 쿠데타를 일으킬지 모르는 일이었다.

그러나 그가 특별히 잘못한 것도 없는 데다, 여러 차례에 걸쳐 공화국을 위기에서 구해낸 까닭에 무턱대고 쫓아낼 수도 없는 일이었다. 로마 공화정 시절 잇단 전공으로 인기가 치솟은 카이사르를 어쩌지 못한 원로원과 똑같은 고민을 하고 있었던 셈이다.

1798년 초 제1공화정 총재 정부는 마침내 꾀를 냈다. 나폴레옹에게 이집트 원정을 권유한 것이다. 이집트 원정의 명목은 영국의 대인도 통상에 일격을 가해 인도 통치에 결정적 타격을 가하고, 동지중해와 인도양의 상권을 차지하자는 것이었다. 이집트의 프랑스 상인들의 탄원을 받아들여 공화국 이념에 부응하는 이집트 민중 해방의 의미까지 덧붙여졌다. 그러나 사실은 위협적인 인물을 멀리 쫓아내고 싶어 하는 추방에 가까웠다.

놀라운 것은 나폴레옹이 총재 정부의 그런 속셈을 훤히 읽고 있었으면서 오히려 이를 전화위복의 계기로 삼기 위해 부추긴 점이다. 그는 이집트를 자신의 확고한 지지기반으로 만든 뒤, 프랑스의 동방진출 교두보를 확보했다고 선전하며 권력을 틀어쥘 생각을 했다. 『손자병법』을 비롯한 모든 병서가 역설한 궤사詭詐의 진수가 여기에 있다. '뛰는 놈 위의 나는 놈'은 바로 이 나폴레옹 이야기다.

나폴레옹의 속셈을 알 길이 없었던 총재 정부는 마침내 이집트 원정을 공식 결정했다. 이해 3월 16일 나폴레옹은 원정에 필요한 수많은 학자와 관련 인원 등의 차출을 내무부에 요청해 허락을 받았다. 4월 12일 총재 정부는 동방 원정군 창설을 공식적으로 결정했다. 5월 9일 나폴레옹이 원정군 출발지인 툴롱 항에 도착했다. 원정군 함대 및 학자들이 이에 합류했다.

다음날인 5월 10일, 원정군 사열 연설에서 나폴레옹이 원정군 병사들 앞에서 연설했다.

"이번 원정에 성공하고 귀국하면 제군들은 6아르팡의 땅을 살 수 있을 것이다!"

이탈리아 원정 때 이미 나폴레옹 밑에서 종군하면 전리품과 넉넉한 급료로 많은 재산을 가질 수 있다는 사실이 입증되었다. 6아르팡은 대략 2만 4천 평방미터로 대략 8천 평의 땅이다. 병사들에게는 엄청난 토지인 것은 두말할 나위도 없다.

다만 이들은 원정지가 어딘지는 전혀 알지 못했다. 나폴레옹은 작전을 수행할 때 병사들에게 목적지를 알려주지 말라는 『손자병법』의 가르침을 철저히 좇은 셈이다. 이것이 나폴레옹이 『손자병법』을 숙독했다는 사실을 방증하는 셈이다.

5월 19일 원정군 본대가 마침내 툴롱 항을 떠났다. 나폴레옹의 지휘를 받을 다른 함대가 제노바, 코르시카 등지에서 속속 합류하며 거대한 선단이 형성됐다. 함대의 총병력은 육군 3만 8천 명. 해군과 일반 선원 1만 명, 기타 수많은 전문가와 학자 및 기술자들이 동행하고 있었다. 수송선은 300척이 넘었다. 12척의 프리키트함 및 기타 전투함들도 포함되어 있었다.

주목할 것은 이때 영국의 해군제독 넬슨을 속이기 위해 동쪽을 친다고 말하면서 서쪽을 치는 '성동격서聲東擊西'의 계책을 구사한 점이다. 나폴레옹이 툴롱 항을 떠날 당시 넬슨은 프랑스의 지중해 함대가 이집트가 아닌 아일랜드에 상륙해 영국의 본토를 칠 것으로 생각해서 군함을 지브롤터 해협으로 이동시켰다. 이미 2년 전에 프랑스 군대가 아일랜드로 출동할 태세를 갖춰 영국이 한바탕 소동이 난 적이 있었던 까닭에 넬슨의 이런 판단을 무턱대고 탓할 수만도 없었다.

그러나 결과적으로 넬슨은 나폴레옹이 성동격서 계략에 철저히 당한 꼴이다. 넬슨이 내막을 알게 되었을 때는 이미 나폴레옹이 이집트를 점령한 뒤였다. 당시 나폴레옹은 『손자병법』의 속임수를 쓰는 이치를 절묘하게 구사한 셈이다.

이해 6월 10일 프랑스 원정대는 몰타 기사단이 지배하는 지중해의 몰타를 일거에 함락시켰다. 몰타를 함락하자고 이런 대병력을 동원했을 리 없었기에 병사들의 궁금증은 더욱 커져만 갔다. 대략 동쪽으로 가는 것은 확실했으나 방향을 종잡을 길이 없었다. 6월 28일 동지중해로 항해하는 도중 함대에 나폴레옹의 포고문이 전달됐다.

"병사들이여! 그대들은 문명과 세계 무역에 대한 효과가 산술적으로 계산할 수 없을 만큼 막대한 탐험을 시작할 것이다. 우리가 만나게 될 사람들은 회교도들이다. 코란이 규정한 의식, 모스크에 대해서는 여러분들이 수도원, 유대교 회당, 모세와 예수 그리스도의 종교에 대해 가지고 있는 것과 같은 관용을 가져라! 과거 로마 군단은 모든 종교를 보호했다."

핵심 상급 지휘관들에게는 최종 목적지가 확실하게 전달됐다. 유럽 전체의 입장에서 보면 1291년에 십자군 원정군의 마지막 거점이던 팔레스타인의 아크레가 함락된 후 500년 만에 다시 중동 점령 길에 나선 셈이다. 7월 1일 영국 해군을 성공적으로 따돌린 프랑스 함대는 동지중해 최대의 항구인 알렉산드리아에 조용히 닻을 내렸다. 지방의 하찮은 수비대가 막강한 프랑스 원정군과 맞서 싸우는 것은 있을 수 없는 일이었다.

프랑스 병사들도 깜짝 놀랐다. 처음에는 항로를 잘못 들어서 이상한 곳에 도착한 것으로 생각해 토론을 벌였다. 길 안내인들과 현지인들을 통해 비로소 알렉산드리아에 도착한 사실을 깨달았다.

그러나 알렉산드리아는 동서의 진귀한 보물이 모이고 활발한 교류가 이뤄지는 동방의 대도시가 아닌 한산한 시골 항구에 지나지 않았다. 나폴레옹도 내심 크게 실망했다. 그러나 그는 『손자병법』이 역설한 군대의 신속한 행군과 기동성을 중시한 당대의 전략가였다. 상류한 지 10여 일 뒤인 7월 12일 나일 강을 따라 남하하다 첫 교전인 쇼브라키트 전투에서 맘루크 군을 격퇴하고 전쟁을 시작하는 서전을 승리로 장식했다.

남하를 계속한 그는 이집트의 수도 카이로 입성을 눈앞에 두고 피라미드 앞에서 6만 명에 달하는 맘루크 군과 맞붙었다. 알렉산드리아에 병력을 남기고 온 나폴레옹 군은 약 2만 명가량이었다. 그러나 맘루크 군은 상대가 되지 않았다. 프랑스 군은 고작 3백 명의 사상자를 낸 반면, 맘루크 군은 무려 2만 명에 달하는 병력 손실을 입었다.

3일 뒤인 7월 24일, 나폴레옹이 마침내 카이로에 입성했다. 술탄의 궁정을 집무실로 사용하며 본격적인 식민통치에 들어갔다. 이때 그는 이집트의 유력자들로 구성된 '명사회의'를 조직했다. 의도적으로 터키인을 차별하며 이집트인과 터키인을 분리하는 정책을 썼다. 중요한 것은 자신은 십자군이 아닌 해방자이고, 이슬람교를 탄압하는 일은 결코 없을 것임을 약속했다는 점이다. 초한전 당시 유방이 함양을 점거한 뒤 '공약 3장'을 발표하며 민심을 수습한 것과 비슷한 것이다.

당시 나폴레옹 원정에 동행한 학자들은 이집트의 역사와 문화에 대해 대대적인 학술조사 활동을 펼쳤다. 이게 근대 이집트 연구의 기원이 되었다. 지금도 이집트 일대에 대한 학술연구의 기원은 모두 이 시기로 거슬러 올라간다. 수에즈 운하의 구상도 이때 마련된 것이다.

나폴레옹이 이집트 정벌을 배경으로 권력을 장악한 뒤 천하를 호령할 수 있었던 것은 적을 함정에 빠뜨려 승리를 거두는 병서의 '궤사詭詐' 이치에 충실했던 덕분이다. 이종오는 이를 '후흑厚黑'으로 표현했다. 난세의 군주 리더십을 집중 탐사한 법가의 입장도 이와 크게 다르지 않다. 『한비자』 「팔경」은 이렇게 말한다.

"군주는 관원을 임용할 때 무리를 지어 서로 의견이 같은 자들은 기용하지 않는다. 만일 신하들이 한통속이 되어 서로 부화附和하면 곧바로 엄하게 책임을 묻는다. 신하들을 서로 대립하게 만든 다음 군주를 위해 일하도록 뒤에서 조정하면, 군주의 제신술은 신묘한 모습을 띠고 예측 불가능하게 된다. 신하들이 군주를 위해 몸과 마음을 다하게 됨은 이렇게 신하를 부리기 때문이다. 이같이 하면 신하들은 감히 군주를 이용할 생각을 품지 못하게 되고, 이로써 제신술이 완성된다."

병가의 '궤사'와 법가의 '후흑', 종횡가의 '음모陰謀' 모두 같은 곡을 달리 연주한 것에 지나지 않는다는 이야기다. 난세에는 은밀히 행하는 이른바 '음도陰道'만이 승리를 담보할 수 있다.

현대 중국의 다음 일화를 보면 이를 보다 쉽게 이해할 수 있다.

음모와 대비되는 것이 '양모陽謀'이다. 문화대혁명이 한창 진행되던 1968년 당시 홍위병의 움직임이 통제할 수 없을 정도로 과격하게 진행되자, 모택동이 이해 4월 30일 홍위병의 공격 대상이 된 주은래 등을 집으로 초청했다. 이 자리에서 그는 이처럼 말했다.

"오늘은 단결을 위한 모임입니다. 우리는 어쨌든 단결해야 하지 않겠습니까? 처음에 나는 어찌된 영문인지 잘 몰랐습니다. 전에 내가 회의에서 여러 말을 한 것은 모두 푸념을 한 것에 불과하고, 그런 말들을 당 회의에서 했으니 그건 '음모'가 아니라 '양모'입니다. 앞으로 무슨 의견이 있으면 나에게 직접 제기하도록 하십시오."

모택동은 음모와 양모의 기본 취지를 잘 통찰하고 있었다. 『귀곡자』도 모택동이 설파한 논리 위에 서 있다. 은밀히 계책을 꾸며 궁극적으로 밝게 드러나는 공을 취하는 '음도양취陰道陽取'가 바로 그것이다.

『귀곡자』「모려」는 이렇게 말한다.

"계모를 구사할 때는 공개적으로 행하는 공모公謀보다 사적으로 은밀히 행하는 사모私謀가 낫고, 사모보다 상대방과 결속해 모의하는 결모結謀가 낫다. 상호신뢰의 틈새가 벌어질 여지가 거의 없기 때문이다. 통상적인 수준의 계모인 정모正謀는 기발한 방안으로 구성된 기모奇謀만 못하다. 기모는 마치 물 흐르듯 시변時變을 좇아 다양하게 변화하는 까닭에 당해낼 길이 없다. 어떤 일이든 은밀한 방식으로 계모를 구사해야만 공개적으로 명성을 떨치는 이른바 음도양취를 이룰 수 있다."

여기의 공모는 양모, 사모는 음모를 달리 표현한 것이다. 최상의 음모는 결모이다. 이는 군주와 책사가 한마음이 되어 은밀히 계책을 꾸미는 경우를 말한다. 결모의 단계에서는 음모라는 용어 자체가 사라진다. 군주 자신의 계책으로 둔갑하기 때문이다. 이는 이종오가 『후흑학』에서 '후흑술'의 최고 경지를 언급한 것과 취지를 같이한다.

후흑과 정반대되는 것이 '박백薄白'이다. 맹자가 역설한 왕도를 의미한다. 치세에는 박백의 왕도를 구사할지라도 아무 문제가 없다. 그러나 난세에는 이야기가 달라진다. 21세기의 살벌한 경제 전쟁 양상은 난세의 전형에 해당한다. 상략商略과 상술商術이 병법의 전략과 전술을 방불하게 만드는 것은 이 때문이다. 난세에 왕도를 역설하는 것은 전쟁 때 붓을 들어 칼에 대적하고자 하는 무모한 짓이나 다름없다. 사마귀가 수레바퀴에 대항하는 당랑거철螳螂拒轍이 바로 그런 경우다. 『귀곡자』가 역설하는 음모와 정반대되는 양모의 전형에 해당하며 무모함을 상징한다.

진짜 목적을 숨겨야 좋은 결과를 얻을 수 있다

병법에서는 적을 속일 때 양모와 음모를 겸해 사용한다. 적을 현혹하기 위해 짐짓 군사를 움직이는 양동陽動 작전이 그것이다. 여기의 '양陽'은 '거짓 양佯'의 뜻이다. 적을 속이기 위한 양동작전이 아닌 한 양모의 사용은 극도로 절제해야만 한다. 『귀곡자』「모려」는 이같이 경계하고 있다.

"성인의 계모는 은밀하고, 어리석은 자의 계모는 공개적이다. 지혜로운 자는 일을 간명하게 처리하고, 지혜롭지 못한 자는 일을 복잡하게 처리한다."

최고 통치권자가 자신의 속마음을 여과 없이 드러내면 나라가 일순 위기에 빠질 수 있다. 부민부국과 국가안위를 책임진 위정자와 장성, 외교관, 기업 CEO 등은 적국을 속이기 위한 양동佯動의 계책이 아닌 한 결코 양모와 양도를 좇아서는 안 된다.『귀곡자』가 역설하는 책략과 유세를 통상적인 의미의 모략과 음모로 해석해서는 안 되는 것은 이 때문이다.

비즈니스에서도 역시 전쟁 및 외교전과 마찬가지로 대부분 '양도'가 아닌 '음도'의 작전을 구사할 필요가 있다. 이런 일에는 은밀한 계책이 필요하다. 이는 마치 외교 사안처럼 주변 사람이 알게 해서는 안 된다. 자신이나 회사의 본심이나 요구사항, 조건이나 의도 등은 숨길 수 있는 데까지 숨겨야 한다. 그래야만 만족하는 결과를 만들어낼 수 있고, 적절한 이익을 얻을 수 있다.

일벌계
─ 罰計

28

신상필벌로 지도력을 높여라

"군주는 신민이 정치 또는 사회적으로 특별한 일을 행하면 반드시 세간의 화 젯거리가 될 수 있도록 신상필벌 원칙을 관철해야 한다. 매사에 비범한 능력의 위대한 인물이라는 인상을 심는 데 소홀해서는 안 되기 때문이다."

_군주론 제21장 〈군주가 어찌해야 명성을 얻을 수 있는가?〉

마키아벨리는 이 대목에서 치국의 기본원리인 '신상필벌信賞必罰'을 역설하고 있다. 주목할 것은 신상필벌의 원칙을 군주가 매사에 비범한 능력을 지닌 인물이라는 인상을 심는 일과 연관시켜 해석한 점이다. 마키아벨리는 스페인 왕 페르난도 2세를 예로 들어 구체적인 설명을 시도했다.

마키아벨리의 분석에 따르면 페르난도 2세는 무력을 동원해서 군공軍功을 세우는 것보다 더 큰 명성을 안겨주는 것은 없다는 사실을 알고 있었다. 무력으로 천하를 호령하는 이른바 무치武治의 중요성

탁월한 사람을 모방하라 – 마키아벨리처럼

을 통찰한 군주인 셈이다.

원래 페르난도 2세는 즉위 당시만 해도 약소국 군주에 지나지 않았다. 이후 명성과 영예 면에서 기독교권에서 제1의 군주로 우뚝 선 것은 전적으로 커다란 군공에 따른 것이다.

마키아벨리는 크게 두 가지 면에서 그의 행보를 분석했다.

첫째, 외정外征이다. 우선 재임 초기에 이뤄진 그라나다 공략을 높이 평가했다. 권력 기반을 탄탄하게 만드는 기초가 되었다는 이유에서이다. 마키아벨리가 주목한 것은 페르난도 2세가 외부 세력의 아무런 방해도 받지 않는 상태에서 이를 마무리 지은 점이다. 그는 페르난도 2세가 아라곤과 연합한 카스티야의 모든 영주를 전쟁에 전념토록 만든 데서 해답을 찾았다. 당시 영주들 모두 전쟁에 골몰한 탓에 반란을 도모할 겨를이 없었다.

둘째, 내치內治이다. 페르난도 2세는 영주들이 전쟁에 골몰한 사이 국내에서 명성을 축적하며 영주들에 대한 지배권을 차분히 다져나갔다. 교회와 백성들로부터 갹출한 자금으로 군대를 유지하고, 장기간에 걸친 전쟁을 적극 활용해 훗날 자신에게 커다란 명성을 안겨준 정예군을 집중 육성한 점에서 내치에 성공한 것이다.

마키아벨리는 페르난도 2세가 바로 이런 외정과 내치의 성과를 결합해 마침내 기독교권 제1의 군주로 우뚝 설 수 있는 거창한 사업을 추진했다고 평가했다. 종교를 핑계로 무어인을 색출해 죽이거나 이베리아 반도에서 완전히 몰아낸 일이 바로 그것이다. 마키아벨리는 당시의 참혹상을 두고 유례가 없을 정도였다고 평했다.

이후 페르난도 2세는 똑같은 명분을 내걸고 아프리카를 공략하고, 이탈리아를 침공하고, 마침내 프랑스까지 진출했다. 스페인 신민이 열광한 것은 말할 것도 없다.

비록 전에 아라곤의 왕으로 있기는 했으나 이후 카스티야와 결합해 지금의 스페인 원형을 최초로 만든 점에서 사실 그는 신생 군주나 다름이 없었다.

마키아벨리가 제21장에서 "신생 군주에게 커다란 군공을 세우는 것보다 더 큰 명성을 안겨주는 것은 없다"고 말한 것은 바로 이를 토대로 한 것이다. 마키아벨리가 주목할 것은 페르난도 2세가 이런 위업을 쌓은 과정에서 시종 민심을 사로잡은 점이다. 그는 정밀한 분석 끝에 이런 결론을 내린다.

"페르난도 2세는 원대한 사업을 계획한 뒤 이를 기필코 성취하는 방식을 택했다. 먼저 백성들로 하여금 사태의 귀추를 주목하게 만든 뒤, 뛰어난 전공을 거둠으로써 그 휘황한 결과에 백성들 모두가 열광하게 만들었다.

나아가 그는 이런 사업은 쉴 새 없이 전개했다. 그를 반대하는 자들이 모반을 꾀할 틈조차 주지 않기 위한 계책이었다."

결론적으로 페르난도 2세는 거창한 사업을 끊임없이 계획하면서 이를 성취하는 방식을 통해 백성의 전폭적인 지지에 보답하고, 적대자들의 입지를 크게 축소시키는 책략을 구사한 것이다. 이 과정에서 가차 없이 '신상필벌'의 원칙을 관철했다.

상벌의 원칙을 명확히 해야 한다

동서고금을 막론하고 군주의 위엄을 확실히 드러내는 방안으로 '신상필벌'의 원칙을 관철하는 것만큼 뛰어난 것이 없다. 존군尊君을 역설한 한비자가 시종 엄정한 법치를 역설한 것도 이 때문이다. 이 경우 군주는 지존으로서의 위세가 한없이 치솟게 되고, 잠재적인 적대세력인 국내 영주의 위세는 한없이 오그라들게 되어 있다. 시간이 지나면 올망졸망해진 영주 세력은 저절로 고사枯死하고 만다. 고도의 책략이 아닐 수 없다. 마키아벨리의 극찬이 결코 터무니없는 게 아님을 알 수 있다.

그렇다면 '신상필벌'의 원칙을 백성에게 군주의 비범한 능력을 각인시키는 계기로 삼아야 한다는 주장은 어찌 해석해야 좋은 것인가. 마키아벨리는 제21장에서 이같이 설명하고 있다.

"군주가 자신의 나라 안에서 밀라노의 베르나보 비스콘티 공작처럼 비범한 능력을 내보이는 것은 매우 유익하다. 페르난도는 누군가가 정치 또는 사회적으로 특별한 일을 이루면 반드시 세간의 화젯거리가 될 수 있도록 신상필벌의 원칙을 관철했다. 군주는 매사에 자신이 비범한 능력을 지닌 위대한 인물이라는 인상을 심는 데 소홀해서는 안 된다."

이는 두 가지 의미를 지니고 있다. 첫째, 페르난도 2세는 늘 베르나보 공작처럼 비범한 능력을 내보였다. 둘째, 누군가 정치 또는 사회적으로 특별한 일을 이루면 반드시 세간의 화젯거리가 될 수 있도록 신상필벌의 원칙을 관철시켰다.

이 대목에서 마키아벨리는 사람을 혼동한 것 같다. 원래 베르나보는 1355년 집권 이후 1385년 횡사할 때까지 30년 넘게 밀라노를 지배한 인물이다. 그는 자신이 평소 경멸했던 조카 잔 갈레아초에게 전격 체포된 다음 옥사했다. 마키아벨리가 페르난도 2세를 비명횡사한 베르나보에 비유할 이유가 하등 없는 것이다. 객관적으로 봐도 이는 앞뒤가 잘 맞지 않는다.

당시 비스콘티 가문은 밀라노 안에서 무자비한 형벌을 자행한 것으로 악명이 높았다. 특히 베르나보가 심했다. 마키아벨리가 성공적인 페르난도 2세를 잔혹한 형벌로 일관하다가 실패로 끝난 베르나보에 비유할 이유가 없다. 마키아벨리가 숙부인 베르나보와 조카인 잔 갈레초아를 혼동한 결과로 보는 것이 타당하다.

베르나보는 1323년 밀라노에서 출생한 뒤 그곳에서 줄곧 생장하다가 젊었을 때 추방돼 망명지에서 산 적이 있다. 그의 못된 행실 때문이었다. 이후 밀라노의 대주교이자 삼촌인 조반니 비스콘티의 부름을 받고 다시 밀라노로 돌아왔다. 1354년 조반니가 사망하자 밀라노 지배권을 분할 상속해 1358년부터 밀라노의 동부 지역을 다스렸다. 서부 지역은 형제인 갈레아초 2세가 다스렸다.

1360년 갈레아초 2세의 아들 잔 갈레아초가 프랑스 왕의 딸인 발루아의 이사벨라와 결혼했다. 1378년 잔 갈레아초가 부친의 뒤를 이어 밀라노 및 그 주변 영토의 서부를 다스렸다. 중심지는 밀라노 남쪽 파비아였다. 1382년 베르나보가 프랑스의 앙주 공작 루이와 군사동맹을 맺고 딸 루차를 루이의 며느리로 들여보내고자 했다. 장차 밀라노의 서부마저 손에 넣을 심산이었다.

이러한 행동이 화를 불렀다. 당시 잔 갈레아초는 크게 긴장해서 1385년 잔 갈레아초가 먼저 손을 썼다. 곧바로 베르나보를 급습해 체포한 뒤 감옥에 가뒀다. 이로부터 두 달 뒤 베르나보의 손녀인 바이에른의 이자벨이 샤를 6세와 결혼해 프랑스 왕비가 되었다.

밀라노에서 벌어지고 있는 숙질 사이의 싸움이 프랑스 궁전의 최대 현안이 된 것은 이 때문이다. 잔 갈레아초는 후환을 없애기 위해 수감된 베르나보를 독살해버렸다. 그의 비명횡사는 평소 조카를 얕보고 대비책을 세우지 않은 업보나 마찬가지다.

1387년 잔 갈레초아의 딸 발렌티나가 프랑스 왕 샤를 6세의 동생인 오를레앙 공작 루이와 결혼했다. 이는 이후 루이 12세와 프랑수아 1세가 밀라노 공작령의 소유권을 주장하는 근거가 되었다. 당시 잔 갈레초아는 비스콘티 가문의 영지를 모두 손에 넣은 다음, 경쟁 도시국가들을 능숙하게 조종하며 영토를 크게 넓혔다.

유능한 행정가였던 그는 자신의 영지를 하나로 묶는 동시에 관원들에게 파비아에서 교육과 훈련을 받도록 장려했다. 당시 그에게 큰 영향을 미친 인물은 궁정 도서관의 장서를 관리한 시인 페트라르카였다.

이후 뇌물 공세를 펼쳐 1395년 밀라노 공작, 1396년 파비아 백작이라는 칭호를 받고 신성로마제국의 세습 제후가 되었다. 1399년에는 피사와 시에나, 1400년에는 페루자와 움브리아 일대 도시가 그의 지배를 받아들였다. 1402년에는 볼로냐가 합병됐다.

북부 이탈리아에서 그가 손에 넣지 못한 도시는 피렌체밖에 없었다. 볼로냐를 점령한 지 석 달 뒤에 피렌체를 공격하기 위해 군대를 모았으나 전염병에 걸려 죽고 말았다. 마키아벨리가 태어나기 67년 전의 일이다.

마키아벨리가 신생 스페인의 명군 페르난도 2세를 밀라노의 명군 잔 갈레초아와 비교한 것은 두 사람의 비범한 능력이 서로 닮았기 때문이다. 원대한 사업을 계획한 뒤 이를 기필코 성취하는 방식을 택한 것 등에서 두 사람은 많이 닮았다. 페르난도가 늘 이런 식으로 성과를 거둠으로써 백성들을 열광하게 만들었다는 칭송은 잔 갈레초아에게도 그대로 적용된다.

문제는 누구라도 정치 또는 사회적으로 특별한 일을 하면 신상필벌의 원칙을 적용해 세간의 화젯거리가 만드는 식으로 군주의 비범한 능력을 널리 각인시켜야 한다는 주장이다.

마키아벨리의 이런 주장은 두 가지 전제조건 위에 서 있다.

첫째, 세간의 화젯거리가 되는 것은 정치 또는 사회적으로 특별한 일을 행한 경우에 한정해야 한다. 군사적으로 큰 공을 세운 경우는 예외이다. 이는 오직 군주만이 세울 수 있는 영역으로 남겨 두어야 하기 때문이다. 이를 간과하면 군주의 보위가 위험해진다.

둘째, 세간의 화젯거리는 선행과 악행을 망라한 것이다. 선행에는 푸짐한 포상을 내려 사람들이 이를 좇도록 하고, 악행에는 가혹한 형벌을 가해 사람들이 감히 이를 흉내 내지 못하도록 만드는 것이 관건이다. 이런 두 가지 조건을 충족하면 결국 군주의 권위가 더욱 강화된다.

마키아벨리가 신상필벌을 통해 비범한 능력을 지닌 위인이라는 인상을 널리 각인시켜야 한다고 주장한 배경이 바로 이것 때문이다. 군주의 위엄을 드높이고자 한 것이다.

병가도 신상필벌 원칙을 크게 중시한다. 『손자병법』「구지九地」는 관례를 뛰어넘는 포상인 '무법지상無法之賞'과 상규常規를 뛰어넘는 명령인 '무정지령無政之令'을 역설하고 있다.

상벌이 주효하기 위해서는 반드시 파격적이면서도 신속해야 한다는 취지이다. 마키아벨리가 '세간의 화젯거리' 운운하며 신상필벌의 원칙을 강조한 것과 취지를 같이한다. 강력한 무력에 의한 통치를 역설하며, 『전술론』을 저술한 바 있는 마키아벨리가 법가와 병가의 접합점인 신상필벌을 역설한 것은 당연한 일이다.

극심한 경제 전쟁 속에서 활동하는 기업 CEO들도 이 신상필벌을 잘 활용할 필요가 있다. 신상필벌이란 전력이 비록 전쟁 속에서 쓰이는 방법이지만, 현대의 경제 상황은 또 다른 전략이기 때문이다. 신상필벌은 기업의 구성원들이 한 가지 목표를 향해서 전진하게 하는 구동력이 되기도 하지만, 이는 또한 리더를 돋보이게 하여 리더십에 도움이 되는 전략이기도 하다. 상을 받는 사람도 즐겁고 자랑스럽지만, 상을 주는 리더는 더욱 권위 있고 돋보이기 마련이다. 물론 잘못한 일에 대해서 내리는 벌도 리더의 권위를 높이는 방법이다.

차배계
遮背計

29

감히 배신 못할 두려운 리더가 되라

"본래 사랑은 서로 신뢰하는 호의好意 관계에서 비롯된다. 그러나 사람은 사악한 까닭에 자신에게 이익이 되는 기회를 만나면 가차 없이 이를 파기한다. 사람은 두려움을 불러일으키는 자보다 사랑을 베푸는 자를 해칠 때 보다 덜 주저하게 마련이다.

두려움은 늘 처벌에 대한 공포로 유지된다. 백성이 절박한 위험이 닥칠지라도 군주를 감히 배반할 수 없는 이유가 이것이다."

_군주론 제17장 〈가혹과 인자, 친애와 공포 가운데 어느 쪽이 나은지에 관해〉

마키아벨리는 이 대목에서 상대의 호의를 교묘히 이용해서 상대에게 해를 끼치면서 자신의 이익을 극대화하는 소인배들에 대한 경계를 당부하고 있다. 상대를 이용하고자 하는 사악한 마음은 인간의 본성에 가깝기 때문에 늘 주의하지 않으면 이용당할 소지가 크다고 파악한 것이다. '인간은 사악한 까닭에'라는 말머리가 그의 이런 생각을 드러내고 있다. 인간의 심성은 원래 선하다는 맹자의 성선설과 정반대인 성악설의 입장이다. 그런 점에서 한비자의 입장과 사뭇 닮아 있다.

이기적인 본성을 처음부터 억눌러야 한다

한비자는 인간의 본성을 이기적인 것으로 보았다. 모든 인간관계를 이기심에 기초한 이해관계로 파악한 것이다. 그가 스승인 순자가 역설한 예치禮治를 버리고 강력한 법치法治를 역설한 이유는 이 때문이다.

그가 볼 때 가장 가까운 부부관계도 결코 이해관계의 끈에서 자유로운 것이 아니다. 『한비자』「내저설 하」에 이를 뒷받침하는 일화가 소개되어 있다.

하루는 위衛나라에 사는 어느 부부가 기도를 할 때 아내가 이렇게 빌었다.

"비나이다. 저희가 공짜로 삼베 5백 필을 얻게 해주십시오!"

남편이 힐난했다.

"어찌 그리 적은가?"

처가 대답했다.

"그것보다 많으면 당신이 앞으로 첩을 들이겠지요!"

촌수조차 없어 '무촌'으로 불리는 부부조차도 동상이몽의 서로 다른 꿈을 꾸고 있다는 이야기다. 하물며 한 이불 속의 부부도 아니고,

피를 나눈 형제도 아닌 군주와 신하, 사용자와 노동자 사이는 더 말할 것도 없다.

동서고금을 막론하고 난세에는 인간의 비도덕적이고 이기적인 모습이 적나라하게 드러나게 마련이다. 그래서 난세의 한비자는 이익을 향해 달려가는 인간의 호리지성에 주목한 것이다. 그의 성악설은 바로 여기서 나온 것이다.

그는 유가에서 천심天心으로 비유하는 민심民心조차 호리지성을 달리 표현한 것에 불과한 것으로 보았다. 『한비자』 「현학」에는 이렇게 말한다.

"흔히 말하기를 '민심을 얻어야 잘 다스릴 수 있다'고 한다. 그렇다면 제나라의 관중 같은 뛰어난 재상도 필요 없고, 오직 백성들의 말을 잘 듣고 따라 하기만 하면 될 것이다.

그러나 우왕이 홍수를 다스릴 때 백성은 기왓장과 돌을 쌓아 놓고 그에게 내던졌다. 이로써 백성의 견해는 그대로 쫓아 시행하기에 여러모로 부족하다는 사실을 분명히 알 수 있다."

자신에게 이익이 된다는 것을 뒤늦게 안 뒤에야 백성들이 우왕을 칭송한 염량세태를 지적한 글이다. 한비자가 세평에 아랑곳하지 않는 군주의 고독한 결단을 역설한 이유가 여기에 있다. 이는 결코 백성과 소통을 하지 말라는 이야기는 아니다. 오히려 정반대다. 『한비자』 「8경」도 이렇게 말한다.

"군주는 여러 방법으로 신하들의 의견을 두루 들은 다음 이를 비

탁월한 사람을 모방하라 – 마키아벨리처럼

교해서 보다 많은 공적을 이룰 수 있는 방안을 찾아내고, 공적을 평가할 때는 반드시 엄하게 그 잘못을 추궁해야 한다. 그리하지 않으면 신하들이 서로 작당해 간사한 짓을 꾀하게 된다.

신하들의 간사한 짓을 원천적으로 봉쇄하기 위해 군주는 아랫사람들과 연계해 상관의 비리를 고발토록 조치해야 한다. 재상은 조정 대신, 조정 대신은 휘하 관속, 장교는 병사, 현령은 지방 관속, 후비后妃는 궁녀들로 하여금 고발하게 한다. 이를 두고 위아래가 서로 직통하는 '조달지도條達之道'라고 한다."

21세기의 화두로 등장한 소통의 리더십은 이 대목의 조달지도와 통한다. 조달지도는 현장의 생생한 여론이 중간에서 차단하거나 윤색되는 일 없이 마치 외길을 내달리듯 곧바로 최상층부로 전달되는 것을 말한다.

중국의 역대 황제 가운데 조달지도를 가장 잘 활용한 인물로 청대의 강희제를 들 수 있다. 그는 이른바 '주접奏摺' 제도를 신설해 신권臣權 세력의 아성인 '의정왕대신회의議政王大臣會議'를 무력화시켰다. 이는 일선 관원이 황제에게 직접 보고할 수 있도록 허용한 제도를 말한다. 만주족 출신 대신들이 군권君權에 도전하거나, 지방 총독들이 모반을 꾀하는 일이 원천 봉쇄된 것은 이 때문이다.

강희제의 치세 때 중국의 전 역사를 통틀어 가장 성대했던 이른바 '강건성세康乾盛世'가 열린 것은 결코 우연이 아니다. 강건성세는 강희제에서 시작해 옹정제를 거쳐 건륭제에 이르기까지 1백여 년 넘게 지속된 오랜 태평성대를 말한다. 바로 조달지도가 이뤄낸 평화로운 시대인 것이다.

마키아벨리가 "사람은 두려움을 불러일으키는 자보다 사랑을 베푸는 자를 해칠 때보다 덜 주저하게 마련이다"라고 한 것도 이와 같은 맥락인 것이다. 이는 앞에 나온 "인간은 자신에게 이익이 되는 기회를 만나면 가차 없이 이를 파기한다"는 구절을 뒤집어 표현한 것이다.

남의 호의를 이용해 자신의 이익을 극대화하는 소인배의 이기적인 성향을 나타내는 말이다. 난세에는 이런 성향이 두드러지게 나타나기 때문이다.

두려움의 대상이 되어야 배반하지 않는다

난세에 이런 이기적인 행보를 보이는 대표적인 집단이 바로 군주의 주변을 둘러싸고 있는 측근과 관원들이다. 군주가 위임한 권한을 최대한 활용해 개인 또는 붕당의 이익을 최우선적으로 추구하는 행태를 보이기 마련이다.

이런 이기적인 성향이 고금과 동서에 차이가 없다. 마키아벨리가 "두려움은 늘 처벌에 대한 공포로 유지된다"고 역설한 것은 이 이기적인 성향을 효과적으로 막는 방법을 말한 것이다. 한비자가 엄정한 법치를 역설한 것과 같은 취지이다.

군주는 공포로 유지되는 두려움의 대상이 되어야만 백성이 절박한 위험이 닥칠지라도 군주를 감히 배반할 수 없다는 주장도 이런 맥락에서 이해할 수 있다. 이는 군주에게 단순히 공포 정치만을 펼치라고 주문한 것이 아니다. 평소와 다른 위기 상황의 대처 방법을 말한 것이다.

『한비자』「칙사飾邪」에도 같은 뜻의 다음과 같은 말이 나온다.

"옛 사람이 말하기를 '집에 일정한 생업이 있으면 기근이 들어도 굶지 않고, 나라에 일정한 법이 있으면 위기에 처해도 망하지 않는다'고 했다. 군주가 일정하게 정해진 법을 버리고 사사로운 견해를 좇으면, 신하는 지혜와 능력을 꾸미고, 신하가 지혜와 능력을 꾸미면 법률과 금령은 확립할 수 없다.

옛날 순 임금이 관원을 시켜 홍수로 넘치는 물을 아래로 흘려보내고자 했다. 이때 명을 내리기도 전에 공을 세운 자가 있었다. 순 임금이 그를 사형에 처했다.

우 임금은 제후들을 회계산會稽山에 불러 모았다. 그중 방풍국防風國의 군주가 늦게 도착하자 우 임금이 그의 목을 베었다. 이런 사실을 보면 명령보다 앞서 행동한 자도 죽었고, 명령보다 늦게 행동한 자도 참수됐다. 옛날에는 군주의 명을 그대로 따르는 것을 무엇보다 소중히 여겼다.

거울을 맑은 상태로 유지해야 미추를 비교할 수 있고, 저울은 흔들림 없이 정확한 상태를 유지해야 경중을 잴 수 있다. 거울을 흔들면 투명해질 수 없고, 저울을 흔들면 바르게 잴 수 없다."

마키아벨리가 '절박한 위험이 닥칠지라도' 운운한 것도 바로 이런 경우를 언급한 것이다. 군주의 명을 그대로 따르도록 만들어야만 위기에 처해도 패망하지 않는다는 뜻이다. 한비자가 "순 임금이 명을 내리기도 전에 공을 세운 자를 처단했다"고 말한 것도 이런 맥락에서 한 이야기다. "군주가 공포로 유지되는 두려움의 대상이 되어야만 백성이 절박한 위험이 닥칠지라도 군주를 감히 배반할 수 없다"는 마키아벨리의 말과 같은 뜻인 것이다.

동서고금을 막론하고 국가의 기강을 바로잡기 위해서는 반드시 군주의 명을 확립해야만 한다. 전시는 말할 것도 없고 평시도 마찬가지이다. 평시에 기강이 서지 않는데 전시에 기강이 확립될 리 없다. 신상필벌을 관철해야 하는 이유다. 그래야 관원들이 함부로 행동하지 못한다.

요즘 정치인들은 국민과의 소통에 목을 매달고 산다. 그래서 SNS를 통한 소통에 열을 올린다. 그러다가 실수로 한 이야기 때문에 구설수에 오르거나 낙마를 하기도 한다. 소통이 오히려 함정이 되기도 하는 것이다. 그러나 소통이 반드시 올바른 정치를 보장하지 않는다. 오히려 국민의 비위를 맞춘다고 잘못된 길로 정치가 흘러가기도 한다. 정치인이라면 소통을 하기 전에 줏대 있는 신념이 먼저 있어야 한다. 그것을 바탕으로 정치를 해야 부나비 같은 잘못된 여론에 휩쓸리지 않는다.

소통보다는 원칙 있는 정치가 더 중요한 법이다. 기업들도 직원들과의 소통에 힘을 쏟고 있다. 기업을 경영하는 CEO가 평직원과 맥주를 마시며 소통하는 장면도 이제는 흔한 일이다.

그러나 그 소통도 정해진 한계와 범주를 넘어서면 안 된다. 모든 의견을 들어주려 하다 보면 기업이 본디 목표했던 곳이 아닌, 엉뚱하게 목표를 향해 매진하게 되는 경우도 있는 것이다. 소통을 하지 말라는 것이 아니고 이를 유념하면서 소통해야 한다.

가인계
假仁計

30

겉으로는 너그러운 척해야 성공한다

"군주가 선한 품성을 행동으로 옮기면 언제나 해로운 것이지만, 품성이 선한
것처럼 가장하면 오히려 이롭다. 자비롭고, 신의가 있고, 인간적이면서도 정직
하고, 신앙심이 깊은 것처럼 보일 필요가 있다. 실제로 그렇게 하는 것이 좋다.
그러나 상황에 따라서는 달리 행동할 자세를 갖춰야 하고, 나아가 그렇게 행동
할 수 있어야 한다. 군주 특히 신생 군주는 사람이 선하다고 평하는 덕목을 모
두 따를 수 없다는 사실을 명심해야 한다."

_군주론 제18장 〈군주는 어떻게 약속을 지켜야 하는가?〉

마키아벨리는 이 대목에서 겉으로는 인간적이면서도 정직한 것처럼
보일 것을 주문하고 있다. 이종오의 '후흑술'에 따르면 삼국시대 유
비처럼 어진 군자처럼 가장하는 이른바 '가인술假仁術'로 꾸미라고
한 것이나 다름없다. 주목할 것은 군주가 실제로 자비롭고, 신의가
있고, 인간적이면서도 정직하면 나라를 다스리는 데 오히려 해롭다

탁월한 사람을 모방하라 – 마키아벨리처럼

고 지적한 점이다. 반드시 가인술로 신민들을 대해야 한다고 주문한 것이다.

이를 바꿔 해석하면 이종오가 『후흑학』에서 역설한 것처럼 '면후'와 '심흑'의 계책을 구사할 줄 모르는 자는 결코 천하를 거머쥘 수 없다는 얘기나 다름없다. 당초 이종오가 '후흑술'을 언급하게 된 직접적인 계기는 『도덕경』과 『한비자』를 관통하는 천하통일의 이치를 천착한 일에서 비롯됐다.

『군주론』 제18장에 나와 있듯이 마키아벨리 역시 조국 이탈리아의 조속한 통일과 옛 로마제국 영광의 재현을 고대했다. 결과적으로 이종오는 '후흑술'을 통해 『한비자』와 『군주론』의 정수를 하나로 연결시킨 셈이다. 그래서 같은 맥락의 『한비자』와 이종오의 『후흑학』을 자주 언급하고 있는 것이다.

덕이 있는 것처럼 보이는 것이 가장 중요하다

유비가 구사한 '면후술'의 정수인 '가인술'의 위력은 정사 『삼국지』의 저자 진수陳壽가 '초세超世의 영웅'으로 극찬한 조조가 구사한 '심흑술'보다 훨씬 위력적이다. 동서고금을 막론하고 난세의 시기에 사람들을 모을 때 인자仁者를 가장하는 것보다 사람들을 혹하게 만드는 것도 없다. 유비가 바로 재주 면에서는 조조에 미치지 못하고, 선대로부터 전해져온 유산 면에서는 손권만 못했지만, 두 사람과 더불어 천하를 3분한 배경은 전적으로 인자를 가장한 가인술을 철저히 구사했기 때문이다. 삼고초려三顧草廬로 상징되는 제갈량의 귀의가 대표적인 사례다.

삼국시대 당시 유비와 더불어 '가인술'로 이름을 떨친 대표적인 인물로는 공손찬公孫瓚과 도겸陶謙을 들 수 있다. 나관중의 『삼국연의』는 동탁에 맞선 관동의 군웅을 크게 미화시켜 놓았다. 대표적인 예가 공손찬이다. 원래 공손찬은 중원에서 멀리 떨어져 있는 요서遼西 출신이다.

당시 고구려는 요동을 완전히 장악하지 못한 까닭에 요서와 요동 일대에는 흉노족과 선비족, 오환족 등이 뒤섞여 살고 있었다. 훗날 이들이 남북조시대 때 북조를 형성한 북방민족인 것이다.

공손찬은 젊었을 때 요서 군현의 문하서좌門下書佐로 있었다. 이는 문서를 베끼는 일을 전문으로 하는 군 태수의 말단 관리이다. 그는 변설에 능하고 지략이 있었다. 일을 보고할 때 개별적으로 설명하기보다는 총괄적으로 설명해 듣는 이로 하여금 무언가 빠뜨리거나 잊지 않도록 한 사실을 보면 이를 알 수 있다. 태수가 이를 높이 평가해 그를 사위로 삼았다.

공손찬은 어렸을 때 유비와 함께 저명한 경학자인 노식 밑에서 경전을 배운 것을 토대로 군의 서리가 되었다. 마침 모시던 태수가 법을 어겨 사법을 총괄하는 정위廷尉에게 소환되는 일이 일어나자, 그는 스스로 수레몰이가 되어 고된 일을 맡았다. 당시는 윗사람이 죄를 범했을 경우 아랫사람이 가까이 가는 것이 금지되어 있었다. 그는 법에 저촉되는 것을 마다하지 않고 충성스런 모습을 보인 것이다.

태수가 마침내 지금의 베트남 북부인 일남군日南郡으로 유배를 가게 되자, 그는 쌀과 고기를 준비해 북망산에 올라가 선조들에게 제사를 지냈다. 술잔을 들어 스스로 이같이 다짐했다.

"옛날에 저는 집안의 아들이었지만 지금은 다른 사람의 신하가 되었으니, 마땅히 일남군으로 가야 합니다. 그곳에는 풍토병이 심하여 제가 돌아오지 못할 수도 있기에, 이곳에서 선조들에게 미리 작별을 고합니다."

옆에서 이를 지켜보던 사람들이 모두 그의 충성심과 기개를 칭송했다. 난세에 보기 드문 '왕도'를 구현하는 행보이다. 이는 곧바로 보상을 받았다. 공교롭게도 태수는 일남군으로 유배를 가던 도중 사면을 받게 되자, 곧 그를 '효렴'에 천거했다.

이에 그는 유주에 속하면서 여섯 성을 관할하는 요동속국遼東屬國의 장사長史 자리에 오르게 되었다. 아전 출신인 그가 일거에 신분이 상승하게 된 배경이 바로 이것이다. 왕도 행보의 덕분이다.

당시 후한제국은 주변 이민족의 잦은 침공과 각지에서 잇달아 일어난 반란 때문에 매우 어지러웠다. 이때 공손찬이 적잖은 공을 세워 분무장군의 자리에 올랐다. 얼마 뒤 동탁이 권력을 장악하자 이를 반대하는 군웅들이 관동에서 동탁 토벌군을 일으켰다. 당시 공손찬의 위세는 볼만했다.

그는 휘하의 엄강에게 기주, 전해에게 청주를 다스리게 했다. 이때 원소가 대장 국의를 선봉으로 내세워 공손찬을 쳤다. 원소군의 승리였다. 엄강이 적에게 사로잡히는 등 참패를 당하자 발해까지 달아난 공손찬은 공손범과 함께 지금의 북경 부근인 계현 일대에 여러 성을 쌓고 원소와 대치했다.

이때 공손찬이 난을 일으킬 것을 두려워한 유우가 군대를 움직여 공손찬을 공격했다가 도리어 패해 거용으로 도주했다. 공손찬은 거용을 공격해 유우를 사로잡은 뒤 의기양양하게 근거지인 계현으로 돌아왔다.

마침 동탁이 죽자 공손찬은 전장군으로 승진해 역후易侯에 봉해졌다. 이때 공손찬은 유우가 황제를 칭하려 했다고 무고한 뒤 단훈을 협박해 유우를 참수했다. 이어 단훈을 천거해 유주자사로 임명했다. 이로써 그는 자신의 최대 정적인 유우를 간단히 제거하면서, 원소와 더불어 하북 일대의 강자로 떠올랐다. 공손찬이 유우 제거 과정에서 보여준 술수는 '후흑술'의 정수로 볼 수 있다.

유주를 모두 차지한 공손찬은 이후 기고만장해졌다. 그는 자신의 재능과 힘을 믿고 백성들은 돌보지 않았다. 사람의 단점만 기억하고 장점을 잊는 것은 물론, 눈을 치뜨는 사람에게는 반드시 보복을 가했다.

초평 3년인 192년 봄에 공손찬의 군사가 원소의 복병에 걸려 전멸하자 황급히 성 안으로 들어와 굳게 지켰다. 원소가 땅굴을 파자 누각이 무너지는 등 패색이 짙어졌다. 공손찬은 결국 처자식을 모두 죽인 뒤 자진하고 말았다.

뛰어난 충용忠勇으로 입신해 원소와 겨룰 정도로 성장했던 공손찬의 비참한 최후였다. 그가 구사한 '가인술'의 깊이가 그만큼 얕았던 셈이다.

항상 인재를 찾고 제대로 활용하라

당시 공손찬과 비슷한 말로를 걸었던 인물로 도겸을 들 수 있다. 그는 어려서부터 학문을 좋아해 '효렴'에 준하는 무재茂才로 천거되어 노현盧縣의 현령에 임명되었다. 도겸은 이후 유주자사를 거쳐 황건적 토벌의 공을 인정받아 서주자사에 제수되었다.

그는 동탁의 '장안 정권'이 성립되었을 때 사자를 샛길로 보내 천자에게 공물을 바친 바 있다. 당시 상황에서 천자에게 자발적으로 공물을 바친 사람은 손으로 꼽을 만했다. 그는 그 공을 인정받아 안동장군 겸 서주목으로 승진했다.

당시 서주는 백성들이 부유하고 곡물을 충분히 비축한 까닭에 천하를 도모할 만했다. 그럼에도 그는 패망하고 말았다. 1차 원인은 조조의 부친인 조숭이 살해된 데 있었다.

당초 조조가 진류 땅에서 크게 번성할 당시, 조숭이 서주를 지난다는 소식을 접한 도겸은 조조에게 잘 보일 생각으로 조숭을 극진히 대접하고자 했다. 그러나 조숭은 그가 보낸 장개 일당에게 몰살당하고 말았다. 전혀 예기치 못한 일이 빚어진 것이다.

원래 장개는 도겸이 조숭을 영접하기 위해 엄선한 인물이다. 그럼에도 장개는 조숭을 죽이고 만 것이다. 장개는 왜 조숭을 죽였을까? 장개는 조숭을 영접해 도겸으로부터 칭송을 받느니, 차라리 조숭을 죽인 뒤 그의 재물을 갖고 도주하는 것이 낫다고 판단했다. 이는 도겸이 얼마나 자신의 부하들에게 인색하게 굴었는지를 반증하는 것이다. 당시 도겸 휘하의 누가 영접에 나섰을지라도 비슷한 일이 빚어졌을 공산이 컸다. 진수는 『삼국지』에서 도겸의 행태를 이처럼 비판했다.

"광릉태수였던 조욱은 서주의 명사로 충직했으나 도겸은 그를 소홀히 대접했고, 조굉 등은 아첨하는 사악한 소인배인데도 가까이 하고 임용했다."

주변의 인사들만 골라 쓰는 도겸의 '코드 인사'를 지적한 것이다. 난세일수록 인재의 발탁과 등용이 중요한 것임은 말할 것도 없다. '코드 인사', '회전문 인사'는 패망의 길이다. 이를 경계하는 이야기가 『순자』「왕제」에 나온다.

"왕자王者는 백성을 부유하게 하고, 패자覇者는 선비를 부유하게 하고, 강자强者는 대부를 부유하게 하고, 망자亡者는 자신과 주변 사람을 부유하게 한다."

그는 사방의 인재를 끌어 모아 천하를 도모할 만한 웅지와 역량이 없었다. 한 마디로 그릇이 작았다고 볼 수밖에 없다. 결국 조조의 공격을 받은 도겸은 흥평 원년인 194년에 조조의 군사가 동정에 나서 낭야와 동해의 여러 현을 평정할 때 이리저리 쫓겨 다니다가 곧 병사하고 말았다. 그의 사후 유비가 그의 유언을 좇아 서주를 차지하게 되었다.

당시 도겸에게는 진등과 진규, 미축 등 재사들이 모여 있었다. 도겸이 죽기 직전에 유언으로 서주의 앞날을 이들에게 부탁했다면 능히 서주를 보전할 수도 있었다.

그러나 그는 그리하지 않았다. 부하들을 믿지 못한 것이다. 도겸의 경우는 군신君臣 사이의 의리에 적잖은 문제가 있었다고 보아야 한다. 도겸은 내심 "너희들에게 주느니 유비에게 주는 게 낫다"고 생각했을 공산이 크다. 신하들도 "도겸의 일족이 서주목이 되느니 차라리 유비가 낫다"고 여겼을 가능성이 높다.

실제로 당시 도겸의 신하들은 적잖은 불만을 품고 있었다. 그 가운데 미축의 불만이 가장 컸다. 도겸은 거상巨商인 미축에게 강제로 서주의 재정을 담당하게 한 뒤, 자신의 사치스런 생활을 뒷받침하기 위한 자금의 조달을 명했다.

아무리 거상일지라도 이를 감당하기는 쉬운 일이 아니었다. 진등과 진규 등은 백성들의 피폐한 모습을 지켜보면서, 주군에 대해 적잖은 회의를 품었다. 결과적으로 유비는 어부지리를 취한 셈이다.

입신양명한 대다수의 소인배들이 그렇듯이 도겸 역시 그릇이 작았다. 그는 공손찬과 마찬가지로 자신의 영지인 서주에 안주하며 때가 오기를 기다렸다. 『한비자』가 질타한 수주대토守株待兎의 어리석음을 범한 셈이다. 공손찬과 도겸 및 유비 모두 고식적인 덕의德義를 외친 자들이다.

『삼국연의』는 이들 세 사람을 군자로 묘사해 놓았으나 정사 『삼국지』를 토대로 보면 이들 모두 대표적인 위군자였다. 공손찬과 도겸은 난세에 겉으로만 '왕도'를 외치며 현실에 안주함으로써 곧 패망하고 말았다.

그러나 유비는 달랐다. 그는 죽는 순간까지 현실에 안주하지 않았다. 그랬기에 그가 조조나 손권과 더불어 천하를 삼분해 호령한 것이다.

마키아벨리가 『군주론』 제18장에서 "군주가 선한 품성을 행동으로 옮기면 늘 해롭지만, 품성이 선한 것처럼 가장하면 오히려 이롭다"고 말한 것도 이런 맥락에서 이해할 수 있다. 안팎을 달리 하라는 주문이다.

동양에서는 이를 외유내법의 통치술로 해결했다. 겉으로는 유가의 너그러운 덕정을 내세우면서도, 속으로는 엄격한 법치를 적용하는 통치술을 말한다. 『삼국연의』에 나오는 유비처럼 일종의 가인술에 해당한다. 가인술은 매우 다양하다. 그 결과도 다르다. 유비가 구사한 가인술 정도의 수준은 되어야 천하의 한쪽 구석이라도 차지할 수 있다. 그보다 높은 수준의 가인술은 능히 천하를 손에 넣고 주무를 수 있다.

스티브 잡스가 생전에 아이폰을 홍보할 때마다 청바지를 입고 나와 세상을 떠들썩하게 만든 것도 대표적인 가인술이다.

평범한 복장으로 '손 안의 세상'이라는 캐치프레이즈를 최대한 선전하기 위해 특별히 고안한 방안인 것이다. 이것이 적중해서 마치 잡스처럼 행동해야 IT 세상의 첨단을 걷는 것처럼 소비자들의 두뇌를 세뇌시키기 시작했다.

잡스가 세상을 떠난 후 한동안 삼성이 잠시 우위를 차지하는 듯하다가, 이건희 회장이 쓰러지자 다시 삼성이 일방적으로 밀리는 것도, 이런 가인술의 맥락에서 이해할 수 있다.

크게 보면 이건희 회장도 잡스 못지않은 가인술의 달인이다. 임직원을 거세게 몰아붙이며 최고의 IT 제품을 만들 것을 주문하는 것이다. 삼성 제품을 사용하면 마치 최첨단 IT 제품을 쓰는 것처럼 소비자들을 착각하게 만드는 것이다.

이건희 회장과 스티브 잡스는 이 점에서 별반 차이가 없다. 천하를 거머쥐고자 하면 이런 고도의 가인술을 쓰는 CEO들에게 한 수 배울 필요가 있다.

06

제세

탁월한 사람을 창조적으로
모방하는 리더십

制世

착신계
捉神計

31

운명의 여신을 손아귀에 움켜쥐어라

"운명의 신은 여성인 만큼 그녀를 손에 넣고자 하면 때려서라도 거칠게 잡아
둘 필요가 있다. 통상 여성은 냉정하게 접근하는 남자보다 열정적으로 접근하
는 남자에게 더 큰 매력을 느낀다. 운명의 여신 역시 여성인 까닭에 여느 여성
들처럼 젊은이에게 이끌리게 마련이다. 젊은이는 상대적으로 덜 신중하고, 더
거칠고, 더 대담한 자세로 그녀를 제압하려 들기 때문이다."

_군주론 제25장 〈인간은 운명에 얼마나 지배되고, 이를 어떻게 극복하는가?〉

마키아벨리는 이 대목에서 완력을 동원해서라도 운명의 여신을 철
저히 제압할 것을 주문하고 있다. 마키아벨리가 생존할 때만 해도
'마녀 사냥'이 횡행했다. 기독교 사상의 세례로 인해 여성을 남성보
다 낮춰 본 결과로 이런 일이 벌어진 것이다. "아무리 뛰어난 여자일
지라도 아무리 못난 남자만 못하다"는 성리학의 황당한 주장이 당
연시된 동양과 크게 다르지 않았다. 보카치오도 『데카메론』의 9일째

탁월한 사람을 모방하라 – 마키아벨리처럼

제9화에서 이같이 언급했다.

"양처良妻든 악처惡妻든 여인은 가리지 않고 모두 몽둥이가 필요하다!"

그러나 마키아벨리가 언급한 "때려서라도 거칠게 잡아둘 필요가 있다"는 구절은 결코 여성을 비하하려는 의도에서 나온 것이 아니다. 운명의 신을 남성이 아닌 여성이라 간주함에 따른 것일 뿐이다. 운명의 신이 남성이었을지라도 마키아벨리는 똑같은 이야기를 했을 것이다.

자신의 의지대로 운명을 개척하라

그가 여기서 방점을 찍은 것은 인간의 '자유의지'이다. 자신의 삶을 어떤 불가사의한 운명에 맡긴 채 속 빈 강정과 같은 삶을 살지 말라고 주문한 것이다.

운명을 관장한 신이 여성이건 남성이건 아무 상관이 없는 것이다. 마키아벨리가 운명의 여신을 마치 상대를 학대함으로써 희열을 느끼는 변태적인 '사디스트'처럼 묘사한 것은 이런 까닭이다. 같은 제25장에는 이런 구절이 있다.

"운명의 여신은 파괴적인 급류에 비유할 만하다. 노하면 평원을 덮치고, 나무와 집을 뿌리 뽑고, 이쪽 땅을 들어 저쪽으로 옮겨 놓기도 한다. 그 가공할 위력 앞에 사람들은 황급히 달아나거나 속수무책으로 당할 뿐이다.

미리 제방을 튼튼히 쌓아 급류를 통제함으로써 피해를 최소화하거나, 급류가 불어날 때 별개의 수로를 통해 물을 빼는 식으로 범람을 막을 수 있다. 운명도 이와 같다. 운명의 여신은 자신에게 감히 대항코자 하는 자질이 없는 자에게 그 위력을 떨친다. 급류를 제지할 제방이 없는 곳을 골라 무자비하게 덮치는 것이다."

이 대목에 나타나는 운명의 여신은 앞에 나온 '마조히스트' 같은 모습과는 정반대로 자신에게 한없이 순종하는 약자를 마구 짓밟는 잔혹한 '사디스트'를 연상하게 만든다. 여러모로 학교 폭력의 고질로 거론되는 '이지메'와 닮은 형태로 묘사한 것이다.

이를 통해 마키아벨리가 언급한 "때려서라도 거칠게 잡아둘 필요가 있다"는 구절이 결코 여성을 비하하려는 의도에서 나온 것이 아님을 알 수 있다. 그가 방점을 찍은 것은 운명의 여신에 과감히 맞서며 자신의 운명을 스스로 개척해나가는 인간의 '자유의지'인 것이다. 각 개인의 성패는 결국 '자유의지'를 얼마나 철저히 발휘하는가 여부에 달려 있다는 것이 그가 말하고자 하는 핵심이다.

마키아벨리는 『피렌체사』 7권 5장에서 피렌체 안에서 가장 유력한 가문으로 군림한 메디치 가문의 중흥조인 코시모 데 메디치를 구체적인 사례로 꼽았다.

원래 코시모 데 메디치는 교황 피우스 2세로부터 백반 광산 독점권을 따낸 뒤 막대한 부를 축적했다. 그의 후손들이 1434년에서 1537년까지 1백여 년 동안 피렌체를 지배할 수 있었던 것은 엄청나게 축적한 재산 덕분이다. 이 모든 재산은 코시모 덕분이다. 피렌체 백성들이 이구동성으로 그를 두고 장로長老를 뜻하는 '베키오' 내지 국부國父를 뜻하는 '파테르 파트리아이'로 칭송한 것은 이 때문이다.

마키아벨리는 『피렌체사』에서 코시모를 두고 나라를 31년 동안 크게 잘 다스렸다고 칭송한 뒤, 그 통치의 배경을 이처럼 분석했다.
"코시모는 매우 신중한 사람으로 재난이 싹 트고 있을 때 이를 미리 알아채곤 했다. 그는 충분한 시간을 두고 재난이 더 이상 자라지 않도록 조치했다. 덕분에 모르는 사이 그 싹이 커졌을지라도 충분한 시간을 갖고 더 이상 자신에게 피해를 주지 않도록 미리 방어할 수 있었다."

남을 탓하지 말고 스스로 모든 일에 대비하라

마키아벨리가 로마와 코시모를 예로 든 것은 결코 눈앞의 이해관계에 얽매여서는 안 되고, 먼 앞날까지 내다보고 미리 모든 가능성에 대비해야 한다는 주문이다. 자신의 운명을 스스로 개척하라고 주문한 것이다.

고금을 막론하고 현실에 안주해 위기가 코앞에 닥쳐올 때까지 방치하면 결국은 수습할 길이 없다. 더욱 가관인 것은 스스로 반성할 생각은 하지도 않은 채 타인이나 운명을 탓하는 것이다. 마키아벨리는 이런 행태를 두고 같은 제3장에서 이같이 비판했다.
"폐결핵은 비록 발견하기는 어렵지만 치료하기는 용이하다. 초기에 발견하기만 하면 능히 치료할 수 있다. 그러나 초기에 발견하지 못해 증세가 악화되면, 뒤늦게 증상을 발견해 치료하고자 해도 치료할 길이 없다."

먼 미래를 내다보고 능동적으로 대처하는 것이 관건이다. 개인의 성패는 물론 국가의 성패도 여기에 달려 있다. 운명의 여신은 덜 신중하고, 더 거칠고, 더 대담한 자세로 자신을 제압하려 드는 젊은이에게 더 이끌리게 마련이라는 마키아벨리의 지적은 탁견이다.

동서고금을 막론하고 그 어떤 프로젝트이든 초기에는 수많은 반대에 직면할 수밖에 없다. 그 규모가 크면 클수록 반발의 강도도 크게 마련이다. 이를 돌파해야만 업적을 이룰 수 있다. 어떠한 역경에도 결코 굴하지 않겠다는 불요불굴不撓不屈의 강고한 의지와 강력한 추진력이 관건이다.

마키아벨리가 『군주론』 제25장에서 말한 것은 강력한 추진력으로 밀어붙이라는 이야기다. 단호한 결단과 강력한 추진력 등이 뒷받침돼야 후대인의 칭송을 받는 대역사大役事를 이룰 수 있다. 남들이 다들 반대할 때 이를 강하게 밀어붙일 수 있는 정확한 판단력과 강고한 뚝심 등이 뒷받침되어야 가능한 일이다.

기업을 경영하는 입장에서도 이는 중요한 교훈이다. 무슨 핑계거리가 중요한 것이 아니다. 목표를 정하고 나아갈 곳이 있으면, 온 힘을 기울여서 이를 계획하고 밀고 나가야 한다. 새로운 역사를 이루는 일에서 걸림돌이 없을 수 없다. 실패는 운명이라고 받아들이려는 유약한 마음에서 나온다. 거대한 사업을 꿈꾸는 일에는 온갖 방해가

다 있게 마련이다. 처음부터 굳센 마음으로 이를 극복하고자 해야
할 것이다.

　큰 목표를 앞두고서 눈앞의 이해관계에 얽매이지 않고, 먼 앞날까
지 내다보고 미리 모든 가능성에 대비해야 커다란 사업을 이룰 수가
있는 것이다. "운명아, 비켜라. 내가 간다"라는 구호는 실행 없이 말
로만 할 것이 아니라, 말하는 순간 자신과 기업의 운명을 개척하는
시발점이 되어야 한다.

모방계
模倣計

32

탁월한 사람을 창조적으로 모방하라

"인간은 길을 걸을 때 거의 늘 선인이 다닌 길을 따라 걸으면서, 모방을 통해 자신의 행동을 결정하고자 한다. 그러나 선인이 걸은 길을 그대로 따라 걸을 수도 없을 뿐만 아니라, 모방하고자 하는 선인의 뛰어난 자질에 이를 수도 없는 일이다. 그럼에도 현자는 늘 위인의 발자취를 좇고자 한다. 설령 자질이 그들에게 못 미칠지라도 어느 정도 냄새는 피울 수 있기 때문이다."

_군주론 제6장 〈자신의 힘과 자질로 성립된 새 군주국에 관해〉

마키아벨리는 이 대목에서 군주에게 위인을 흉내를 낼 것을 촉구하고 있다. 그 이유는 무엇일까? 마키아벨리는 설령 꼭 닮지는 못할지라도 위인의 냄새는 풍길 수 있을 것으로 보았다. 최선은 아닐지라도 차선은 이룰 수 있다고 본 것이다. 사실 동서고금을 막론하고 현자는 늘 위대한 인물의 발자취를 따르며 뛰어난 업적을 모방했다. 그렇게 하다 보면 자신도 모르는 사이에 '큰 바위의 얼굴'처럼 되기 때문이다. 마키아벨리가 같은 장에서 노련한 궁사를 예로 든 것도 같은 맥락이다.

"멀리 날아가는 활의 성능을 잘 아는 노련한 궁사는 먼 곳의 과녁을 적중시키고자 할 때 예상보다 높은 곳을 겨냥한다. 높은 곳을 맞히기 위해 그런 것이 아니라 그렇게 해야만 화살이 멀리 날아가 적중할 수 있기 때문이다."

뜻을 높게 지녀야 위업을 이룰 수 있다는 취지의 말이다. 통상 어렸을 때부터 어떤 인물을 '롤 모델'로 상정해놓고 끝없이 노력하다 보면, 나중에는 거기까지는 아니더라도 최소한 비슷한 위치에 오를 수 있다. 또는 경우에 따라서는 닮고자 한 '롤 모델'보다 더 큰 인물이 될 수도 있다. 처음부터 큰 뜻을 품으라는 것이다.

목표를 분명하게 정하고 모든 노력을 집중시켜라

열강의 먹잇감이 된 이탈리아 출신 마키아벨리는 부국강병을 통해 이탈리아를 통일하고 로마제국의 영광을 재현할 수 있는 군주를 최고의 위인으로 간주했다. 스스로는 그런 인물이 될 수 없었던 까닭에 그런 인물이 등장하기를 학수고대했다. 그가 『군주론』을 집필한 것은 바로 이 때문이기도 하다. '잠재적인 위인'에게 큰 뜻을 품을 것을 당부하고자 이 책을 쓴 것이다.

동서고금을 막론하고 위업을 이루고자 하면 자신이 지향하는 방향의 '롤 모델'이 있어야 한다. 일종의 '목표'에 해당한다. '목표'가 분명해야 자신의 모든 노력을 집중시킬 수 있다. 아무리 뛰어난 재주를 지니고 있을지라도 '목표'가 여럿이면 제대로 된 성과를 얻기란 힘들다. 매사에 '선택과 집중'을 해야 하는 이유다.

그렇다면 위인을 모방하기 위해서는 어찌하는 것이 좋은 것일까? 무엇보다 먼저 위인들의 업적을 기록한 역사서를 가까이할 필요가 있다. 그래서 마키아벨리는 『군주론』 제14장에서 군주에게 평소 역사서를 숙독하라고 충고했다. 마키아벨리는 이렇게 말한다.

"군주는 정신의 단련을 위해 평소 역사서를 숙독해야 한다. 위인의 사적을 거울로 삼고자 하는 것이다. 사서를 읽으면 위인들이 전쟁을 치른 과정과 승패가 갈리게 된 배경 등을 알 수 있다. 승리를 귀감으로 삼고 패배의 전철을 피하기 위해서는 무엇보다 먼저 위인들을 모방할 필요가 있다."

실제로 과거의 위인들 모두 찬양과 영광의 대상이 된 선인을 닮고자 했다. 마키아벨리는 구체적인 사례로 알렉산드로스 대왕은 아킬레우스를, 카이사르는 알렉산드로스를, 대大 스키피오는 페르시아의 키루스 2세를 본보기로 삼았다고 주장했다.

아킬레우스는 트로이 전쟁을 소재로 한 호메로스의 서사시 『일리아드』에 나오는 전설적인 전사로, 라틴어와 영어로는 '아킬레스'라고 한다. 대 스키피오는 기원전 202년 10월 자마 전투에서 한니발의 군사를 대파하고 위기에 처한 로마를 구한 장군이다. 키루스 2세는 기원전 538년 바빌로니아를 멸한 뒤 포로로 잡혀 왔던 유대인을 석방한 전설적인 인물이다.

원래 아킬레우스를 모방한 알렉산드로스의 이야기는 플루타르코스의 『영웅전』, 알렉산드로스를 모방한 카이사르의 이야기는 로마 역사가 수에토니우스의 『카이사르의 생애』에 나온다. 키루스 2세를 모방한 대 스키피오의 이야기는 『영웅전』을 비롯한 여러 고전에 두루 인용되어 있다.

역사에 해박했던 마키아벨리는 이런 역사서를 두루 읽었을 것이다. 그가 같은 제14장에서 열심히 노력해 불시에 닥치는 역경을 미리 대비하라고 충고한 것도 이런 역사서에서 얻은 경험을 바탕으로 말한 것일 가능성이 크다.

"현명한 군주라면 평시에도 위인들을 흉내를 내서 게으름을 피우지 않고, 부지런히 자신의 입지를 강화함으로써 불시에 닥칠 모든 역경에 대비해야 한다. 그러면 설령 운명의 여신이 도중에 변심할지라도 능히 맞설 수 있다."

운명은 궁극적으로 당사자가 개척해 나가는 것이므로 평소 게으름을 피우지 말고 부지런히 노력하라고 권한 것이다. 이때 '롤 모델'을 정할 필요가 있다. 그래야 효과적이다.

플루타르코스가 『영웅전』을 저술한 근본적인 이유가 이것이다. 플루타르코스는 생전에 철학과 신학, 윤리, 자연과학, 문학 등 여러 방면에 걸쳐 많은 작품을 남겼다. 그는 시끄럽게 말로 유세하는 것보다 조용히 글로 남기는 일을 선호한 것이 분명하다. 그가 남긴 작품은 총 227종에 달한다. 이들 작품 가운데 21세기 현재까지 가장 널리 읽히는 것은『영웅전』과 그 자신이 직접 쓴 78편의 에세이를 모아놓은『모랄리아』이다. 서구에서는 오랫동안『영웅전』을 전기傳記의 효시,『모랄리아』를 수필隨筆의 효시로 간주해왔다.

그의 수많은 작품 가운데 최고의 걸작은 말할 것도 없이『영웅전』이다.『영웅전』은 서양에서『성서』못지않은 대우를 받고 있다. 마치 동아시아 삼국에서『삼국연의』를 필수 교양으로 꼽는 것과 비슷하다.『삼국연의』와『영웅전』모두 일세를 풍미한 영웅의 사적을 소상히 기록해놓은 대표적인 역사서라는 점에서도 서로 통하는 바가 있다.

플루타르코스도 자신의 책이 당대는 물론 후대에도 교양 필수로 읽힐 것을 기대했다. 플루타르코스는『영웅전』의 서문에서 집필 배경을 이렇게 설명했다.

"우리의 영혼은 본래 배우기를 좋아하고 보기를 좋아한다. 볼 가치도 들을 가치도 없는 것을 생각하느라 아름답고 유익한 것을 소홀히 하는 자들이야말로 비난받아 마땅하지 않겠는가?"

『영웅전』을 쓴 저자의 자부심이 한껏 묻어나는 글이 아닐 수 없다. 실제로『영웅전』을 읽지 않고는 서양의 역사와 문화를 논할 길이 없다. 동양처럼 해당 왕조의 사서를 체계적으로 정리하지 않은 서양에서는『영웅전』이야말로 서양의 역사와 문화의 뿌리에 해당하는 그리스와 로마 역사의 정수를 망라한 유일무이한 보고이기 때문이다.

『영웅전』의 원래 그리스어 명칭은 '영웅 비교 열전'이다. 이 명칭은 그리스와 로마의 영웅 가운데 서로 유사한 업적을 이룬 인물을 하나의 쌍으로 묶어 기술했기 때문에 붙은 이름이다. 『영웅전』에 수록된 인물은 모두 50명이다. 로마와 그리스의 대비되는 23쌍의 영웅 46명의 '비교열전'과 4명의 '단독전기'로 구성되어 있다.

『영웅전』의 가장 큰 미덕은 플루타르코스가 언급했듯이 인간의 약점이 오히려 덕성의 훈련에 도움이 되고, 나중에 더 큰일을 이룰 수 있다는 사실을 깨우쳐주려는 데 있다. '너무나 인간적인' 약점을 지닌 영웅들의 절차탁마切磋琢磨 행보를 본보기로 삼아 용맹스럽게 정진해나갈 것을 충고하고 있다. 그가 영웅들의 사소한 부분도 빠뜨리지 않기 위해 노력한 것은 이 때문이다. 그렇게 영웅들의 야망과 좌절, 미덕과 수치 등을 가감 없이 담담한 필치로 묘사하여 그들의 삶을 있는 그대로 보여주고자 한 것이다.

후대 사가들이 『영웅전』을 두고 등장인물의 진면목을 유감없이 드러냈다고 평하는 것도 이런 맥락에서 이해할 수 있다. 고대 그리스와 로마시대를 풍미한 신화 속의 영웅이 아니라, 인간이 기록한 역사의 기록물 속에 분명한 족적을 남긴 현실의 인간을 영웅으로 선정한 것이 이런 감동을 불러일으킨다. 사람의 마음을 다독여주는 여러 처세 교훈, 사물에 대한 동심의 호기심, 인간미 넘치는 자유로운 방담 등은 이런 집필 의도에서 나온 것이다. 신화나 전설 속의 영웅이 아니라 바로 '너무나 인간적인' 약점을 지닌 영웅들의 모습을 보면서, 독자들은 자신도 모르게 이들을 '롤 모델'로 삼고 용맹 정진하고자 하는 마음이 저절로 들게 된다.

원대한 꿈을 품고 힘을 키우며 때를 기다려라

서양의 역사와 문화를 알고자 하면 반드시 고대 그리스와 로마를 알아야 하고, 그리스와 로마를 이해하고자 하면 반드시 『영웅전』을 읽어야 한다는 이야기나, 서양에서 교양 필수 목록에 『성서』와 더불어 반드시 『영웅전』이 빠지지 않고 올라가는 것도 모두 이 때문이다. 『영웅전』의 등장을 계기로 서양인이 신화와 전설의 세계에서 벗어나 비로소 역사의 세계로 진입하게 되었다는 평이 나오는 것도 같은 맥락이다. 지성사의 관점에서 볼 때 영웅의 모델을 신화나 전설이 아닌 역사 속에서 찾게 된 것은 코페르니쿠스적 대전환에 해당한다. 인간 지성의 거대한 진보로 부를 만한 일이다.

실제로 『영웅전』의 등장인물은 르네상스 이후 19세기 말까지 서구의 교육에서 최상의 '롤 모델'로 여겼다. 마키아벨리가 『군주론』 제6장에서 "설령 자질이 그들에게 못 미칠지라도 어느 정도 냄새는 피울 수 있다"며 영웅호걸을 자신의 '롤 모델'로 삼을 것을 적극 권장한 것은 이 때문이다.

마키아벨리가 '롤 모델'의 설정을 통한 부단한 노력을 강조한 것은, 동양의 『주역』을 관통하는 키워드 자강불식自强不息과 그 뜻을 같이하는 것이다. 동서고금을 막론하고 천하를 제패한 대국도 당초에는 소국에 불과했다. 소국도 끊임없이 겸허한 자세로 내실을 다지면 얼마든지 때가 오면 대국을 제압하고 천하를 평정할 수 있다. 왕조가 교체할 때마다 어제의 필부가 문득 황제가 되고, 어제의 황제가 오늘의 필부가 되는 것은 이런 연유에서 비롯된 것이다. 대국이 소

탁월한 사람을 모방하라 – 마키아벨리처럼

국을 업신여기며 교만과 사치를 일삼으면 이내 쇠망의 길로 접어들게 된다. 동서고금의 흥망사가 이런 이치에서 단 한 치도 벗어난 적이 없다. 영원한 제국이 존재하지 않는 이유다.

노련한 궁사가 높은 곳을 겨냥하듯 큰 뜻을 품고 이런 자강불식의 자세를 지녀야만 비로소 바람직한 군주의 모습을 갖출 수 있다는 게 마키아벨리의 확고한 생각이었다. 신생 군주는 세습 군주와 달리 온 갖 역경을 헤쳐 나가면서 새 나라를 세우거나 새 정권을 수립해야 한다. 세습 군주보다 더 많은 내공이 필요하다. 설령 요행히 새 나라를 세우거나 새 정권을 수립하는 데 성공했을지라도 권력을 계속 유지하는 것은 별개의 문제이다.

후술하는 바와 같이 마키아벨리가 관대함과 인색함을 두고 득국得國과 치국治國 과정에서 정반대의 효과를 낸다고 역설한 이유는 이것 때문이다. 관대함이 득국 과정에는 도움이 되나, 치국 과정에는 오히려 독이 된다고 지적한 것이다. 군주가 득국과 치국 과정에서 두루 성공하기 위해서는 더욱 원대한 꿈을 품고 자강불식의 자세를 견지해야만 하는 것은 이 때문이다.

마키아벨리가 "불시에 닥칠 모든 역경에 대비하면 설령 운명의 여신이 도중에 변심할지라도 능히 맞설 수 있다"고 언급한 것도 이런 맥락에서 이해할 수 있다.

이 이야기를 기업의 CEO에게 옮겨도 똑같은 이야기를 할 수 있다. 모름지기 기업을 경영하는 사람은 이미 성공한 탁월한 경영자를

'롤 모델'로 삼고, 그와 같이 되게 하기 위해 노력해야 한다. 이미 탁월하고 성공한 기업인들의 전기는 수도 없이 많다. 이런 책들을 읽고 그들의 장점을 자신의 것으로 만들기 위해 부단히 노력해야 한다. 그렇게 높은 목표를 가지고 노력하다 보면, 그들에게 조금 더 가까워지거나. 그들을 뛰어넘을 수 있다.

아무리 크고 위대한 기업이라도 늘 일등인 기업은 없다, 일등 기업은 자만하여 혁신에 나서지 않고, 시류의 변화를 가볍게 여기기 때문이다. 그러나 작은 기업도 꾸준하게 노력하다 보면 큰 기업으로 성장할 수 있는 기회는 반드시 온다. 경제 전쟁의 혼란한 상황은 경영인들의 자강불식의 정신이 어느 때보다도 더 절실하게 요구되는 때이기도 하다.

사자의 위엄과 여우의 지혜를
동시에 지녀라

"싸움에는 법으로 하는 인간의 방법과 힘으로 하는 짐승의 방법이 있다. 전자
만으로는 불충분한 까닭에 통상 후자를 끌어들인다. 군주는 모름지기 상황에
따라 양자를 혼용할 줄 알아야 하고, 특히 짐승의 방법 가운데 여우와 사자를
모방할 수 있어야 한다. 원래 사자는 함정에 빠지기 쉽고, 여우는 늑대를 물리
칠 수 없다. 함정에 빠지지 않으려면 여우, 늑대를 물리치려면 사자가 되어야
만 한다."

_군주론 제18장 〈군주는 어떻게 약속을 지켜야 하는가?〉

마키아벨리는 이 대목에서 남의 능력을 적극 활용하라고 주문하고
있다. "사자는 함정을 피할 수 없고, 여우는 늑대를 이길 수 없다"는
것이 그 논거다.

함정이 어디에 있는지 알아차리기 위해 여우가 되어야 하고, 늑대
를 제압하기 위해서는 사자가 되어야 한다는 논리가 자연스럽게 도

출된다. 그가 인간의 방법과 짐승의 방법을 나눠 말한 것은 이 때문이다.

지혜와 힘을 두루 갖춰야 함을 명심하라

마키아벨리가 인간과 짐승의 방법을 나눈 것은 기본적으로 그리스의 전설에 나오는 반인반수半人半獸의 '케이론'에 착안한 것이다.

케이론은 그리스 신화에 나오는 반인반마半人半馬의 신이다. 수많은 영웅과 현자들을 길러낸 스승으로 전해진다. 의신醫神 아스클레피오스, 로마의 건국자 아이네이아스, 그리스 최고의 전사 아킬레우스와 영웅 헤라클레스 등이 모두 그의 제자이다.

케이론은 크레타 왕 미노스의 부인과 수소 사이에서 태어난 반인반우半人半牛의 미노타우로스와 대비된다. 미노타우로스는 머리 부분이 소이고, 허리 아래가 인간이다. 머리는 본능대로 하고 싶은데, 몸이 따라주지 않기에 부조화의 상징으로 거론된다. 허리 아래가 튼튼한 말처럼 되어 있어 쏜살같이 산천을 내달리고, 머리 쪽은 사람의 형상을 하고 있어 매우 이성적인 케이론과 정반대된다.

케이론은 이성의 힘으로 본능적인 하체를 잘 조절하고 활용할 수 있는 최상의 조건을 갖추고 있는 셈이다. 마키아벨리가 '케이론'을 닮아야만 그 어떤 싸움에서든 이길 수 있다며 사자와 여우를 예로 든 것은 이집트의 스핑크스를 주목했기 때문이다. 스핑크스는 이성적 지혜와 사자의 힘을 갖춘 반인반사半人半獅로 군주를 상징하는 존재다.

마키아벨리는 『군주론』 제19장에서 사자와 여우의 자질을 구비한 대표적인 인물로 로마황제 셉티미우스 세베루스를 꼽았다. 161년에서 238년 사이에 재위한 로마황제에 대한 분석에서 그를 평화롭게 숨을 거둔 황제로 꼽은 것이다.

마키아벨리의 분석에 따르면 역대 로마황제 가운데 세베루스 역시 콤모두스와 안토니누스 카라칼라, 막시미누스 등과 더불어 매우 잔인하고 탐욕스러운 행보를 보였다.

이들은 군심軍心을 사기 위해 백성의 이익을 해치는 온갖 불법행위를 묵인했지만, 다른 황제들 모두 비참한 최후를 맞이한 반면 유독 세베루스만큼은 예외로 편안한 최후를 맞았다. 비록 백성을 탄압하기는 했으나 여러 뛰어난 자질을 발휘해 군대와 우호관계를 유지하면서 나라를 다스린 덕분이다.

그렇다면 마키아벨리는 왜 세베루스를 여우와 사자의 자질을 겸비한 군주로 꼽은 것일까?

원래 세베루스는 일반 서민으로 태어났다. 군대에 입대한 뒤 뛰어난 자질을 발휘해 승승장구할 수 있었다. 그는 로마황제 마르쿠스 아우렐리우스 밑에서 재무관과 집정관을 역임한 뒤, 판노니아와 알제리 주둔군 사령관을 지냈다.

193년 페르티낙스 황제가 암살되자 곧바로 카르눈툼에서 황제로 즉위한 뒤, 재빨리 로마로 진군해 정적인 디디우스 율리아누스를 굴복시켰다. 그는 각개격파 전략으로 정적들을 물리친 뒤 로마제국을 완전히 장악하고 권력 기반을 탄탄하게 다져나갔다. 이후 그는 황

실 근위대를 자신의 도나우 군단에서 차출한 1만 5천 명가량의 정예
병으로 교체했다. 뒤이어 원로원을 약화시킨 후 자신의 권력 기반인
군대를 강화하는 정책을 펼쳤다. 또한 아들 카라칼라를 부황제의 자
리에 앉혔다.

사자의 위엄과 여우의 지혜를 지닌 리더가 되라

마키아벨리는 세베루스가 보여준 일련의 행적을 살펴본 뒤 이처
럼 평가했다.

"세베루스는 매우 사나운 사자인 동시에 매우 교활한 여우였다.
모든 사람들로부터 두려움과 존경의 대상이 되고, 휘하 군대의 경멸
을 조금도 사지 않았다. 그가 지닌 엄청난 위세는 늘 그의 약탈적인
잔학 행위가 불러일으킬 수 있는 증오를 미연에 차단했다."

마키아벨리의 이러한 분석은 역사적 사실에 기초한 것이었다. 세
레루스는 모든 것을 새롭게 시작해야 하는 신생 군주였다. 세습 군
주에 비해 어려움이 더 많을 수밖에 없었다. 그럼에도 그는 거대한
로마제국을 성공적으로 다스렸다. 그의 뛰어난 자질이 이를 가능하
게 했다.

197년에서 202년까지 메소포타미아에 침공한 파르티아를 격파한
뒤, 이 일대를 로마의 판도에 편입시키고, 208년 이후 죽을 때까지
브리타니아 원정에 힘을 쏟은 사실을 보면 그의 능력을 수긍할 수밖
에 없다. 일종의 '정복 황제'라고 할 수 있다. 그는 브리타니아의 에
보라쿰에서 병사했다.

주목할 것은 그가 로마제국을 다스리면서 결코 무력에만 의존하지 않았다는 점이다. 그는 법제에도 큰 관심을 기울였다. 21세기 현재까지 로마법을 연구할 때 반드시 언급되는 울피아누스, 파울루스, 파피니아누스 등의 저명한 법학자들이 그의 치세 때 대거 등용됐다. 재원을 늘리기 위해 통제경제를 실시한 점도 높이 평가할 만하다.

다만 군단의 증설, 병사 급여의 증액, 식민시 건설, 거대 건축물 축조 등으로 인해 로마제국에 커다란 재정적 부담을 떠안긴 것은 후대 사가들에 의해 '옥의 티'로 거론되고 있다.

마키아벨리가 세베루스를 예로 든 것은 백성을 다스릴 때 구사하는 제민술과 귀족을 통제할 때 필요한 제신술 모두 사자의 위엄과 여우의 지혜를 겸비해야 가능하다는 판단에 따른 것이다. 다만 사자의 위엄은 주로 '제민술', 여우의 지혜는 '제신술'을 구사할 때 더욱 돋보이는 점이 다를 뿐이다.

『군주론』을 통해 거듭 확인할 수 있듯이 마키아벨리는 군주가 권력을 유지하기 위해서는 반드시 백성의 지지가 절대적으로 필요하다는 사실을 통찰하고 있었다. 그러나 이는 정교한 '제민술'이 전제되어야 한다. 무턱대고 너그러운 정사를 펴는 것은 하책 가운데 하책이다. 얕보인 나머지 오히려 더욱 위험해질 수 있기 때문이다. 마키아벨리가 백성들로부터 사랑받는 대상이 되기보다 두려움의 대상이 되라고 역설한 것도 이 점을 염려해서이다.

『군주론』 제3장에서 부득불 강압적인 조치를 취할 때는 철저히 행하라고 당부한 것도 이런 맥락에서 이해할 수 있다며 이렇게 말하고 있다.

"백성은 다정하게 다독이거나 아니면 철저히 제압해야 하는 대상이다. 인간은 작은 피해에 대해서는 보복을 꾀하지만, 엄청난 피해에 대해서는 감히 보복할 엄두를 내지 못하는 법이다. 부득불 백성에게 피해를 끼칠 경우 그들의 보복을 두려워할 필요가 없을 정도로 철저히 제압할 필요가 있다."

『로마사 논고』에도 이와 유사한 대목이 나온다. 주목할 구절은 "인간은 작은 피해에 대해서는 보복을 꾀하지만, 엄청난 피해에 대해서는 감히 보복할 엄두를 내지 못하는 법이다"라는 말이다. 이는 원래 "죽은 자는 복수를 생각할 수 없다"는 로마의 속담에서 나온 것이다. 마키아벨리는 『로마사 논고』에도 이를 인용했다.

동서고금을 막론하고 사자는 군주를 상징한다. 막강한 힘만 지닌 채 지략이 모자라면 '함정'에 빠지게 된다. 여기의 '함정'은 군주가 신하들이 쳐 놓은 덫에 걸리는 것을 비유한 것이다. 이에 반해 여우는 지략이 넘치기는 하나 기본적으로 힘이 달린다. '늑대' 운운한 것은 무력을 보유하지 못한 군주가 허수아비가 되어 권신이나 적국에 휘둘리는 것을 비유한 것이다. 마키아벨리는 제14장에서 그 이유를 이같이 설명했다.

"무력을 보유하지 않으면 다른 후과는 차치하고라도 무엇보다 먼저 주변의 경멸을 사게 된다. 이는 현명한 군주가 경계해야 할 가장 수치스런 일 가운데 하나이다. 무력을 지닌 자와 그렇지 못한 자 사이에는 커다란 차이가 있다. 무력을 지닌 자가 그렇지 못한 자에게 기꺼이 복종하기를 기대하거나, 무력을 지니지 못한 군주가 무력을 보유한 부하 사이에서 안전을 기대하는 것은 사리에 맞지 않는다. 부하의 경멸과 군주의 불신으로 인해 이들이 서로 협력해 살아가는 것은 있을 수 없는 일이다."

군주가 사자의 위엄을 지녀야 하는 이유를 명쾌하게 설파하고 있다. 그러나 사자의 위엄만으로는 부족하다. 권신들에게 휘둘릴 소지가 크기 때문이다. 여우의 지혜를 동시에 지녀야 하는 이유가 여기에 있다.

마키아벨리는 같은 제18장에서 사자의 위엄과 여우의 지혜를 동시에 지닌 구체적인 인물로 그리스의 전설적인 영웅 아킬레우스를 들었다. 전설에 따르면 아킬레우스는 어렸을 때 케이론이 맡아 키웠다. 이미 많은 군주들이 어렸을 때 케이론이 맡아 키운 바 있었다. 아킬레우스 역시 케이론에게 양육되었다. 반인반수를 스승으로 삼았다는 것은, 곧 군주란 이 두 가지를 혼용할 줄 알아야 하고, 어느 한쪽을 결여하면 보위를 오래 유지할 수 없다는 사실을 암시한다. 마키아벨리가 같은 제18장에서 군주는 약속에 얽매여서는 안 된다고 당부한 것도 이런 맥락이다. 그는 이렇게 말한다.

"사자처럼 용맹을 떨치는 것만으로도 능히 보위를 지킬 수 있다고 생각하는 것은 매우 어리석은 짓이다. 군주는 신의를 지키는 것이 자신에게 불리하거나 약속을 맺은 이유가 소멸되었을 때 기존의 약속을 지킬 수도 없지만, 지켜서도 안 된다. 대다수 인간은 사악한 까닭에 군주와 맺은 약속을 지키지 않는다. 군주가 기왕의 약속에 구속되어서는 안 된다."

일종의 '사정 변경의 원칙'을 구실로 내세워 약속을 지킬 필요가 없다고 이야기한 것이다.

마키아벨리는 대표적인 사례로 한때 자신이 이상적인 군주로 생각했던 체사레 보르자의 부친인 교황 알렉산데르 6세를 꼽았다. 마키아벨리가 판단할 때 그는 사람을 속이는 것 외에 다른 일을 행한 적도 없고, 생각해본 적도 없는 인물이었다. "늘 새로운 기만 대상을 찾아내는 데 골몰했다"고 지적한 것은 이 때문이다. 마키아벨리는 그에 대해 이렇게 분석하고 있다.

"무슨 일을 주장하거나 약속할 때 알렉산데르 6세처럼 단호하게 언급한 자도 없고, 또 그토록 쉽게 약속을 내팽개친 자도 없을 것이다. 그럼에도 그의 기만은 늘 성공적으로 그의 욕심을 채워주었다. 눈앞의 이익에 따라 쉽게 동요하는 세상사의 이치를 정확히 꿰어 찬 덕분이다."

마키아벨리가 파악한 세상사의 이치는 매우 간단하다. 사람들이 눈앞의 이익에 얽매여 쉽게 동요한다는 것이다. 이는 상앙과 한비자 등의 법가가 모든 인간관계를 이해관계로 파악하고, 인간의 심성을 눈앞의 이익을 향해 질주하는 이른바 호리지성好利之性으로 규정한 것과 같다.

이때 주의할 것은 '짐승의 방법'은 은밀하게 숨겨야 한다는 점이다. 그렇지 못할 경우 속셈이 들통 나 적잖은 부작용을 낳을 수 있다.

마키아벨리가 같은 제18장에서 '능숙한 위선자'가 되어야 한다고 한 것은 이것 때문이다. 그는 이렇게 말한다.

"군주가 '짐승의 방법'을 동원할 주의할 점은 속셈을 잘 윤색해 깊이 감추고, 능숙한 기만자이자 위선자가 되어야 한다는 점이다. 인간은 단순한 까닭에 눈앞의 이익에 따라 쉽게 동요한다. 남을 속이고자 작심하면 허황된 기만에도 쉽게 넘어가는 인간을 도처에서 발견할 수 있다."

고금을 막론하고 지도자는 중간관리자가 없으면 아무 일도 할 수 없다. 그러나 관원은 막강한 권한을 쥐고 있는 까닭에 법령을 왜곡할 소지가 크다. 군주의 눈과 귀를 가린 채 사리사욕을 채울 가능성이 늘 열려 있는 것이다.

그래서 『한비자』가 권신들을 두고 온갖 계기를 이용해 순진한 백성들을 그물질해 사복을 채우는 데 혈안이 되어 있다고 한 것이다. 마키아벨리가 사자의 위엄만으로는 보위를 지킬 수 없고 반드시 여우의 지혜를 겸비하라고 당부한 것과 같은 뜻이다.

기업을 경영하면서도 이 두 가지 능력을 잘 이용해야 한다. 사자의 능력은 거친 시장을 돌진할 때 필요한 것이고, 여우의 능력은 소비자를 현혹하기 위해 필요하다.

사장의 능력은 시장을 개척하는 초기 단계에는 유용한 것이지만, 이것만 가지고는 기존의 시장을 든든하게 지킬 수는 없다. 어느 한 가지 능력만을 사용할 줄 안다면, 온전하게 시장을 개척하고 지킬 수 없는 것이다.

특히 영업을 무기로 해야 하는 경우에는, 영업자의 능력과 품성을 살펴야 한다. 개척기에는 저돌적인 사자와 같은 영업 책임자가 필요한 것이고, 시장 안정기에는 여우와 같은 품성을 지닌 영업 책임자가 필요하다. 이런 적절한 능력의 도움을 받고, 계획하는 것도 경영을 책임지는 리더의 책무다.

엄기계
嚴己計

34

자신에게는 엄격해야 한다

"사람은 두뇌를 기준으로 크게 세 가지 부류로 나눌 수 있다. 첫째, 사물의 이
치를 스스로 터득하는 부류이다. 둘째, 남이 가르쳐주면 깨우치는 부류이다.
셋째, 스스로 이해하지 못하고 남이 설명해줘도 깨우치지 못하는 부류이다. 첫
째 부류는 극히 우수한 경우이고, 둘째 부류는 우수한 경우이며, 셋째 부류는
쓸모없는 경우이다.

각료를 포함한 유능한 측근의 선임은 전적으로 군주의 분별력에 달려 있다. 측
근이 유능하고 충성스러우면 분별력이 있다고 평할 수 있다. 현명한 군주만이
측근의 능력을 제대로 파악하고 충성을 이끌어낼 수 있다. 인선에서 실패하면
결코 좋은 평가를 받을 수 없다."

_군주론 제22장 〈군주의 주변 참모에 관해〉

마키아벨리는 이 대목에서 스스로를 엄하게 대할 것을 주문하고 있
다. 인간은 남에게 각박하고 자신에게는 관대하기 마련이다.

심리학에서는 이를 '자기평가의 과잉 추정'이라고 한다. 자신에게

객관적 평가보다 후한 점수를 주는 경향을 말한다. 이런 기조가 굳어지면 소인배의 삶을 살아갈 수밖에 없다. 모든 것을 외부의 탓으로 돌리기 때문이다.

제자백가 모두가 이를 크게 경계했다. 이를 체질화할 경우 발전의 여지가 전혀 없기 때문이다. 시종 스스로에게 엄하고 남에게 관대하라고 한 것은 이 때문이다. 이를 엄기관인嚴己寬人이라고 한다.

스스로에게 엄격하고 남에게 관대하라

마키아벨리가 사람의 두뇌를 기준으로 크게 세 부류로 나눈 것도 비슷한 것이다. 원래 이는 리비우스의 『로마사』 제22권 제29장에도 나오는 견해를 차용한 것이다. 이에 앞서 『논어』 「계씨」에서 인간을 크게 네 부류로 나눈 것을 살펴보자.

"나면서부터 아는 생지자生知者는 상등, 스스로 배워서 깨우치는 학지자學知者는 차상次上, 통하지 않아 열심히 배워 깨우치는 곤학자困學者는 차차상次次上, 통하지 않으면서도 배우려 들지 않는 곤불학자困不學者는 하등이다."

마키아벨리의 분류와 비교하면 '학지자'는 사물의 이치를 스스로 터득하는 자, '곤학자'는 남이 가르쳐주면 깨우치는 자, '곤불학자'는 남이 설명해줘도 깨우치지 못하는 자에 해당한다. 마키아벨리가 '생지자'를 제외한 것은 예수나 석가처럼 신이나 성인에 가깝기에 논외로 한 듯하다.

원래 '곤학' 혹은 '곤지困知'는 '학지자'들이 평생토록 쉬지 않고 연마한다는 취지에서 스스로를 낮춰 부를 때 자주 사용한다. 그래서 남송의 대학자 왕응린王應麟이 경사經史에 관한 평생의 연구 성과를 『곤학기문困學紀聞』이라는 제목의 책으로 펴냈다. 명대의 대학자 나흠순羅欽順이 주기론主氣論의 입장에서 주희의 이기론理氣論을 비판한 『곤지기困知記』를 펴낸 것도 같은 맥락의 책 제목이다. 마키아벨리가 뛰어난 용인술을 보여준 판돌포의 분별력을 '곤학자' 수준으로 평한 것도 겸양의 일환으로 볼 수 있다.

그는 이렇게 말한다.

"판돌포는 설령 첫째 부류에 속하지 못할지라도 분명 둘째 부류에는 들어갈 만하다. 군주가 창의성을 결여하고 있어 첫째 부류에 속하지 못할지라도 남의 언행에 나타나는 좋고 나쁜 점을 인지할 능력을 지니고 있으면, 재상의 선행과 악행 역시 쉽게 분별할 수 있다.

군주가 신하를 잘 분별해 선행은 포상하고, 악행은 처벌하면 재상 또한 군주를 속일 수 없다는 사실을 깨닫고 더욱 열심히 노력할 것이다."

마키아벨리가 사람의 부류를 지능에 따라 크게 세 가지 부류로 나눈 까닭이 이것이다. 바로 인재의 적재적소適材適所 배치를 강조하고자 한 것이다. 아무리 뛰어난 인재일지라도 군주의 부름을 받지 못하면 일개 용재庸才의 삶을 살 수밖에 없다. 마치 천리마가 한낱 마구간에 매인 채로 노마駑馬처럼 주인이 주는 먹이나 받아먹다가 늙어 죽는 것과 같다. 마키아벨리는 바로 이런 이치를 통찰한 것이다.

제21장에서 모든 선택에는 위험 부담이 따르게 마련이라고 언급하면서 과감한 결단을 촉구하고 있다.

"그 어떤 선택이든 반드시 위험 부담이 따르게 마련이다. 하나의 위험을 피하고자 하면 으레 또 다른 위험을 마주해야 하는 것이 세상사의 이치이다. 군주의 분별력은 여러 위험의 본질을 파악해 가장 해가 적은 것을 선택하는 안목을 말한다."

비록 위험을 피하는 요령을 언급한 것이기는 하나, 방점은 군주의 분별력에 찍혀 있다. 뛰어난 분별력을 지닌 군주만이 주어진 상황에서 해가 가장 적은 방안을 선택할 수 있다는 이야기는, 곧 인재를 적재적소에 배치할 줄 아는 안목을 언급한 것이나 다름없다.

인재를 과감하게 골라 알맞은 곳에 배치하라

군주의 성패는 알맞은 인재를 알맞은 곳에 배치하는 것에 있다 해도 과언이 아니다. 아무리 뛰어난 인재일지라도 모든 일을 잘할 수는 없다. 당사자의 능력과 부합하는 부서가 각기 존재한다. 관직은 결코 시험의 대상이 될 수 없다. 백성의 생명과 재산에 직결되기 때문이다. 그러니 인재라고 해서 아무 곳에나 배치할 수는 없는 일이다. 군주의 뛰어난 분별력이 필요한 것은 이 때문이다.

마키아벨리가 "그 어떤 선택이든 반드시 위험 부담이 따르게 마련이다"라고 한 것은 분별력을 발휘해서 적재적소에 배치하라는 뜻이다.

물론 인재를 적재적소에 배치하는 일은 인재를 단박에 알아보고 과감히 발탁하는 이른바 '초탁超擢'이 전제되어야만 한다. 초탁이 전제되지 않으면 군주가 평소에 아는 인재들 안에서 돌려가며 직책을 떠맡는 이른바 '회전문 인사'에 빠지게 된다. 이는 곧바로 패망의 길이 된다.

　천하에 인재는 많다. 『시경』 「대아, 문왕」에서 도처에 뛰어난 선비가 많다는 뜻의 '제제다사濟濟多士'라는 구절이 나오는 것은 이런 의미에서이다. 날로 새롭게 한다는 뜻의 '유신維新' 성어도 여기서 나왔다. 이는 천하의 인재를 두루 발탁해 적재적소에 배치해야 가능한 일이다. "쓸 만한 인재가 없다"고 말하는 것 자체가 군신君臣의 직무유기에 해당한다.

　이와 관련해 유명한 일화가 『정관정요』 「논택관論擇官」에 나온다. 이에 따르면 정관 2년인 628년 당태종이 상서우복야로 있던 봉덕이封德彝에게 말했다.
　"나라를 안정되게 다스리는 근본은 오직 인재를 얻음에 있소. 근래 짐은 그대에게 현량한 인재의 천거를 부탁했으나 그대는 아직 아무도 천거하지 않고 있소. 천하를 다스리는 임무가 매우 중대하니 그대는 응당 짐의 근심을 덜어 주어야 할 것이오. 그대가 사람을 천거하지 않고 있으니 짐은 과연 이 일을 누구에게 부탁해야 좋겠소?"
　봉덕이가 대답했다.
　"신은 비록 우매하지만 어찌 감히 마음을 다하지 않겠습니까? 그러나 아직 뛰어난 재능을 지닌 인재를 찾지 못했습니다."

태종이 힐난했다.

"전에 명군은 사람을 임용할 때 그릇을 사용하듯 했소. 장점만을 활용한 게 비결이오. 그 시대에 부합하는 인재를 선발할 뿐 다른 시대를 기준으로 인재를 찾지 않은 것이오. 어찌 은나라 고종이 꿈에서 부열傳說을 보고, 주나라 문왕이 꿈에서 여상呂尙을 만난 것과 같은 기적을 기다린 연후에 나라를 다스릴 수 있겠소? 게다가 어느 때인들 현능한 인재가 없을 리 있겠소? 단지 그들을 빠뜨리고 제대로 이해하지 못할까 두려울 뿐이오!"

'부열'은 은나라 고종 때의 명재상이다. 본래 노비로 있었으나 고종의 발탁으로 재상이 된 뒤 은나라 중흥을 이뤘다.

'여상'은 주나라의 건국공신으로, 본래 이름은 강자아姜子牙이다. 조상이 여呂 땅에 봉해져 이를 성으로 삼았다. 강상姜尙 또는 태공망太公望이라고도 한다. 문왕이 위수渭水 가에서 곧은 낚시로 고기를 낚고 있는 그를 만나 스승으로 삼으면서 조상인 태공이 꿈에 나타나 일러준 사람이라는 뜻에서 '태공망' 호칭을 얻게 됐다. 낚시를 즐기는 사람을 강태공으로 부르는 것은 이 때문이다.

『정관정요』는 당시 상황을 두고 "봉덕이가 태종의 말을 듣고는 크게 부끄러워하며 얼굴을 붉힌 채 물러났다"고 기록하고 있다. "쓸 만한 인재가 없다"는 주장을 따지려 들고자 한 것이다. 이는 '회전문 인사'의 시비가 그치지 않고 있는 지금 현재에도 그대로 적용되는

탁월한 사람을 모방하라 – 마키아벨리처럼

이야기다.

문맥으로 볼 때 마키아벨리가 "인선에서 실패하면 결코 좋은 평가를 받을 수 없다"고 언급한 것은 바로 이런 '회전문 인사'를 비판한 것이다. 제제다사한 인재를 적재적소에 배치하기 위해서는 먼저 초야의 인재를 과감히 발탁하는 자세가 필요하다.

마키아벨리가 『군주론』을 집필한 것도 이와 무관하지 않다. 그는 내심 피렌체의 실권자인 메디치가에 『군주론』을 헌정해 능력을 인정받음으로써, 다시 관도官途에 들어서고자 했다. 비록 실패하기는 했으나 한비자가 진시황에게 천하통일의 방략을 담은 저서를 올리면서 내심 발탁되기를 기대한 것과 같다.

마키아벨리 역시 소기의 성과를 이루지 못했다. 그가 죽은 지 5년이 지난 뒤에야 비로소 『군주론』이 출간된 사실은 애석한 일이다.

현대에 기업을 경영하면서 가장 중요한 일 가운데 하나가 인사 관리이다. 사람을 잘 뽑아야 기업이 잘 굴러가게 마련이다.

그러나 지원자는 많아도 훌륭한 인재를 구하는 것은 어렵다고 한다. 그것부터가 틀린 말이다. 자신에게 엄격하여, 인재를 못 알아봄을 애석하게 여기고, 적극적으로 나선다면 세상에 인재가 없을 리 없다.

그렇게 인재를 발탁한 후에야 비로소 인사관리가 이루어지는 법이다. 곧 적재적소의 인재 배치는 인재 발탁 이후의 일이라는 것이다.

그럼에도 많은 회사에서 인재 발탁에 해당하는 신입이나 경력 사원의 면접은 해당 임원에게만 미루는 경향이 있다. 경영자가 인재 발탁을 중요시하고, 인재 발탁에 대한 자신의 능력을 엄격하게 관리한다면, 이 일이 아무리 고되다 하더라도 직접 나서야 한다. 인재 발탁에 경영자가 직접 나서야 하는 이유다.

화복계
禍福計

35

위기를 전화위복의 계기로 삼아라

"모세의 지도자 자질을 보여주기 위해 이스라엘의 이집트 예속이 필요했고, 키루스의 위대한 기백을 드러내기 위해 페르시아의 메디아에 의한 억압이 필요했고, 테세우스의 군사적 재능을 알리기 위해 아테네의 지리멸렬이 필요했다."

_군주론 제26장 〈야만족 압제에서 벗어나는 이탈리아 해방을 위한 권고〉

마키아벨리는 이 대목에서 위기 상황에 적극 편승하여 자신이 평소 생각해왔던 것을 실현하라고 주문하고 있다. 동서고금을 막론하고 아무리 뛰어난 자질을 지닌 장수일지라도 난세가 아니면 능력을 제대로 발휘할 길이 없다. 천리마의 경우와 마구간에서는 자신의 능력을 발휘할 길이 없다. 태평성대에는 천리마도 둔한 말과 마찬가지로 마구간에서 늙어 죽을 뿐이다. 시대가 명장과 천리마의 운명을 좌우하는 셈이다.

성선설을 주장한 맹자는 아무리 흉악한 범죄를 저지른 자일지라도 선한 본성만큼은 같다고 믿었다. 그가 천시天時와 지리地利보다 인화人和를 중시한 것은 이 때문이다. 『맹자』 「공손추 하」에서 이렇게 말하고 있다.

"천시는 지리만 못하고, 지리는 인화만 못하다. 내성內城의 둘레가 3리이고, 외성外城의 둘레가 7리인 작은 성을 포위해 공격할지라도 이기지 못하는 경우가 있다. 대개 포위해 공격할 때는 반드시 천시를 얻었을 것이다. 그럼에도 이기지 못한 것은 천시가 지리만 못하기 때문이다. 성이 높지 않은 것도 아니고, 해자가 깊지 않은 것도 아니고, 무기가 예리하지 않은 것도 아니고, 군량이 모자란 것도 아닌데 성을 포기하고 달아나는 경우가 있다. 이는 지리가 인화만 못하기 때문이다."

일리 있는 이야기이기는 하지만 매사에 이런 주장이 그대로 관철되는 것은 아니다. 춘추시대 중엽 제 환공을 도와 최초의 패업을 이룬 관중은 정반대로 보았다. 그는 천시를 더 중시했다. 『관자』 「경언經言」편 '칠법七法'에서 이렇게 이야기한다.

"시운時運이야말로 큰 것이라고 할 수 있다. 인위적으로 도모하는 것은 작은 계책에 지나지 않는다."

천하대세의 도도한 흐름인 천시가 인화처럼 인위적으로 도모하는 계책보다 훨씬 중요하다고 본 것이다. 사실 난세에는 나라든 기업이든 개인이든 천하대세에 올라타면 흥하고, 거스르면 패망한다. 온갖 유형의 흥망성쇠도 천하대세의 큰 흐름 속에 있기 때문이다.

『관자』 「경언」편 '승마乘馬'에서 이렇게 말한다.

"농사철은 농사의 관건인 까닭에 지체하거나 정지시킬 수 없다. '오늘 힘써 일하지 않으면 내일 수확할 것이 없고, 과거는 흘러간 까닭에 다시 돌아오지 않는다'고 말하는 것은 이 때문이다."

전장에서 작전을 펼치거나, 들에서 농사를 짓거나 모든 일은 때가 있게 마련이다. 때를 놓치면 같은 기회가 두 번 다시 오지 않는다. 특히 생사가 갈리는 군사작전의 경우에는 더더욱 그렇다. 때를 놓치면 오히려 적국에 커다란 기회를 안겨줄 수도 있다.

똑같은 상황을 맞이할지라도 당사자의 노력 여하에 따라 그 결과는 전혀 다르게 나타난다. 화를 복으로 바꾸는 전화위복轉禍爲福이 있는가 하면, 느슨하게 대처했다가 복이 화로 바뀌는 전복위화轉福爲禍도 있다.

청나라 말기 이여진李汝珍이 쓴 『경화연鏡花緣』의 제12회에서 이같이 말했다.

"세상사에서 '전화위복'보다 더 좋은 것이 없고, '전복위화'보다 더 나쁜 것이 없다."

모든 것이 당사자가 하기 나름이다. 천시가 누구에게만 좋고, 누구에게 나쁘게 작용할 리 없다. 천시는 나중을 염두에 두고 꾸준히 대비한 자에게는 천재일우의 기회로 작용할 것이다. 그러나 현재에 안주하며 그럭저럭 시간을 보낸 자에게는 똑같은 천시가 왔을지라도 이에 적극 편승할 길이 없다. 전혀 준비가 되어 있지 않기 때문이다. 여기서 바로 기회가 왔을 때 재빨리 포착해 입신양명을 하는 자가 생기는가 하면, 절호의 기회가 왔는데도 이를 포착할 여력이 없어 곧바로 포기하는 자가 나타나게 된다. 천시와 인화가 절묘하게 맞아떨어지는 자만이 승리를 거머쥘 수 있다. 마키아벨리도 이를 통찰했기에 『군주론』 제25장에는 이런 구절이 나온다.

"우리는 어떤 군주가 성격이나 능력은 전혀 변하지 않았는데도 오늘 흥했다가 내일 패망하는 모습을 목도하곤 한다. 운에만 의지하는 군주가 운이 바뀌는 즉시 곧바로 패망하는 것이다. 단언컨대 '시변時變의 흐름'을 좇아 응변應變하면 성공하고, 그렇지 못하면 패망한다."

'시변의 흐름'의 이탈리아어 원문은 'le qualità de' Tempi'이다. 마키아벨리는 『로마사 논고』에서도 유사한 논지를 펴고 있다. 이는 영역본의 'with the demands of the times'처럼 '시대적 요구'로 번역하는 것이 무난하다. 제25장의 '시변' 운운은 춘추전국시대 병가 사상과 궤를 같이하는 것이다.

제자백가 가운데 '임기응변'에 가장 민감한 것은 병가의 사상가들이다. 대표적인 인물이 손무孫武와 쌍벽을 이루는 오기吳起다. 그는 『오자병법』「논장論將」에서 이처럼 말했다.

"무릇 용병에는 기본 틀에 해당하는 핵심 원리가 있다. 첫째 기기氣機, 둘째 지기地機, 셋째 사기事機, 넷째 역기力機이다. 전군의 병력이 백만대군에 이를지라도 이를 운용하는 것은 결국 장수 한 사람의 역량에 좌우될 수밖에 없다. 이를 '기기'라고 한다. 길이 좁고 험하며 큰 산이 가로막고 있는 지형은 10명이 지킬지라도 1천 명의 군사가 지나갈 수 없다. 이를 '지기'라고 한다. 첩자를 잘 활용하고 기동부대를 적절히 운용하면 적의 병력을 분산시킬 수도 있고, 군신 사이를 이간시킬 수도 있다. 이를 '사기'라고 한다. 전차의 바퀴 굴대통과 비녀장이 견고하고 배의 후미와 양쪽 옆에 부착한 노가 편리하도록 만들고, 병사들이 진법에 익숙토록 하고, 말이 잘 달릴 수 있도록 조련하는 것을 '역기'라고 한다.

이들 네 가지 용병 원리를 잘 아는 자라야 장수로 삼을 수 있다. 이런 장수를 얻으면 나라가 강성해지고, 떠나면 나라가 위태로워진다. 이런 장수를 일컬어 양장良將이라고 한다."

관심을 끄는 것은 군사의 운용은 결국 장수의 역량에 좌우될 수밖에 없다고 언급한 '기기氣機'이다. 싸움에서 반드시 승리를 거두고자 하는 장한 기상인 '의기意氣'는 곧 위기상황에서 날아 남고자 몸부림치는 '삶에 대한 무한의지'에서 비롯된 것이다. 오기는 이를 기기로 표현한 셈이다. 장자가 말한 '천기'와 궤를 같이한다. 장자가 『대종사』에서 '옛날의 진인은 생명을 받으면 기뻐하고, 잃으면 자연의 원래 자리로 돌아갈 뿐이다'라고 한 것은 생사를 초월한 관점에서 삶을 마주하고 있음을 보여준다.

주목할 것은 "생명을 받으면 기뻐한다"는 대목으로, 장자조차도 생사를 초월하면 살고 죽는 것에 희로애락의 감정을 개입시킬 일이 없다고 말했다는 사실이다. 인간을 포함한 모든 생명체의 근본적인 욕망을 통찰한 결과라고 볼 수 있다.

천기는 성리학자들이 말한 것처럼 결코 형이상적인 '하늘의 기밀'

을 뜻하는 것이 아니다. 대업을 완성하면 천명을 받은 것이 되고, 실패하면 천명을 거스른 역적이 되듯이 천하를 거머쥔 자의 일거수일투족이 곧 '하늘의 기밀'이 된다.

삼국시대 당시 위 문제 조비가 손권을 오나라 왕에 봉하는 책명策命에서 '천기'를 말했다. 『삼국지』 「손권전」에 이렇게 쓰여 있다.

"짐은 지금 만국에 군림하면서 '천기'를 손에 넣어 통제하고 있다."

난세에는 천하를 호령하는 자의 움직임과 관련한 기밀사항이 곧 '천기'로 표현되었음을 알 수 있다. 이종오도 『후흑학』에서 이같이 갈파한 바 있다.

"당초 나는 글을 안 후 영웅호걸이 되고자 했다. 유가 경전인 사서오경을 수도 없이 읽었으나 아무 소득이 없었다. 제자백가와 24사를 통해 얻고자 했으나 초기에는 이 또한 아무 소득이 없었다. 그래서 나는 영웅호걸이 된 자는 분명히 세상에 전해지지 않는 비술을 터득했을 터인데 나만 못나서 그것을 찾아내지 못한 것으로 생각했다.

그러던 중 왕조의 흥망성쇠와 이를 논한 사관의 평이 완전히 상반되고 있다는 사실을 알게 되었다. 이후 연구를 거듭한 끝에 그 비결은 바로 낯가죽이 두꺼운 면후面厚와 속마음이 시꺼먼 심흑心黑에 지나지 않는다는 사실을 깨달았다."

마키아벨리가 『군주론』에서 난세의 군주는 결코 통상적인 도덕률에 얽매여서는 안 되고, 반드시 '여우의 지혜'와 '사자의 용맹'을 기본 덕목으로 갖춰야 한다고 역설한 것과 같은 뜻이다. 임기응변의 '천기'도 이런 관점에서 접근해야 한다. 하늘과 땅에 기대지 말고 스

스로 노력해 대업을 이뤄야 한다는 이야기다. 『손자병법』 「시계」에
는 이렇게 말하고 있다.

"군주는 도道. 천天, 지地, 장將, 법法 등 다섯 가지 사안에서 적과
아군을 비교, 분석해 승부의 흐름을 잘 짚어낼 줄 알아야 한다. '도'
는 백성이 군주와 한마음이 되어 생사를 함께 할 수 있도록 하는 것
이다. 그리하면 백성들은 군주를 위해 죽을 수도 있고, 살 수도 있고,
어떤 위험도 두려워하지 않을 것이다. '천'은 밤낮의 날씨, 계절, 사
계절의 변화 등 시간적인 조건을 말한다."

「시계」의 '도'는 말 그대로 측량할 길이 없을 정도로 변화무쌍한
임기응변 자체를 뜻한다. 『도덕경』에 나오는 '부득이용병不得已用兵'
의 취지와 완전히 일치하고 있다. 『도덕경』은 제30장에서 무력을 동
원해 도치를 이루는 방법을 구체적으로 제시하고 있다.

"용병에 능한 자는 오직 과감할 뿐 감히 강포한 모습을 취하지 않
는다. 과감하되 뽐내거나, 자랑하거나, 교만하지 않는다. 과감하되
부득이할 때에 한해 용병하고, 과감하되 강포强暴한 태도를 취하지
않은 까닭이다. 모든 사물은 장성하면 곧 노쇠하기 마련이다. 강포한 모
습은 도에 맞지 않는다. 도에 맞지 않는 것은 일찍 끝나기 마련이다."

부득이하여 군사를 동원했으나 오직 위난危難을 구제하는 것에 그
칠 뿐, 무력을 이용해 강포한 모습을 드러내지 않는 것이 바로 병가
에서 말하는 최상의 용병인 병도兵道이다.

'천天'은 임기응변에서 말하는 '천기天機'를 달리 표현한 것이다.
『오자병법』 「논장」에 나오는 기기氣機에 해당한다. 조조는 현존 『손

자병법』의 원형인 『손자약해』에서 '천기'를 이같이 풀이하고 있다.

"여기서 말하는 '천'은 천기의 변화를 좇아 토벌에 나선다는 뜻이다. 음양과 사계절의 변환을 어떻게 적절히 활용할 것인지를 언급한 것이다. 『사마법』에서 '겨울과 여름에는 군사를 일으키지 않는다. 적국의 백성까지 배려해야 하기 때문이다'라고 말한 것은 이 때문이다."

조조가 『사마법』을 인용한 점에 주목할 필요가 있다. 적국의 백성까지 고려한다는 것은 곧 '천기'가 바로 만물을 소생하게 만드는 생기生機를 위주로 하고 있음을 방증한다. 음양이 서로 뒤바뀌고, 오행五行이 서로 맞물려 돌아가고, 사계절이 자리를 바꿔가며 운행하는 것처럼 천지만물이 끝없이 성쇠를 거듭하며 순환하는 이치를 말한 것이다.

마키아벨리가 『군주론』의 맨 마지막 장인 제26장에서 "모세의 지도자 자질을 보여주기 위해 이스라엘의 이집트 예속이 필요했다"고 한 것도 이런 맥락과 통하는 것이다. 위업을 결과론적인 관점에서 미화한 것처럼 보이지만, 세상의 온갖 세파를 이겨낸 자만이 위업을 이룬 것 역시 부인할 수 없는 사실이다. 이런 이치가 고금동서에 따라 달라질 리 없다.

애플을 창업한 스티브 잡스의 행보가 현세에 전화위복을 만들어낸 셈이다. 시장의 변화는 극심하지만 현재의 기술들을 조합한 새로운 아이디어는 세계의 시장을 점유할 수 있는 가치가 있는 것이다. 지금 언뜻 보기에는 시장의 경쟁이 치열하여 어디에도 블루 오션이 보이지 않는다고 생각할 수도 있다. 혹은 이 시장 경색이라는 난국을 타개하기에는 이미 한계에 들어섰다고 생각할지도 모른다.

그러나 이런 막다른 골목과 같은 위기가 바로 새로운 혁명의 단초가 되는 것이다. 발상을 전화하면 무수한 새로운 시장이 탄생할 수 있다. 스티브 잡스가 그것을 증명해냈다. 한국의 앞날 역시 잡스 같은 인물을 과연 얼마나 많이 배출하는지 여부에 달려 있다. 마키아벨리와 한비자 등이 역설한 난세 리더십 연마가 절실한 시점이다.

과기계
果棄計

36

과감하게 포기하는 법도 알아라

"체사레 보르자는 로마냐를 접수했을 당시 무능한 자들이 그 지역을 오랫동안 다스려왔다는 사실을 알게 되었다. 로마냐 전역에서 강도와 폭력, 온갖 종류의 불법이 난무한 배경이다. 비록 가혹하기는 하나 매우 정력적인 인물인 레미로를 총독으로 파견해 전권을 위임한 것은 이 때문이다.

레미로는 과연 단기간 내에 질서와 평화를 회복함으로써 체사레 보르자의 명성을 크게 드높였다. 그러나 시간이 지나면서 레미로의 혹정酷政으로 인해 로마냐 백성들이 크게 반발했다.

체사레 보르자는 그간의 혹정은 자신이 시킨 것이 아니라 레미로의 가혹한 성격에서 비롯되었다는 점을 각인시키고자 했다. 적절한 기회가 오자 그는 어느 날 아침 문득 토막 난 레미로의 시체를 피 묻은 칼과 십자가 토목과 함께 체제나의 광장에 전시했다. 이 처참한 광경을 본 로마냐의 백성들은 일면 만족해하면서도 내심 경악을 금치 못했다."

_군주론 제7장 〈타인의 힘과 호의로 성립된 새 군주국에 관해〉

탁월한 사람을 모방하라 – 마키아벨리처럼

마키아벨리는 이 대목에서 군주가 궁지에 몰렸을 때 빠져나오는 계책을 제시하고 있다. 희생양犧牲羊의 활용하라는 것이다. 이는 군주의 위엄을 잃기 않기 위한 고육책에 해당한다. 그는 구체적인 사례로 체사레 보르자가 로마냐 일대를 정복했을 때 써먹은 수법을 들었다. 당시 체사레 보르자에 의해 희생양의 대상이 된 인물은 용병대장 출신 레미로 데 오르코이다.

레미로는 스페인 출신 용병대장으로 원래의 스페인 이름은 라미로 데 로르꾸아이다. 1498년 프랑스 궁정으로 가 체사레 보르자를 수행한 바 있다. 측근으로 활약한 것이다. 1501년 체사레 보르자에 의해 로마냐 총독에 임명되었다.

그러나 그는 이듬해인 1502년 12월 '로마냐 백성의 적'으로 몰려 쥐도 새도 모르게 살해된 뒤, 시체가 광장에 전시되는 비참한 최후를 맞았다. 체사레 보르자의 말만 믿고 혹정을 실시하다가 로마냐 백성의 원성을 한 것이 화근이 되었다.

버려야 할 것은 냉혹하게 버려라

마키아벨리가 제7장에서 군주의 권모술수를 논하면서 이 일화를 예로 든 것은 체사레 보르자의 통치술이 간단치 않음을 보여주기 위한 것이다. 상황에 따라서는 자신의 심복마저 가차 없이 제거하는 체사레 보르자의 냉혹한 자세를 본받으라 한 것이나 다름없다.

도덕적으로 비난을 받을 수 있겠지만 군주는 상황에 따라서는 그런 일을 서슴없이 행할 수 있어야 한다는 것이 마키아벨리의 기본

입장이다. 이것이 『군주론』을 관통하는 기본 논조이기도 하다.

나관중이 쓴 『삼국연의』에도 이와 유사한 일화가 나온다. 조조가 원술袁術을 토벌하기 위해 수춘壽春을 포위했을 때 군중軍中에 양식이 부족했다. 17만 대군이 굶어죽을 판이었다. 이때 군량을 담당하는 관량관管糧官 왕후王垕가 조조에게 보고했다.

"군사는 많고 양식은 적으니 어찌해야 좋겠습니까?"

조조가 말했다.

"우선 작은 됫박인 소곡小斛으로 나눠주어 굶주림을 면하게 조치하시오."

왕후가 불안해하며 물었다.

"병사들이 반발하면 어찌합니까?"

조조가 미소를 지으며 말했다.

"그때는 내게도 생각이 있소!"

왕후는 조조의 속셈도 모른 채 조조의 명을 좇아 그대로 시행했다. 조조가 비밀리에 사람을 시켜 각 영채를 둘러보게 했다. 병사들 모두 조조가 자신들을 속인다며 크게 분개했다. 조조가 은밀히 왕후를 불러들였다.

"내가 그대에게 물건 하나를 빌려서 그것으로 군심을 진정시켜 보려고 하는데, 그대는 부디 이를 아까워하지 마시오."

왕후가 의아해하며 물었다.

"저에게 어떤 물건이 있다고 그것을 쓰려는 것입니까?"

조조가 낮은 목소리로 말했다.

"군사들에게 보여주기 위해 당신의 머리를 빌리고 싶소."

왕후가 소스라치게 놀랐다.

"저는 실로 아무 죄도 없습니다!"

조조가 말했다.

"나도 그대에게 죄가 없는 것을 알고 있소. 그러나 그대를 죽이지 않으면 필시 변이 일어나고 말 터이니 어쩔 수가 없소. 그대가 죽은 뒤 처자는 내가 잘 돌봐주도록 하겠소."

왕후가 다시 말을 하려고 하자 조조가 어느새 군사들을 불러 그를 문밖으로 끌어내 한 칼에 목을 치게 했다. 그러고는 그 머리를 장대에 높이 매달아 놓고 다음과 같은 방문을 붙여 군사들을 다독였다.

"왕후가 함부로 소곡을 사용해 군량을 도둑질했다. 군법에 의해 처단한다."

이로써 군심이 가라앉았다. 이튿날 조조는 각 진영의 장령들에게 다음과 같이 하령했다.

"3일 내로 힘을 합해 성을 함락시키지 못하면 모두 참한다!"

『삼국지』「위서, 무제기」의 배송지 주에 인용된 『조만전曹瞞傳』에도 이와 유사한 이야기가 나온다. 그러나 『조만전』은 삼국시대 당시 오나라의 무명인이 쓴 것으로, 조조의 악행에 관한 소문을 집대성해 놓은 것으로 유명하다. 훗날 사마광은 이를 터무니없는 것으로 간주해 『자치통감』에 싣지 않았다.

정사 『삼국지』의 기록에 따르면 당시 수춘성을 함락시킨 원인으로 조조의 솔선수범을 들었다. 그는 수춘성에 도착하자마자 곧바로 말에서 내려 직접 흙을 날라다 참호를 메웠다.

물론 『삼국연의』에도 조조가 흙을 날라다 참호를 메운 사실이 나오기는 한다. 그러나 이는 부수적인 것에 지나지 않는다. 조조가 간계를 구사해 애꿎은 '관량관'의 목을 베는 장면을 대서특필했기 때문이다. 백보 양보해서 『조만전』의 내용을 역사적 사실로 간주할지라도 이를 크게 탓할 것은 아니다. 군량미를 줄여서 지급하자고 제안한 당사자는 어디까지나 '관량관'이기 때문이다.

물론 조조도 자신의 최측근은 부득이하게 버린 적이 있다. 바로 그의 핵심 참모인 순욱荀彧을 내친 일이다. 『삼국연의』는 조조가 순욱을 한껏 부려먹다가 필요가 없어지자 헌신짝 버리듯 죽음으로 몰아넣은 것으로 묘사했지만, 이는 정사 『삼국지』의 병사病死 기록과 배치되는 사실이다.

정사 『삼국지』에 따르면 순욱은 내심 조조가 춘추시대의 제환공과 같은 패자로 머물기를 간절히 바랐다. 이에 대해 조조는 천하통일의 대업을 이룬 뒤 새 나라를 건국하고자 하는 웅대한 뜻을 마음 속 깊이 간직하고 있었다. 시간이 지나면서 서로 지향점이 다르다는 사실을 확인하면서 갈등이 서서히 불거지기 시작했던 것이다.

당시 조조는 중원을 평정한 후, 열후와 제장들을 모아놓고 향후 대책을 논의하게 했다. 그러자 이들은 조조의 작위를 응당 국공國公으로 올리고 구석九錫 등을 내려 그의 특수한 공훈을 표창해야 한다고 의견을 모았다. 그러자 순욱이 반대했다.

"조공이 본래 의병을 일으킨 것은 조정을 구하고 나라를 평안하게 만들고자 한 것입니다. 가슴에 충정의 성심을 담고 있고 실제로 퇴양退讓하려는 뜻을 지니고 있습니다. 군자는 덕으로써 백성을 사랑하는 것이지 이처럼 하는 것이 아닙니다."

조조가 이 이야기를 듣고 대뜸 안색이 변했다. 당시 순욱의 이런 언급은 사실 적잖은 문제를 안고 있었다. 한나라는 이미 오래 전에 통일국가의 면모를 상실하고 있었다. 모든 지역마다 군웅들이 할거해 사실상 전국시대를 방불하게 하는 상황이었다. 그런데도 순욱은 끝까지 조조가 한나라 황실에 대해 충성을 다해줄 것을 기대한 것이다. 청류 사대부의 상징인 순욱의 한계와 고집이다. 바로 이런 갈등이 순욱을 죽음으로 몰아간 배경이 되었다.

당시 조조는 순욱이 자신을 돕지 않는 것으로 여기고 내심 매우 섭섭해 하면서도 언짢은 마음을 품게 되었다. 이에 조조는 훗날 손권을 치러 나갈 때 표문을 올려 순욱으로 하여금 초현으로 가서 군사들을 위무하게 했다. 순욱이 도착하자 조조가 순욱에게 시중 및 참승상군사參丞相軍事의 자격으로 초현에 머물도록 하였다. 조조의 이런 조치는 앞으로 순욱과는 일정한 거리를 두겠다는 뜻을 담고 있었던 것이다.

조조의 군사가 유수수를 향해 진군할 때 순욱은 병을 칭탁하고 수춘에 머물러 있었다. 이때 조조가 순욱에게 먹을 것을 보내주었다. 순욱이 뚜껑을 열어보니 속에 아무것도 없는 빈 그릇이었다. 순욱은 이내 조조의 뜻을 읽고 독약을 먹고 자진했다. 이때 그의 나이 50세였다.

순욱은 행의行義가 단정하고 지략 또한 풍부한데다 늘 현사들을 추천하길 좋아하여, 당시 사람들이 모두 그의 죽음을 애석하게 생각했다. 순욱의 장남 순운荀惲이 부고를 보내 조조에게 알리자, 조조가 크게 애통해하며 후하게 장사 지내주라고 명하고 시호를 경후敬侯라고 했다. 순운이 순욱의 작위를 이어받았는데 그는 조조의 사위였다. 사마광은 『자치통감』에서 순욱의 죽음을 이같이 평했다.

"관중은 공자 규糾를 위해 죽지 않았다. 그러나 순욱은 한나라를 위해 죽었다. 순욱의 인仁이 관중보다 위에 있었다. 만일 위 무제가 황제의 자리에 올랐다면 순욱은 대업을 이룬 원훈이 되어 소하와 마찬가지의 상을 받았을 것이다. 그러나 순욱은 이를 탐하지 않고 한나라에 충성했다는 명성을 얻기 위해 목숨을 바쳤다. 이 어찌 사람의 통상적인 생각이라고 할 수 있겠는가?"

순욱의 죽음은 예로부터 많은 사람들의 논란거리가 되어 왔다. 사서의 기록에 비추어 순욱이 한실의 정신貞臣으로서 삶을 마감하고자 했다면 이는 사마광이 지적한 바와 같이 청류 사대부의 한계를 벗어나지 못했다고 할 수 있다.

삼국시대는 난세 중의 난세였다. 그렇다면 지조 높은 순욱은 한고조를 도와 최고의 공신이 된 소하와 같은 길을 걷는 것이 도리에 옳았다. 이미 천명이 끝난 후한을 붙들고 최후의 정신이 되고자 했다면 대의를 잃어버린 처신이라는 비판을 면하기 어렵다.

만일 관중이 삼국시대에 살았다면 결코 이미 천명이 끝난 한나라를 부흥시키기 위해 그토록 고집스러운 모습을 보이지는 않았을 것이다.

마키아벨리도 체사레 보르자의 레미로 참수를 유사한 맥락에서 파악했다. 공을 세운 측근을 치는 것은 도덕적 비난을 받을 만하다. 건국공신을 일거에 쳐내는 이른바 토사구팽兎死狗烹이 그런 전형에 해당하는 일이다. 그러나 이는 무턱대고 나무랄 일도 아니다. 건국 초기의 부득이한 상황을 감안할 필요가 있다. 창업주의 후계자는 건국 공신과 같은 강신强臣을 제압할 길이 없다. 자칫 찬위纂位를 당할 소지가 크다.

창업주가 당대는 물론 후대인으로부터 욕을 먹을 것을 각오하고 스스로 손에 피를 묻히는 것은 이 때문이다. 체사레 보르자도 크게 다르지 않았다. 그는 신생 군주의 전형에 해당했다. 마키아벨리가 체사레 보르자를 적극 엄호하고 나선 이유는 바로 이 때문이다.

마키아벨리의 관점에서 보면 체사레 보르자는 비록 처형 방식이 잔혹하고, 이를 정치적 목적에 이용하고자 하는 속셈이 담겨 있기는 하나, 나름대로는 부하 총독에게 지휘 책임을 물은 것이다. 이는 군주로서 당연히 해야만 할 일이다.

도덕의 잣대를 들이대 자신의 말을 충실히 좇은 측근 총독을 희생양으로 삼으면 안 된다고 주장할 수는 없다. 특히 그가 신생 군주였다는 점에서는 더더욱 그렇다. 그래서 마키아벨리는 제7장에서 그를 이렇게 변호하고 나섰다.

"문득 보위에 오른 신생 군주는 운이 문득 자신의 무릎 위에 안겨 준 것을 보존하기 위해 신속히 임기응변할 줄 아는 자질을 지니고 있어야 한다. 그렇지 않으면 즉위 후 곧바로 다른 인간이 군주가 되기 위해 쌓아올린 기반을 구축할 수 있어야 한다. 이를 제대로 대처하지 못하면 첫 번째 역경을 만나 곧바로 쓰러지고 만다."

측근을 '희생양'으로 삼은 데에는 나름 불가피한 측면이 있었음을 이해해야 한다고 주문한 것이다. "신생 군주가 나라를 다스리는 계책을 배우고자 할 경우 체사레 보르자보다 더 생생한 사례도 찾기 힘들다"고 말한 것을 보면 이런 생각을 한 것이 틀림없다. 군주의 확고한 기반은 귀족이 아닌 일반 백성의 전폭적인 지지에 기댈 수밖에 없다. 동서고금을 막론하고 절대 다수를 차지하고 있는 평민 내지 백성의 미움을 살 경우 군주는 설 자리를 잃게 된다. 마키아벨리는 이를 통찰하고 있었다.

마키아벨리가 『군주론』 제7장에서 측근 레미로를 토사구팽한 사실을 언급한 것은 종합적인 판단을 배제한 채 무턱대고 도덕적 잣대를 들이대는 잘못된 풍토를 비판하고자 한 것이다. 이는 『한비자』에서 도출된 『후흑학』의 난세 리더십이 『군주론』의 이론과 서로 긴밀히 연결되어 있음을 보여주는 대표적인 사례이다.

현대의 난세를 맞아 기업 CEO를 포함한 많은 사람들은 『한비자』와 『군주론』의 교훈을 뼈에 새길 수 있어야 한다. 과거의 잘못된 관행들과 구태의연한 사고방식은 미련 없이 버리고, 새로운 신천지를 향해 나아가지 않으면 언제 위기가 닥칠지 알 수 없다.

　언제나 위기에 대비해 준비를 마친 사람은 폭풍우가 몰아쳐도, 이를 오히려 기회로 삼아 더 앞으로 나아갈 수 있다. 하늘의 기운은 언제나 준비된 사람에게만 유용한 법이다.

마키아벨리의 삶과 사상에 대하여

1. 마키아벨리의 삶

그의 성장 과정과 죽음

마키아벨리는 1469년 5월 3일 피렌체에서 태어났다. 그가 태어날 당시 부친 베르나르도는 38세, 모친 바르톨로메아는 29세였다. 마키아벨리는 이들 부부의 세 번째 자식이고, 첫아들이기도 했다. 위로 5세와 2세 터울의 누나가 있었고, 5년 뒤에는 동생이 태어났다. 부친의 직업은 법률가라 되어 있으나 구체적으로 무슨 일을 했는지 분명하지 않다. 변호사 또는 법률고문으로 표현하고 있지만, 아마도 크게 내세울 만한 일을 한 인물이 아니었음은 분명한 듯하다.

마키아벨리의 어린 시절 이야기가 밝혀진 것은 사후 450년 뒤인 1954년 베르나르도의 일기가 발견된 덕분이다. 이 일기는 1474년에 시작해서 1487년에 끝난다. 일기에 따르면 마키아벨리는 7세 때 처음으로 교사에게 배우고, 11세 때 수학을 배웠다. 12세 때는 라틴 문학을 익혔다. 부친의 교육열은 높았으나 넉넉지 못한 살림 때문에 자식에게 충분한 교육을 시키지는 못한 듯하다. 마키아벨리에게는 그리스어에 대한 소양이 거의 없었다. 르네상스 시대의 지식인은 거의 모두 라틴어 고전 외에 그리스어 고전을 읽었다는 점을 감안할 때, 그가 받은 교육은 빈약하다고 평할 수밖에 없다.

　일기는 마키아벨리가 18세가 되던 해에 끝난다. 이후의 소식에 관해서는 알 길이 없다. 마키아벨리가 다시 세상에 알려진 것은 29세 때 피렌체 정부의 고위 관원으로 취임한 뒤부터였다. 베르나르도의 일기에는 1478년의 파치 가문의 반란 사건과 1479년의 포지 전쟁, 1492년의 로렌초 데 메디치의 사망, 1494년의 샤를 8세의 피렌체 침공 등의 4대 사건이 기록되어 있다.

　이 가운데 파치의 반란과 샤를 8세의 이탈리아 침공은 당시의 내우외환을 상징하는 사건이었다. 파치 가문은 피렌체의 명문 가운데 하나였다. 이들은 실권을 장악하고 있던 로렌초 데 메디치와 그의 아우 줄리아노 데 메디치에 대한 암살을 시도했다. 줄리아노는 피살됐지만, 형 로렌초는 가까스로 위기를 면했다.

　이 음모에는 로마의 교황과 피사의 대주교, 용병대장 등이 가담했다. 이 사건으로 피렌체에서 80명 이상의 연루자가 교수형을 당했다.

이 사건은 종전의 도덕이나 감정을 일체 용인하지 않는 냉혹한 현실을 그대로 드러낸 사건이었다. 부도덕하고 음험한 정치 현실을 그대로 드러낸 것이다. 당시 9세에 지나지 않았던 마키아벨리는 이 사건을 눈으로 보았고 귀로 들었을 것이다.

프랑스 왕 샤를 8세의 피렌체 공격은 약소국이 강대국의 침공을 받을 때 나타나는 온갖 참상을 적나라하게 보여주었다. 1494년 8월 샤를 8세가 9만 명의 군사를 이끌고 알프스를 넘었다. 그 해 9월 이탈리아 북부의 토리노에 입성했다. 10월 29일 피렌체로 진격해 약탈을 자행했다. 피렌체의 통치자인 피에로 데 메디치는 싸우지도 않고 항복했다. 피렌체에 피해를 주지 않는 조건이었다. 대신 피사와 리보르노 등의 주요 도시를 내주고 '20만 피오리노'라는 거액의 금화를 바쳐야만 했다. 성난 피렌체 백성들이 피에로를 추방했다. 이때 마키아벨리 나이는 25세였다.

당시 프랑스의 피렌체 공략은 권력의 변동과 더불어 많은 재앙을 초래했다. 농촌의 황폐화, 도시의 살육, 역질의 유행 등이 그것이다. 젊고 예민한 마키아벨리는 커다란 충격을 받았다. 『로마사 논고』에 나오는 기술이 이를 뒷받침한다. 인심은 날로 흉악해지고 도의심은 땅에 떨어졌다. 교회와 성직자들은 극도의 타락과 부패상을 드러냈다.

특히 로마 교황청의 부패는 극심했다. 교황의 선출을 둘러싸고 온갖 범죄와 협잡이 이뤄졌다. 교황 알렉산데르 6세는 교황이 되기까지 숱한 범죄를 저질렀고, 많은 사생아를 두었다. 사생아 가운데 한 사람이 바로 체사레 보르자이다. 알렉산데르 6세는 교황령을 확대할

탁월한 사람을 모방하라 – 마키아벨리처럼

요량으로 자식을 시켜 인근의 소국 로마냐를 침공하게 했다. 마키아벨리는 이를 곁에서 목격했다. 그의 관심이 피렌체를 넘어 이탈리아 전역으로 미치게 된 것은 이때부터이다.

당시 피렌체는 메디치가가 추방된 후 도미니코파 수도사인 사보나롤라가 다스리고 있었다. 사보나롤라는 도미니코파의 수도원 생활을 하다가 39세가 되는 1491년 피렌체의 마르코 수도원장으로 승격하고, 1494년 샤를 8세의 이탈리아 침공을 틈타 메디치가의 추방과 시민정부 수립을 주도했다. 프랑스군이 피렌체에 큰 피해를 입히지 않고 입성한 것을 피렌체 백성은 그의 덕분이라고 생각했다. 그가 신의 계시를 받았다고 믿었고, 그의 설교에 감동의 눈물을 흘렸다. 이를 기반으로 해서 그는 신정神政을 꿈꿨다.

이런 신정은 모든 백성이 기독교 신자다운 생활을 영위할 때 가능하다고 생각한 그의 요구는 매우 가혹했다. 사회정화를 위해 어린이 단체를 만들고 조를 짜서 동네의 풍기를 단속했다. 사치스러운 옷을 입은 통행인이나 치장한 여인을 규탄하고, 술 취한 주정꾼이나 도박사를 응징했다.

그러자 그토록 그를 열성적으로 지지했던 시민들은 그에게 등을 돌리고, 앞장서서 그를 체포해 화형대로 보내고, 죽은 시체에 돌을 던졌다. 마키아벨리는 사보나롤라의 죽음을 지켜보면서 무력을 보유하지 못한 자는 패망할 수밖에 없다는 분명한 진리를 깨달았을 것이다.

1498년 5월 23일 마키아벨리는 출근 첫날 자신의 사무실 창 너머로 시청 앞 광장을 내려다보며 화형식을 목도했다. 얼마 후 피렌체 정부는 제2서기국 서기장 후보의 명단을 작성해 '대회의'의 투표안건으로 상정했다. 당시 피렌체 정부는 외교 담당의 제1서기국과 내정 및 군사담당의 제2서기국으로 구성되어 있었다. 각 부는 서기장이 관장하고 있었다. 서기장 후보자는 모두 4명이었다. 거기에 29세의 마키아벨리가 포함되어 있었다. 여타 후보는 변론술 교수와 변호사, 공증인이었다. 무직자는 마키아벨리뿐이었다.

여기서 그는 제2서기국 서기장으로 임명됐다. 한 달 남짓 지나 제2서기국 산하 '평화와 자유의 10인 위원회' 사무장의 임무도 떠맡게 됐다. 처음부터 정부의 요직에 취임해 매우 중요한 역할을 담당했다고 해석할 수 있다. '평화와 자유의 10인 위원회'가 군사를 담당하는 만큼 마키아벨리는 사실상 외교문제도 깊이 관여하게 됐다고 보아야 한다. 그는 어떤 당파에도 가담하지 않고 자신에게 위임된 임무를 겸허히 수행했다. 덕분에 피렌체의 주요 현안은 모두 그의 손을 거쳐 처리되었다.

제1서기국 서기장인 비르질리오는 서기국의 총책임자였다. 지위는 마키아벨리보다 높았지만 사실상의 실무는 내정과 외무를 가리지 않고 마키아벨리가 모두 담당한 것으로 짐작된다. 피렌체 공화국이 무너지고 메디치가가 복귀했을 때 비르질리오는 유임되고 마키아벨리만 쫓겨난 것은 이 때문일 것이다.

당시만 해도 직업 외교관 제도가 확립되어 있지 않았다. 외교관 직책은 다분히 귀족직의 성격을 띠고 있었다. 자비 부담이 일반적이었던 까닭에 외교 실무자에게 재정지원이 빈약했다. 외국에 주재할 때 여러 차례에 걸쳐 본국에 송금을 청했다. 그의 봉급은 제1서기국 서기장에 비하면 턱없이 적었다. 더구나 공직생활 14년 동안 단 1번도 승급이 이뤄지지 않았다. 마키아벨리가 늘 가난에 시달렸다고 푸념한 배경을 대략 이해할 수 있다.

그의 외교활동 기간 중 주목할 것은 체사레 보르자와의 만남이다. 체사레 보르자의 모친은 유명한 창기였고, 부친인 교황 알렉산데르 6세는 육체와 정신에 붙을 수 있는 모든 악덕을 체현한 인물이었다. 여색을 지나치게 밝혔고, 끝없이 탐욕스러웠다.

체사레 보르자는 부친인 교황과 프랑스군의 도움을 받아 로마냐 일대에 막강한 세력을 구축했다. 이웃한 피렌체도 커다란 위협에 휩싸이게 됐다. 마키아벨리가 그를 여러 차례 찾아간 것은 이 문제를 해결하기 위한 것이었다. 이 과정에서 그는 체사레 보르자를 면밀히 관찰할 수 있었다.

당시 체사레 보르자는 막강한 군사력을 배경으로 주변의 귀족세력을 하나씩 격파해갔다. 이 과정에서 많은 귀족과 용병대장을 자기편으로 끌어들였다가 불필요하게 되면 무자비하게 제거했다.

당시 점령 치하의 영주와 용병대장 모두 내일을 기약할 수 없어 전전긍긍했다. 그리고 이들은 마침내 마조네라는 곳에 모여 '반反체사레 동맹'을 맺었다. 체사레 보르자는 짐짓 화해 제스처를 보이며 이들을 시니갈리아로 초청해서 일거에 몰살해버렸다.

마키아벨리는 이를 곁에서 지켜보며 커다란 충격을 받았을 것이다. 그러면서도 내심 분열된 이탈리아를 통일하려면 이런 무자비한 방법밖에 없다고 생각했을 것이다. 그는 한때 이탈리아의 통일을 이룰 바람직한 군주의 모습을 체사레 보르자로부터 찾았다.

마키아벨리는 이후 로마에서 다시 한 번 또 다른 모습의 체사레 보르자를 볼 수 있었다. 교황 알렉산데르 6세가 말라리아로 급사한 직후 조문사절로 갔을 때였다. 체사레는 간신히 살아남았다.

그가 자리에 누워 있는 동안 정세가 일변했다. 체사레 보르자 가문과 앙숙인 율리우스 2세가 교황으로 선출되자마자 체사레 보르자를 체포해 스페인의 한 감옥에 가둬버렸다. 이후 감옥을 탈주한 체사레 보르자는 용병대에 자원해 나발 전투를 진두지휘하다가 전사했다.

마키아벨리는 체사레 보르자의 파란만장한 삶을 곁에서 지켜본 몇 안 되는 증인 가운데 한 사람이다. 그의 비참한 최후를 목도하면서 그에게 걸었던 큰 기대는 이내 커다란 실망으로 다가왔다. 그럼에도 정치가 체사레 보르자의 행보에 대한 호평은 거두지 않았다.

당시 피렌체는 프랑스와 친교관계를 유지하고 있었다. 그러나 정세는 교황 측에 유리하게 전개되었다. 프랑스군이 이탈리아에서 축출되면서 메치디 가문의 지도자들이 재빨리 복귀를 위한 활동을 전개했다. 피렌체에서 추방된 지 18년이 지난 시점이었다.

당시 메디치 가문을 이끈 지도자는 조반니 추기경이었다. 그는 피렌체의 과도정부인 소델리니 정권의 타도와 메디치 가문에 대한 추방령 해제를 달성하고자 했다. 피렌체 안의 반정부적 귀족들을 규합해 소델리니 추방운동을 전개한 것은 이 때문이다. 종신 대통령으로 선출된 소델리니는 평소 친교가 있던 프란체스코 베토리에게 뒷일을 당부하고 떠났다.

그 다음날인 1512년 9월 1일 '대 로렌초'의 3남인 줄리오 데 메디치가 피렌체로 돌아왔다. 같은 해 11월 7일에 마키아벨리는 파면 통고를 받았다.

권력의 탈환에 성공한 메디치 가문의 지도자들은 되도록 평온하게 세력을 교체하자 했다. 마키아벨리의 상사였던 제1서기국 서기장인 마르첼로 안드레아가 유임되고, 소델리니로부터 뒷일을 부탁받은 베토리는 로마주재 대사로 발령이 났다. 이 와중에 유독 마키아벨리만 파면된 것이다.

그 이유는 무엇일까? 대략 두 가지 가능성을 생각할 수 있다.

첫째, 너무 정직하게 열심히 일을 하는 과정에서 미움을 샀을 가능성이다. 특히 메디치가와 연결된 세력의 경계심을 자극했을 공산이 크다.

둘째, 그를 비호해줄 유력한 배경이 없었기 때문일 수도 있다. 마키아벨리는 이렇다 할 집안 배경이 없었다. 남아 있는 기록에 따르면 당시 고위 관원은 대부분 명문가 또는 대학 출신이었다.

메디치가의 새 정부가 들어섰을 때 앞으로 대비해야 할 여러 계책을 건의한 것을 보면 정작 자신은 파면을 전혀 예상하지 못한 듯하다. 그는 곧바로 면직됐을 뿐만 아니라 1년 동안 피렌체 시에서 쫓겨나는 철퇴를 맞았다.

모든 지위를 잃고 피렌체 시내에서도 살 수 없게 된 그는 부득불 시골로 낙향할 수밖에 없었다. 설상가상으로 마키아벨리는 반메디치 역모 사건 연루 혐의로 투옥된 뒤 이른바 '스트라파도' 고문을 받았다. 이는 결박한 양 손목에 줄을 달아 공중에 매다는 일종의 '거꾸로 매달기'이다.

마키아벨리는 이런 혹독한 고문을 견디고 살아남았다. 훗날 교황 클레멘스 7세로 취임하는 '대 로렌초'의 3남 줄리오와 교황 레오 10세로 취임하는 '대 로렌초'의 차남 조반니 추기경에게 계속 자신의 무죄를 탄원하는 서한을 보낸 것이 주효했다. 메디치 가문의 조반니 추기경이 얼마 후 교황 레오 10세로 취임하면서 대사령大赦令을 내렸다.

마키아벨리는 비록 출소는 했지만 생활이 매우 궁핍했다. 봉급을 받을 길이 없어 가족을 부양할 길이 막연해졌다. 면직될 때 벌금을 친구들이 대납한 데 따른 큰 부채도 있었다. 출옥 당시 1년간의 추방은 해제됐기에 법적으로 시내에 거주할 자격은 있었으나 직업도 없이 시내에 살 형편이 되지 않았다. 그래서 산탄드레아에 있는 산장으로 낙향하는 수밖에 없었다. 전에는 어쩌다 한 번씩 들러 포도나 올리브를 수확하던 산장에서, 이제는 모든 식솔을 이끌고 가 생계를 유지해야 하는 처량한 신세로 전락한 것이다.

낙향할 당시 그의 나이는 43세였다. 그리고 쉬지 않고 메디치 가문에 접근해 일자리를 얻으려고 애썼다. 후대인 가운데 공화정을 쿠데타로 전복한 메디치 가문에 접근하고자 한 것을 두고 그를 비난한 사람이 적지 않다. 그러나 당시는 격변기였다. 어떤 고정된 잣대로 한 인간을 평가하는 것은 위험하다. 나아가 마키아벨리 자신은 평생 피렌체의 평화와 이탈리아의 통일을 고대했다. 메디치가의 통치일지라도 그런 목적에 부합하면 반대할 이유가 없었다.

득세한 메디치 가문의 요인을 통해 직장을 얻으려고 애쓴 그의 노력은 결국 수포로 돌아갔다. 그렇다고 메디치 가문이 마냥 모른 척한 것은 아니다. 그의 문재文才를 인정해 피렌체의 역사를 집필토록 한 것을 보면 아예 모른 척한 것은 아니다. 몇 년 동안 이런 글을 쓰며 생계를 그럭저럭 유지했다.

그러나 황제인 카를 5세의 이탈리아 침공을 계기로 피렌체 백성이 봉기해 메디치 가문을 축출해 자유의 물결이 밀려왔을 때도 그는 대접을 받지 못했다. 이번에는 교황 클레멘스 7세로 취임한 메디치 가문의 줄리오 추기경과 너무 가깝게 지낸다는 것이 이유였다. 그렇게도 바라던 공화정이 도래했는데도 그는 등용되지 못한 셈이다.

이런 실망스런 일이 벌어진 지 10일 뒤인 1527년 6월 20일 가벼운 두통과 소화불량 증세가 나타났다. 이때 자신이 만든 환약을 복용했다. 복용량이 과다했는지 다음 날 급성 복막염으로 짐작되는 병 때문에 숨을 거두고 말았다. 그의 임종은 몇 안 되는 친구와 친지들이 지켜봤다. 향년 57세였다.

　그의 시신은 산타크로체 교회의 마키아벨리 가족 예배당에 묻혔다. 그러나 돌볼 후손이 없어진 그의 묘역은 방치되어 사라지고 말았다. 그의 묘지는 18세기에 이르러 어느 영국의 신사가 세운 것이라고 한다. 묘비에는 라틴어로 '명성에 상응하는 찬사를 못 받은 사람'이라고 새겨져 있다.

　그는 죽기 2년 전인 1525년 10월 말경 가깝게 지내던 프란체스코 귀차르디니에게 보낸 서신의 서명란에 자신을 '역사가, 희극작가, 비극작가 마키아벨리'로 정의했다. 그의 저서 『피렌체사』는 역사가, 희곡 『만드라골라』는 희극작가의 자칭에 부합한다. 그는 비극을 한 편도 쓴 적이 없다. 그런데도 왜 '비극작가'를 자칭한 것일까? 이때에 이르러 생애를 돌아보면서 자신의 삶 자체가 한 편의 비극이었다는 사실을 절감했던 것은 아닐까?

『군주론』의 특징

　원래 『군주론』은 마키아벨리가 낙향했을 당시 구직을 용이하게 할 방안으로 저술한 것이다. 『군주론』의 문체가 일종의 상소문 형식으로 쓴 것은 이런 이유 때문이다. 애초의 봉헌대상은 줄리아노 디 로렌초 데 메디치였다. 당시 그의 사촌형으로서 친형으로 입양된 줄리오 추기경은 교황 레오 10세를 돕고 있었다. 레오 10세는 중부 이탈리아의 교황령에 교황 직할의 나라를 만들 생각을 품고 있었다. 이 경우 이런 대임을 맡을 사람으로 줄리오보다 더 나은 인물이 없었다. 줄리오는 자신이 총애하는 파올로 베토리를 보좌관으로 삼을 공

탁월한 사람을 모방하라 – 마키아벨리처럼

산이 컸다. 파올로 베토리는 마키아벨리의 막역지우인 프란체스코 베토리의 형이다.

마키아벨리가 파올로 베토리에게 서신을 통해 라틴어로 된『군주국론De Principatibus』필사본의 탈고 소식을 전하며 이를 직접 줄리아노 디 로렌초 데 메디치에게 전달하는 게 좋은지 여부를 물었다.『군주국론』은 마키아벨리 사후 출간된『군주론Il Principe』의 원형이다.

당시 마키아벨리는 내심 파올로 베토리가 줄리오의 보좌관으로 중용될 경우에 자신도 재차 공직자의 길을 걸을 수 있을 것이라 판단했다. 이런 여러 정황을 종합해볼 때 마키아벨리는 줄리오를 매개로 줄리아노 디 로렌초 데 메디치에게 자신의 능력을 보여줄 요량으로『군주국론』필사본을 저술한 것으로 짐작된다.

그러나 마키아벨리의 이런 구상은 1516년 3월 17일 줄리아노 디 로렌초 데 메디치가 급사하면서 무위로 돌아갔다. 헌정 대상을 후임 군주인 로렌초 디 피에로 데 메디치로 바꾼 것은 이 때문이다. 그는 일명 '대大 로렌초'로 불리는 조부 이름과 같은 까닭에 흔히 '소小 로렌초'로 불린다. 마키아벨리가 '소 로렌초'를 직접 만나서 이『군주국론』의 필사본을 헌정했는지 여부는 명확치 않다. 실제로 헌정했을지라도 읽지 않았을 가능성이 높다는 것이 전문가들의 중론이다.

공직 복귀의 꿈을 접은 마키아벨리는 문학 쪽으로 방향을 바꿨다. 이와 동시에 피렌체의 유력 가문 가운데 하나인 루첼라이 집안에서 조직한 오리첼라리 정원의 지식인 모임에 출입하기 시작했다. 당시의 토론이 바탕이 되어『로마사 논고』를 탈고하게 됐다.『로마사 논고』는 이 모임에 참석한 두 사람의 지식인에게 헌정됐다.

1518년에 저술된 그의 희곡 『만드라골라』는 공연 전에 이 모임에서 먼저 낭독되기도 했다. 1519년 '소 로렌초'가 사망하자 교황 레오 10세의 사촌이자 '소 로렌초'의 숙부인 줄리오 데 메디치 추기경이 피렌체를 다스리게 됐다. 마키아벨리는 줄리오 추기경의 도움으로 『피렌체사』를 저술하게 됐다.

이후 마키아벨리의 공직 복귀 노력이 상당한 성과를 거두게 되자 이내 피렌체 성곽 복원 작업을 위한 책임자로 임명되었다. 본격적인 공직자 생활이 다시 시작된 것이다. 그러나 국제 정세가 매우 불안했다. 1526년 5월 스페인이 로마를 점령하면서 교황 클레멘스 7세로 선출된 줄리오 추기경의 위신이 땅에 떨어졌다. 피렌체에서도 반메디치 소요가 일어나 공화정이 복귀됐다.

일각에서는 마키아벨리가 과거에 봉직했던 제2서기국 서기장으로 재임명될 것이라는 소문이 나돌았으나, 이 또한 무산됐다. 클레멘스 7세와 가깝게 지냈다는 이유 때문이었다. 마키아벨리는 이런 실망스런 사건이 빚어진 지 10여 일 뒤인 1527년 6월 21일에 숨을 거두게 됐다.

전문가들은 현존 『군주론』의 원본에 해당하는 『군주국론』 라틴어 필사본의 저술 시점을 대략 1513년 여름을 전후한 짧은 기간이었던 것으로 보고 있다. 이 책은 생전에 출간되지 못하고 그가 죽은 지 5년이 지난 1532년 로마에서 출간되었다.

그 배경과 관련해 여러 이야기가 있다. 피렌체에서 출간할 경우 반감이 적지 않았을 것이라는 분석이 가장 그럴 듯하다. 필사본의 형태로 여러 사람들 사이에 회람됐을 공산이 크다.

라틴어 필사본인 『군주국론』을 이탈리아어 『군주론』으로 바꿔 첫 출간한 사람은 로마의 출판업자 안토니오 블라도이다. 1532년 초 최초로 출간된 판본을 '블라도 본'으로 부르는 이유다. 당시 블라도는 마키아벨리가 직접 쓴 필사본을 손에 넣지 못한 상태에서 시중에 회람되던 몇 개의 필사본 가운데 하나를 입수했을 것으로 짐작된다. '블라도 본' 초판의 인쇄부수는 알려져 있지 않으나 꽤 많이 찍었을 것으로 보인다.

이후 몇 개의 판본이 나왔다. 교황 비오 4세 때 설립된 종교 재판소는 1557년 『금서 목록』을 작성한 뒤 1559년 공식 발표했다. 교황청을 공격한 이유로 『군주론』을 포함한 마키아벨리의 모든 저술이 금서 목록에 올랐다.

그럼에도 『군주론』은 다양한 판본으로 계속 발간됐다. 현대에 들어 1994년 마키아벨리 전문가인 조지오 잉글레제에 의해 정비된 '잉글레제 본'이 가장 권위 있는 판본으로 통용되고 있다.

『군주론』을 관통하는 키워드에 대해서는 사람마다 약간 다르나 대략 다섯 개로 요약할 수 있다. 프린치페Principe, 스타토Stato, 비르투Virtù, 포르투나Fortuna, 네체시타Necessità가 그것이다. '프린치페'는 군주, '스타토'는 국가, '비르투'는 자질, '포르투나'는 운명으로 번역하는 것이 간명하다. 다만 '네체시타'는 대부분 필요로 번역하면 되나, 문맥에 따라서는 시대적 요구나 시대정신을 뜻하는 시의時宜로 번역해야 하는 경우도 있다.

『군주론』의 모든 특징이 '네체시타'를 비롯한 이들 다섯 개의 키워드에 적나라하게 나타나 있다고 해도 과언이 아니다.

2. 마키아벨리의 사상

옹호론 vs 비판론

근대 정치사상을 돌이켜볼 때 마키아벨리처럼 많은 사상가들의 논의 대상이 된 인물은 없다. 오늘날 마키아벨리는 전문가들의 학술적 논쟁의 대상으로만 그치는 게 아니다. 유럽 대부분의 나라에 마키아벨리에 관한 지식이 일반인에게 널리 퍼져 있다. 이미 1930년대에 어떤 연구자가 마키아벨리와 관련해 2,100개 항목에 달하는 방대한 자료를 수집한 사실도 있다.

마키아벨리에 대한 평가는 긍정과 부정이 극명하게 엇갈리고 있다. 지난 5백여 년 동안 마키아벨리에 대한 평가는 매우 다양하다. 크게 긍정과 부정으로 나눠볼 수 있다. 부정적인 평가로는 '목적을 위한 수단의 정당화, 권력정치의 공공연한 옹호, 권모술수의 주장, 전제정치의 교사, 악의 교사, 윤리의 부정' 등이 있다. 긍정적인 평가로는 '진정한 공화주의자, 백성의 친구, 애국자, 정치의 발견자' 등이 있다.

마키아벨리는 생전은 물론 사후에도 오랫동안 호평을 받지 못했다. 16세기 이탈리아 사상가 젠틸리스A. Gentilis는 『반反마키아벨리론』을 발표했다. 보댕J. Bodin도 그의 저서에서 마키아벨리의 반종교론을 비판했다. 보댕은 정치와 종교를 분리시켜 정치를 조직의 원리로 파악하면서도 마키아벨리에 대해서는 반대론을 전개한 것이다.

당시의 실정에 비춰 마키아벨리의 종교 비판을 수용하기가 쉽지 않았을 것이다. 18세기에 들어와 프러시아 왕 프리드리히도 『반마키아벨리론』을 발표했다. 계몽군주의 입장에서 마키아벨리의 주장을 전제적 통치를 가르치는 야만적 교리로 규탄한 것이다.

그러나 마키아벨리에 대해서 반드시 부정적인 견해만 있었던 것은 아니다. 마키아벨리 찬양론자 또한 적지 않다. 17세기에 영국의 해링턴J. Harrington은 저서 『오세아나』에서 마키아벨리를 '정치학자 중의 군주', '근세의 유일한 정치학자'로 호평했다. 마키아벨리는 공화정의 주창자로도 칭찬을 받았다. 18세기 프랑스의 백과전서파 디드로D. Diderot는 자신이 쓴 '마키아벨리즘' 항목에서 '공화주의자 마키아벨리'라는 명제를 전면적으로 옹호했다. 루소J. J. Rousseau도 자신의 『사회계약론』에서 공화주의자 마키아벨리에 대한 찬사를 아끼지 않았다.

19세기에 들어서면서 마키아벨리에 대한 평가는 민족주의, 역사주의, 과학주의의 측면에서 이뤄졌다. 헤겔은 『군주론』을 두고 '지극히 위대하고 고귀한 심정을 갖춘 진정한 정치적 두뇌가 갖는 가장 위대하고 진실한 착상'이라고 극찬했다. 마키아벨리가 생존했던 역사적 상황과 연관시킨 것이다. 같은 시기 피히테J. G. Fichte 역시 『마키아벨리론』을 공표하며 마키아벨리를 역사적 상황과 관련시켜 이해할 것을 주장했다. 마키아벨리의 주장은 이탈리아의 안정과 질서의 확립에 있었다며 호의적으로 평했다.

20세기에 들어와 마키아벨리에 대한 평가는 그의 과학주의에 집중되고 있다. 마키아벨리를 과학적 인식의 시조로 평가하기 시작한 것은 이탈리아 역사학자 프란체스코 데 상티스Francesco de Sanctis이다. 그에 의하면 마키아벨리는 '있는 그대로의 모습'을 현실적으로 파악하려고 했고, 이런 입장은 획기적인 의미를 갖는다고 한다. 그는 마키아벨리를 갈릴레오에 비견되는 역사적 인물로 평가했다. 과학자로서의 마키아벨리에 대한 평가는 에른스트 카시러Ernst Cassirer가 대표적이다. 그는 이같이 평했다.

"『군주론』은 도덕적인 책도 아니고, 그렇다고 부도덕한 책도 아니다. 그것은 단순한 기술서이고, 기술서 속에서 우리는 윤리적 행위와 선악의 준칙을 찾지 않는다. 이 경우 무엇이 유익하고 무엇이 무익한지 판명하면 그것으로 충분하다."

마키아벨리의 주장에는 사악하고 위험한 점도 있으나 그것이 좋은 목적에 사용되는지 여부는 관심 밖의 일이라는 주장이다. 이는 현대의 과학주의 입장과 통한다. 카시러는 이런 입장에서 마키아벨리가 정치적 인식의 세속화에 이바지했다고 평했다. 20세기 이탈리아의 지성을 대표하는 철학자 크로체B. Croce도 유사한 견해를 피력한 바 있다.

이를 통해 마키아벨리에 대한 비난은 그의 반종교적이고 반도덕적인 주장에 집중되어 있으며, 칭송은 그의 공화주의와 애국심 및 민족주의와 과학주의에 집중되어 있음을 알 수 있다. 특히 그의 과학주의는 그를 근대정치학의 효시로 떠받드는 배경이 되고 있다.

20세기 미국의 정치철학을 대표한 시카고 대의 레오 스트라우스

Leo Strauss 역시 마키아벨리를 근대정치철학의 시조로 보는 점에서는 기왕의 많은 마키아벨리 연구자와 같다. 그러나 마키아벨리가 보여준 근대성 자체를 전통의 왜곡으로 간주하고, 현대적 위기의 근원으로 파악한 점에서는 매우 독특하다. 그의 마키아벨리에 대한 평가는 시종 날 선 비판 위에 서 있다.

마키아벨리는 근대 정치학의 효시로 평가받고 있는 것에서 알 수 있듯이 그의 사상에 대한 객관적인 평가는 매우 중요한 의미를 지니고 있다. 특히 스트라우스의 마키아벨리 비판은 마키아벨리 개인에 대한 비판으로 그치는 것이 아니라 근대 정치사상 및 현대 정치사상에 대한 중대한 도전이라는 점에서 진지한 검토를 요한다. 먼저 그가 주장하는 내용부터 살펴보기로 하자.

스트라우스가 말하는 근대 정치철학은 고전 정치철학과 구별된다. 고전 정치철학은 서양의 고대 그리스 아테네의 철학자인 소크라테스와 크세노폰, 플라톤, 아리스토텔레스에 의해 개발되었다고 한다. 이후 스토아학파와 중세의 기독교 스콜라 철학으로 연결되었다는 것이 그의 주장이다. 그의 주장에 따르면 근대의 위기는 "인간의 본질은 과연 무엇인가"를 알아낼 수 없게 만든 루소로부터 시작되었다.

이후 인간의 본질에 대한 탐구는 당위를 논하는 철학 대신 존재에 초점을 맞춘 역사에 의해 이뤄지게 되었다는 것이다. 근대 정치철학이 고전적 틀을 비현실적이며 쓸모없는 것으로 배척하는 것이 증거라 했다. 고전 정치철학은 도덕규범에 매달린 나머지 비현실적인 유토피아를 추구했다는 이유로 배척을 받는다는 지적이다.

스트라우스가 근대 정치철학의 문제점을 지나치게 현실성을 중시한 나머지 선량한 사회질서의 기준을 저하시킨 일에서 찾는 것은 이 때문이다. 이것은 마키아벨리에 대한 비판으로 그대로 이어진다.

스트라우스의 실증주의와 역사주의에 대한 비판도 이런 맥락에서 이해할 수 있다. 그는 실증주의와 역사주의를 정치철학의 본령을 훼손한 2대 적으로 지목하고 있다. 그의 주장에 따르면 실증주의와 역사주의는 근대 이후 가장 강력한 사상적 흐름에 해당한다. 실증주의는 과학적 지식만이 진정한 지식이라는 관점 위에 서 있다. 스트라우스는 자연과학을 흉내 낸 사회과학이나 정치과학이 등장한 배경을 여기서 찾고 있다. 사회과학에서 사실과 가치를 엄격히 구분한 뒤 사실의 영역만을 다루는 잘못은 바로 이들 실증주의자들로부터 시작되었다는 것이 그의 비판이다.

스트라우스는 크게 세 가지 이유를 들어 실증주의를 강력 비판하고 있다.

첫째, 가치판단을 배제한 사회현상은 연구 대상이 될 수 없다.

둘째, 가치판단의 배제는 상이한 가치체계 간의 갈등은 인간의 이성으로는 해결될 수 없다는 전제 위에 서 있으나, 이는 오산이다. 인간의 능력으로 능히 해결할 수 있다.

셋째, 근대과학에 기초한 지식이야말로 최고 형태의 지식이라는 잘못된 신념은 과학 이전의 지식을 경시하도록 만들고 있다. 이는 인간의 지성을 왜소하고 비루하게 만드는 배경으로 작용하고 있다.

그의 실증주의에 대한 이런 비판은 역사주의에 대한 비판에도 그대로 적용된다. 실증주의가 범한 잘못을 그대로 답습하고 있기 때문이라는 것이다. 그가 헤겔과 니체, 하이데거 등으로 상징되는 근대 및 현대철학의 동향을 '명상적 역사주의'로 호칭한 것은 이 때문이다. 그의 주장에 따르면 역사주의의 개척자는 『역사철학』을 저술한 헤겔이다. 그의 이런 비판은 역사철학을 넘어 이내 실증주의에 입각한 오늘날의 정치철학으로 연결된다. 그는 현대 정치철학을 마키아벨리와 연결시켜 이처럼 비판했다.

"마키아벨리의 가르침은 차라리 우아하고 섬세하면서도 다채롭다. 그러나 새로운 정치학은 그런 수준도 못 된다. 새로운 정치학은 마치 네로가 로마가 불타고 있는 동안 '기타라kithara'를 켜는 것과 닮았다. 자신이 기타라를 켜고 있다는 사실도 모르고, 로마가 불타고 있는 사실도 모를 때에 한해 용서받을 수 있는 짓이다."

스트라우스가 현대 정치철학에 이런 저주에 가까운 비판을 가한 것은 역사주의를 고전적 의미의 정치철학을 역사철학으로 대치시킨 원흉으로 지목했기 때문이다. 스트라우스가 볼 때 역사주의는 몇 가지 점에서 실증주의와 약간 다른 모습을 보이고 있다. 가장 큰 차이는 실증주의처럼 가치와 사실의 구별을 수용하지 않는 것에 있다. 이는 근대과학의 절대적인 권위를 거부하는 동시에 인류의 역사를 일직선적인 진보노선으로 간주하지 않는 시각 위에 서 있다.

스트라우스는 이런 입장에 설 경우 자칫 운명론에 빠질 위험이 크다고 경고하고 있다. 유태인 출신인 그가 독일에서 나치즘이 등장한 배경을 역사주의에서 찾고 있는 것도 이런 비판과 무관하지 않을 것이다.

스트라우스는 현대사회가 직면하고 있는 여러 심각한 위기도 실증주의와 역사주의의 이런 잘못에서 비롯됐다고 본다. 인간의 삶 등에 대한 궁극적인 목표를 상실한 데 따른 결과라는 것이다. 오늘날 정치철학을 대신한 사회과학이나 정치과학이 실증주의와 역사주의에 함몰된 나머지 공산주의를 제대로 비판하지 못하고, 자유민주주의에 대해 건설적인 비판도 못하고 있는 점 등이 논거로 제시되었다. 그는 "공동체 성원에게 허용해서는 안 되는 모든 것을 허용하는 사회는 조만간 그 관용성을 상실하고 지구에서 사라지게 될 것이다"라는 경고를 내놓았다. 실증주의와 역사주의가 목적의식을 상실한 채 정치철학 자체를 위태롭게 만든 부작용이라는 지적이다.

그가 볼 때 실증주의와 역사주의는 자유민주주의를 여러 이데올로기 가운데 하나로 바라볼 뿐이다. 나아가 다른 이데올로기보다 우월한 진리와 정의를 간직하고 있는 것도 아닌 까닭에 특별한 신념도 가질 필요가 없게 된다. 목적과 가치에 대한 무관심 속에 허무주의가 더욱 만연해가는 이유를 실증주의와 역사주의에서 찾은 이유다. 그가 고전정치철학의 부활을 역설한 것도 이런 맥락에서 이해할 수 있다.

그의 이런 주장은 나름 일리가 있기는 하나 전적으로 옳은 것은 아니다. 이는 그의 마키아벨리에 대한 비판에도 그대로 적용할 수 있다. 기본적으로 스트라우스는 마키아벨리를 '악덕의 스승'으로 간주했다. 『군주론』을 비롯한 마키아벨리의 작품을 '악령이 도사린 팸플릿'으로 폄하했다. 심지어 그는 마키아벨리가 종교와 도덕을 배척하고, 덕성을 삶의 기준으로 삼을 것을 거부했다는 것을 들어 '악마의 대가'로까지 매도했다.

그의 저주에 가까운 이런 비판은 1958년에 펴낸 『마키아벨리의 사상Thoughts on Machiavelli』에서 현대의 정치학자들에 대한 비판으로 이어진다. 마키아벨리 사상이 내재하고 있는 사악함을 알지도 못한 채로 맹목적으로 답습하고 있다는 이유에서이다. 마키아벨리가 남긴 반종교적이고 반도덕적인 해독을 전혀 눈치채지 못하고 있다는 것이다.

그는 마키아벨리가 "사람은 과연 어떻게 살아야 하는가" 하는 당위 문제를 논제로 삼지 않고, "사람은 과연 어떻게 살고 있는가"라는 존재 문제를 논제로 삼은 까닭에 정치의 기준을 크게 저하시켰다고 비판했다. 현실을 예리하게 분석해서 새로운 사실을 찾아낸 것이 아니라 현실을 서술하는 새로운 기술을 구사했을 뿐이고, 그 기술 또한 결코 칭찬할 것이 없다는 것이다. 스트라우스가 마키아벨리는 '통치술의 스승'은 될지언정 결코 근대적 의미의 과학자가 될 수 없다고 비판한 것은 이 때문이다.

스트라우스는 많은 학자들이 마키아벨리를 공화주의자로 평가하

탁월한 사람을 모방하라 – 마키아벨리처럼

는 것에 대해서도 불만이다. 마키아벨리를 공화주의자로 평하는 학자들은 통상『로마사 논고』을 논거로 들고 있다. 겉만 보면 메디치 가문에 봉헌된『군주론』과 일반 시민에게 바쳐진『로마사 논고』는 그 내용을 달리한다. 전자는 군주정을, 후자는 공화정을 옹호하고 있기 때문이다. 이에 대해 스트라우스는 이같이 비판하고 나섰다.

"겉만 보면『군주론』에는 군주와 폭군의 구별도 없고, 공동선이나 양심에 관한 언급도 없다. 이에 반해『로마사 논고』에는 군주와 폭군의 구별도 있고, 공동선과 양심에 관한 언급도 있다. 그렇다고 마키아벨리의 의도가『로마사 논고』과 같다고 속단해서는 안 된다. 마키아벨리는 본질적으로 같은 내용을 두 책을 통해 서로 다른 견해에 입각해 제시한 것일 뿐이다.『군주론』은 현실의 군주,『로마사 논고』는 미래의 잠재적 군주를 위해 봉헌된 것에 지나지 않는다."

마키아벨리를 '군주주의자'로 못 박은 것이다. 스트라우스는『군주론』의 마지막 장인 제26장을 예로 들고 있다. 마키아벨리의 진의는 자신이 최고의 군주가 될 수 있음을 자부하고 있음에 지나지 않는다는 것이다.

스트라우스는 마키아벨리가 애국자라는 주장에 대해서도 비판을 가하고 있다. 마키아벨리가 겉으로만 애국자의 모습을 보였을 뿐 그 내막을 보면 이 또한 하나의 포장에 지나지 않는다는 것이다. 이는 마키아벨리가 죽을 때까지 이탈리아의 통일을 염원하는 등 편집에 가까운 조국애를 보였다는 통설을 정면으로 반박한 것이다. 마키아벨리의 관심은 인간의 조건 및 세상사에 관한 보편적인 원리를 탐구하는데 있었던 까닭에 그가 보여준 조국애는 부수적인 것에 불과하다는 것이 스트라우스의 지적이다.

　이상 간략히 살펴본 것처럼 스트라우스의 현대 정치철학과 사회과학 등에 대한 비판은 사실 마키아벨리에 대한 비판에서 출발한 것임을 대략 짐작할 수 있다. 나름 일리 있는 지적이기는 하지만, 대전제에 해당하는 마키아벨리에 대한 비판이 너무 한쪽으로 치우쳐져 있다는 지적을 면하기 어렵다. 그래서 많은 학자들이 그의 이런 비판에 크게 반발하고 나섰다. 대표적인 예로 스트라우스의 역사주의 비판이 프랑스의 헤겔 연구가인 코제브A. Kojeve와 이른바 '헤겔 논쟁'을 유발한 것을 들 수 있다.

　스트라우스의 마키아벨리에 대한 비판은 크게 두 가지 점에서 적잖은 문제를 안고 있다.

　첫째, 스트라우스는 마키아벨리가 근대철학의 시조일 뿐만 아니라 고전철학과의 단절을 가져온 '악덕의 스승'이라고 규정하고 있으나 이는 지나친 것이라는 지적이다. 객관적으로 볼 때 고전철학의 전통은 이미 그전에 기독교 신학의 등장으로 단절되었다. 스트라우스는 이에 대해 침묵을 지키고 있다. 고전철학과의 결정적인 단절은 여러 세기에 앞서 이미 교부철학자인 아우구스티누스에 의해서 이뤄졌다는 것이 중론이다. 스트라우스의 주장이 고전철학에 기독교 교리를 덧씌운 것이라는 지적을 받는 것은 이 때문이다.

　둘째, 스트라우스의 마키아벨리론에 대한 비판은 정치철학 및 정치사상의 발전을 간과한 것이다. 스트라우스는 비록 마키아벨리를 깊이 연구했다고는 하나 진정한 의미의 연구라기보다는 자신의 이데올로기를 증명하기 위한 수단의 성격이 짙다는 지적이 나오는 것도 이 때문이다. 스트라우스는 소크라테스와 플라톤을 위시해 현대의 하이데거에 이르기까지 폭넓게 다루고 있다. 그럼에도 개별적인 인물에 대해서는 연구가 미흡하다는 지적을 받고 있다.

나아가 그는 마키아벨리를 비판하면서 근대 정치철학의 잘못을 지적하고 있으나 고전 정치철학의 구체적인 내용에 관해서는 입을 다물고 있다. 그가 말하는 고전 정치철학과 고전의 전통은 단순한 수사에 불과한 것 아니냐는 비판을 받고 있다.

스트라우스가 이런 지적을 받는 것은 기본적으로 기독교 전통에 대해 침묵을 지키고 있기 때문이다. 스스로 기독교 신자임을 밝히지 않은 채로 '고전철학' 운운하며 마키아벨리를 비판하고 있다는 것이다. 객관적으로 볼 때 그의 마키아벨리 비판은 기독교 정신에 함몰된 편향된 비판이라는 지적을 면하고 어렵다. 이 때문에 그는 학자라기보다는 실행력이 없는 이론가라는 의미로 '이데올로그'라는 혹평을 받고 있기도 하다.

민주주의 vs 공화주의

마키아벨리의 『군주론』은 출간 때부터 커다란 논란거리였다. 셰익스피어는 '살인적인 마키아벨리', 레오 스트라우스는 '악덕의 스승' 등으로 폄하했다. 이에 반해 스피노자와 루소는 '공화주의의 대변자'라며 높이 평가했고, 20세기 최고의 지성인으로 일컬어진 한나 아렌트는 서양의 사상사를 마키아벨리 전후로 나눌 정도로 극찬했다. 포폄褒貶이 극명하게 엇갈리고 있는 것이다.

21세기 현재에도 별반 다를 것이 없다. 이는 기본적으로『군주론』에 대한 해석의 차이에서 비롯된 것이다. 과연『군주론』을 어떻게 바라보는 것이 옳은 것일까?

지난 2013년 마키아벨리의『군주론』집필 500주년을 기념한 학술행사가 한국을 비롯한 전 세계에서 동시다발적으로 열렸다. 이를 기념이라도 하듯 관련 서적이 우후죽순으로 쏟아져 나왔다. 마키아벨리의『군주론』만큼 지속적인 논쟁을 불러온 책이 그리 많지 않다는 반증이기도 하다. 이는 크게 두 가지 이유에서 비롯된 것이다.

첫째,『군주론』의 독창성 때문이다. 정치철학자 이사야 벌린I. Berlin은 "마키아벨리의 독창성은 아무리 강조해도 지나치지 않다"고 칭송하고 있다. 마키아벨리 생존 당시만 해도 기독교 교리가 모든 것을 지배했다.

이런 상황에서 마키아벨리는 기독교 윤리가 아닌 인간의 현실적인 정치 영역에서 효능을 가질 수 있는 윤리를 찾으려 했다. 도덕 영역과 구분되는 정치의 독자성이나 자율성을 찾은 점에서 그는 최초의 근대 정치철학자에 해당한다는 것이다.

홉스가 기독교의 가정과 정신세계를 벗어나지 않는 범위 안에서 자신의 논의를 전개했다는 점을 감안하면, 마키아벨리는 그보다 더 근대적이고 더 급진적이며 더 혁명적인 사상가였다는 것이 벌린의 평가이다.

둘째, 『군주론』의 숨은 의도 때문이다. 일찍이 루소는 마키아벨리의 '숨은 의도'를 언급한 바 있다. 그는 자신의 저서 『사회계약론』 3권 6장에서 『군주론』의 가치가 피상적인 독서로 인해 희생되었다며 "마키아벨리는 자신이 진정으로 말하고자 하는 바를 『군주론』의 곳곳에 숨겨 놓았다"고 했다. 그 '숨은 의도'를 들여다볼 수 있어야만 『군주론』이 왜 공화주의자의 서적이고 군주가 아닌 백성을 위한 것인지를 이해할 수 있다는 것이다. 현대에 들어와 스키너를 비롯한 케임브리지학파가 이런 입장을 견지하고 있다. 마키아벨리는 정치를 권력 게임이나 자기 이익의 추구로 본 것이 아니라, 시민적 덕을 중심으로 정치 공동체를 건설코자 했다는 것이다. 공화주의자로 규정하고 나선 셈이다. 이게 현재의 통설이다.

이런 통설에 정면으로 반기를 들고 나선 대표적인 인물로 시카고 대의 존 맥코믹J. McCormick을 들 수 있다. 그는 2011년에 펴낸 『마키아벨리식 민주주의Machiavellian Democracy』에서 케임브리지학파의 주장과 정반대로 마키아벨리는 '공화주의자'라기보다는 '민주주의자'에 더 가깝다는 주장을 내놓았다. 지난 2014년 초 고려대 명예교수 최장집도 제자인 박상훈이 번역한 『니콜로 마키아벨리 군주론』의 서문에서 맥코믹 등의 주장을 자세히 소개하며 이에 적극 동조하고 나섰다. 과연 어느 쪽 주장이 타당한 것일까? 최장집과 박상훈의 주장부터 간략하게 살펴보자.

이들은 『군주론』에 나오는 '네체시타'를 '불가피성'으로 풀이한 뒤 프루덴차prudenzia를 '실천적 이성'으로 해석하면서 '비르투' 내지 '포르투나'에 버금하는 『군주론』의 키워드로 내세웠다. '프루데차'를 키워드로 내세운 최초의 사례에 해당한다. 박상훈은 그 배경을 이같이 설명하고 있다.

"제대로 된 신생 군주는 '네체시타'가 요구하는 과업을 실천적 이성인 '프루덴차'을 통해 이해하고, 운명의 힘인 '포르투나'에 수동적으로 굴복하는 대신 인간의 기본 덕성인 '비르투'로 그 과업을 완수하는 자이다."

『군주론』에 나오는 '프루덴차'는 말 그대로 분별력이나 사려思慮의 뜻에 지나지 않는다. 이는 전국시대 말기 제자백가 사상을 종합한 순자가 난세를 타개하는 요체를 예치禮治에서 찾으면서 구체적인 방안으로 '사려'를 언급한 것과 같은 것이다. 최장집과 박상훈처럼 칸트가 사용한 '실천적 이성'이라는 거창한 번역어를 택할 이유가 하등 없다는 이야기다. 이들의 주장은 마키아벨리를 '공화주의자'가 아닌 '민주주의자'로 규정하기 위해 억지 해석이라는 지적을 면하기 어렵다. 그럼에도 최장집은 '프루덴차' 개념에 입각해 '민주주의자로서의 마키아벨리'를 이같이 역설하고 나섰다.

"한국에서 이상주의·도덕주의의 전통은 민주화 이후 민주주의를 이해하는 방법과 그 실천의 내용 속으로 깊숙이 침윤되면서 정서적 급진주의를 창출하고, 민주주의를 급진화하는 원천으로 작용해왔다. 현존하는 갈등을 부인하고 존재하지 않는 통합을 강조하면서 결과적으로 갈등 조절에 실패하고, 국민들을 냉소주의나 급진주의로 몰아넣었다. 케임브리지학파의 공화주의적 해석이든, 매코믹으로 대표되는 민주주의적 해석이든 마키아벨리의 전부를 말하는 것이 아니라는 점이 중요하다. 마키아벨리 이론의 전모는 민주주의적 통치체제를 구성하는 이론과 실천이, 변증법적 상호관계를 통해 하나로 통합되고 동시에 그 통합이 동태적으로 결합하는 '정치적 실천 행위의 영역'에 위치할 때 정확히 파악할 수 있다. 마키아벨리의 위대함이 여기에 있다."

　나름 일리 있는 분석이기는 하지만 마키아벨리 사상을 '민주주의적 통치체제'로 한정시켜 바라보며 마키아벨리를 민주주의자로 단정한 것은 지나친 것이다. 이는 케임브리지학파의 마키아벨리를 두고 '귀족주의적 공화주의자'로 곡해했다고 비판한 맥코믹의 잘못을 답습한 것이다. 케임브리지학파는 마키아벨리를 결코 '귀족주의적 공화주의자'로 파악한 적이 없다. 이들은 마키아벨리를 두고 '시민적 덕을 핵심 가치로 삼아 정치공동체를 건설하고자 한 공화주의자'로 평가했을 뿐이다. 맥코믹과 최장집 모두 마키아벨리를 '민주주의자'로 규정하기 위해 입맛에 따라 문장과 구절을 잘라 해석하는 단장취의斷章取義를 행했다는 지적을 면하기 어렵다.

　마키아벨리는 『군주론』 제9장에서 모든 도시에는 귀족에게 예속당하는 것을 원치 않는 백성과 백성을 끝없이 지배하고자 하는 귀족의 기질이 병존한다고 진단한 바 있다. 이런 상황에서 군주는 권력을 유지하기 위해 귀족보다는 백성과 더 친화적인 관계를 유지할 필요가 있다는 것이 마키아벨리의 기본입장이다. 백성이 절대 다수를 점하고 있기 때문이다. 이는 백성을 적으로 돌릴 경우에는 권력 상실의 위기를 맞을 수밖에 없다는 분석에서 나온 것이다. 소수의 귀족은 적대관계를 이룰지라도 백성과 친화적인 관계를 유지하기만 하면 큰 위협이 되지 않는다는 것이 마키아벨리의 생각이다. 그런 점에서 최장집의 다음 진단은 나름 일리가 있다.

"마키아벨리가 말하고자 한 바는 군주와 백성의 권력 강화가 양립가능하고, 공존의 권력관계를 발전시킬 수 있다는 데 있다."

『군주론』 제20장의 "모든 요새 가운데 최고의 요새는 백성의 증오를 사지 않는 것에 있다. 군주가 아무리 많은 요새를 갖고 있을지라도 백성의 증오를 사면 그 어떤 요새도 군주를 구하지 못한다"는 구절도 같은 취지의 말이다. 마키아벨리가 도덕과 구분되는 정치의 독자성을 역설한 것도 이런 맥락에서 이해할 수 있다. 그는 정치 행위의 정면만을 바라본 플라톤과 달리 그 반면도 들여다 볼 것을 역설했다. 그가 『군주론』에서 권력의지와 권력을 본질로 하는 현실정치의 세계를 가감 없이 기술한 배경이 여기에 있다.

마키아벨리보다 1백여 년 뒤에 등장한 홉스의 『리바이어던 Leviathan』이 기독교의 정신세계를 벗어나지 못한 점을 감안하면, 마키아벨리야말로 최초의 근대인이자 혁명가에 해당한다. 중국의 초대 사회과학원장을 지낸 궈모뤄郭沫若는 문화대혁명의 광풍이 불던 당시 공자를 '봉건 반동의 괴수'가 아닌 '봉건 타도의 혁명가'로 평가한 바 있다. 봉건적인 신분질서를 타파하고자 한 공자의 혁명가로서의 자질을 높이 평가한 것이다. 마키아벨리도 같은 맥락에서 이해할 수 있다. 그는 '군주주의자'이자 '공화주의자'였고, 동시에 '민주주의자'였다. 어느 한쪽 면만 집중 부각시켜 보는 것은 잘못이다.

객관적으로 볼 때 마키아벨리는 주어진 현실 속에서 최상의 해법을 찾고자 한 대표적인 현실주의자였다. 그렇다고 그가 '꿈'을 포기한 것은 아니었다. 이탈리아 통일을 넘어 로마제국의 영광을 재현코자 한 것이다. 그러나 이는 플라톤의 '철인왕'과 마르크스의 '지상천국'과 같은 '비현실적인 꿈'이 아니라 인간이 노력하기만 하면 능히 달성할 수 있는 '실현 가능한 꿈'이다. 현실에 굳건히 발을 내디딘채 '실현 가능한 꿈'을 제시한 마키아벨리를 두고 '민주주의자' 또는 '공화주의자'로 못 박는 식으로 어느 한쪽 면만 집중 부각시키는 것은 잘못이라는 이야기다. 이는 마키아벨리가 국가와 백성의 상호관계를 통찰한 것에 따른 당연한 결과이기도 하다. 마키아벨리는 국가와 그 구성원인 백성의 본질을 다음과 같이 파악했다.

첫째, 백성 모두 이익을 향해 무한 질주하는 이른바 호리지성好利之性을 지니고 있다. 군거群居 생활을 영위하는 인간은 사회공동체 내지 국가공동체를 유지하기 위해 부득불 혈통 또는 능력에 따른 치자와 피치자의 존재를 인정할 수밖에 없다. 마키아벨리가 치자인 귀족은 백성을 부리거나 억압하고자 하고, 피치자인 백성은 이에 저항하고자 한다고 지적한 것은 이 때문이다. 각자 자신에게 유리한 쪽으로 매사를 결정하고자 하는 '호리지성'을 지적한 것이다. 성악설을 주장한 순자 및 한비자의 인성관人性觀 내지 민성관民性觀과 맥을 같이 한다.

둘째, 사회 내지 국가공동체는 공동체를 유지하기 위해 공공선公共
善, bene comune 내지 공공질서公共秩序, ordine publica 등을 내세우며 법
률 등의 강압 조치를 통해 개개인의 '호리지성'을 제약할 수밖에 없
다. 이를 방치할 경우 홉스가 지적한 것처럼 사회 또는 국가공동체
는 곧 '만인의 만인에 대한 투쟁'으로 해체될 수밖에 없다. 소크라테
스와 플라톤을 비롯해 마키아벨리 이전에 등장한 서구의 모든 철학
자들은 하나같이 이상적인 도덕정치를 통해 호리지성의 충돌에 따
른 개인과 공동체의 딜레마를 해결하고자 했다. 묵자와 맹자가 인의
仁義로 상징되는 덕치德治로 해결하고자 한 것과 비슷하다.

그러나 정치를 도덕규범이나 종교 교리의 세속적 실천으로 접근
하면 할수록, 정치에 대한 올바른 이해는 더욱 요원해지고 도덕과
종교 또한 타락의 길을 걸을 수밖에 없다. 마키아벨리가 제15장에서
정치를 종교 내지 도덕규범과 엄히 구별한 것도 이 때문이다.

"'사람들이 어떻게 살고 있는가' 하는 문제와 '사람들이 어떻게 살
아야 하는가' 하는 문제는 너무 거리가 멀다. '사람들이 무엇을 해야
하는가' 하는 문제에 매달려 '사람들이 무엇을 하고 있는가' 하는 문
제를 소홀히 하는 자는 자신의 보존보다 파멸을 훨씬 빠르게 배우게
된다."

제25장에서 운명의 여신은 기껏 인간 행동의 절반가량만 지배할
뿐이므로 그 어떤 역경이 닥칠지라도 인간은 자유의지libero arbitrio와
'비르투'를 통해 이를 헤쳐 나갈 수 있다고 말한 것과 같은 맥락이다.

마키아벨리가 나라를 유지하는 핵심장치로 법제와 군대를 언급한 것은 바로 이 때문이다. 순자와 그의 제자 한비자가 각각 예치禮治와 법치法治를 역설한 것과 취지를 같이한다.

　사상사적으로 볼 때 마키아벨리 사상은 제자백가 사상을 집대성한 순자와 한비자의 사상과 사뭇 닮아 있다. 순자와 한비자는 군주를 존중하는 존군尊君과 백성을 사랑하는 애민愛民을 토대로 예치와 법치를 주장했다. 플라톤이나 마르크스처럼 '비현실적인 꿈'을 추구한 묵자와 맹자 등과 달리 현실에 뿌리를 내린 채 '실현 가능한 꿈'을 제시한 점에서 마키아벨리와 취지를 같이한다. 춘추전국시대에 전개된 백가쟁명百家爭鳴의 논점은 여기에 있다. 한나 아렌트가 칭송했듯이 서구의 지성사는 마키아벨리를 기점으로 그 전과 후로 나뉜다고 평할 수 있다. 그만큼 위대하다. 마키아벨리는 동서고금을 뛰어넘는 '초세超世의 위대한 사상가'이다.

마키아벨리는 중국어로 '마치야웨이리馬基雅维里'이다. 중국에서는 이를 줄여서 '마옹馬翁'이라고 표기한다. 셰익스피어를 '사스비야莎士比亞'로 읽으면서 '사옹莎翁', 나폴레옹을 '나포룬拿破崙'으로 읽으면서 '나옹拿翁'으로 줄여서 표현하는 것과 같다. 서양의 역대 인물 가운데 이런 약칭을 지니고 있는 사람은 그리 많지 않다. 마키아벨리가 중국에서 그만큼 유명한 인물이라는 이야기다. 실제로 중국인들은 마키아벨리를 춘추전국시대에 활약한 제자백가의 일원처럼 간주한다. 그리고 중국의 예화를 많이 넣은 것도 같은 취지에서 비롯된 것이다. 해당 일화를 보면서 독자들은 난세의 논리에는 동서고금의 차이가 없다는 사실을 실감할 것이다.

현재 대다수 전문가들은 마키아벨리가 남긴 여러 작품 가운데 최고의 대표작으로 단연 『군주론Il Principe』을 꼽는다. '마옹'은 기본적으로 정치를 윤리 · 도덕의 잣대로 재단하는 것을 거부했다. 정치는 어디까지나 현실이고, 이는 주어진 현실에서 최선의 선택을 하는 하나의 과정으로 파악했기 때문이다. 『군주론』제18장에서 군주는 사자의 위엄과 여우의 지혜를 동시에 지녀야 하고, 때로는 악행도 저지를 준비가 되어 있어야 한다고 했다. 당시의 사상계를 장악하고 있던 기독교적 세계관에서 볼 때 이는 지축을 뒤흔드는 충격에 해당했다. 『군주론』이 출간 즉시 교황청의 금서 목록에 오른 것은 바로 그래서였다.

역사는 마키아벨리가 예언한 대로 흘러갔다. 현실에 발을 붙이고 잔혹하다는 악평을 들은 군주는 성공하고, 이상을 추구하며 인자하다는 호평을 받은 군자는 실패한 역사가 이를 증명하고 있다. 그럼에도 오랫동안 사람들은 이를 애써 무시했다. 도덕적 비난을 받는 것을 두려워했기 때문이다. 서구 열강을 중심으로 한 제국주의가 하나의 세계적 사조로 통용되는 19세기 후반에 들어와 『군주론』이 새삼 각광을 받기 시작한 것이다.

그러나 21세기 현재까지도 마키아벨리에 대한 오해는 지속되고 있다. 마키아벨리즘을 간교한 정략 내지 모략으로 해석하는 풍토가 그렇다. 학계도 크게 다르지 않다. 지난 1973년에 작고한 시카고 대의 레오 스트라우스는 마키아벨리를 두고 '악덕의 스승'이라 폄하하고 있다. 『군주론』을 비롯한 마키아벨리의 작품을 '악령이 도사린 팸플릿'으로 폄하한 일은 거의 저주에 가까웠다. 그나마 다행인 것은 21세기에 들어와 그의 이런 악평에 동조하는 학자가 지극히 적어졌다는 점이다. 『군주론』의 가르침이 세상에 던지는 울림이 그만큼 크다는 반증이기도 하다.

정작 마키아벨리 자신을 보면, 그는 결코 마키아벨리스트도 아니었고, 마키아벨리즘의 인생을 보낸 것도 아니다. 오히려 정반대로 그는 평생 동안 그는 대단히 성실한 삶을 살았다. 공직에 종사할 때 청빈하게 살았고, 외세에 휘둘리는 피렌체 공화국의 정변으로 인해 공직에서 물러난 후 매우 곤궁한 삶을 살았다. 도중에 모반 혐의로 구속되어 모진 고문을 받기도 했다.

그러나 그는 결코 굴하지 않았다. 자신의 농장에서 농부처럼 일하며 생계를 이어가면서도 작업이 끝나면 깨끗한 관복으로 갈아입고 서재로 들어가 플라톤 등 고전 속의 선현과 진지한 대화를 이어갔다. 그 결과물로 나온 것이 바로 『군주론』이다. 『군주론』이 21세기 현재 많은 사람들로부터 플라톤의 『국가론』보다 더 큰 관심과 사랑을 받는 것도 이런 그의 삶의 태도와 무관하지 않을 것이다.

『군주론』은 매우 다양하고도 풍부한 내용을 다루고 있다. 군주와 신민臣民은 말할 것도 없고, 국가와 정체, 군사외교와 동맹, 전쟁과 전략, 운명과 자유의지 등에 관한 논제가 모두 있다. 모두 21세기 G2 시대에 그대로 적용할 만한 것들이다.

필자가 본서를 펴낸 것도 이 때문이다. 경제 전쟁의 최전선에서 맹활약하고 있는 글로벌 기업의 CEO를 비롯해 각 분야의 오피니언 리더가 나름의 '난세 리더십'을 정립하는 데 조금이나마 도움이 되었으면 하는 바람이다. 삼성의 창업주인 고 이병철 전 회장이 밝혔듯이 그 역시 『군주론』을 통해 기업과 기업 CEO의 존재 의미를 확립했다. 그의 기업보국企業報國이란 철학도 여기서 나왔다.

목도하는 바와 같이 현재는 미국과 중국이 천하의 패권을 놓고 한 치의 양보도 없이 치열한 다툼을 벌이는 천하대란의 시기이다. 그 한복판에 한반도가 있다. 『군주론』은 난세를 헤쳐 나갈 온갖 지략을 가득 담고 있다. 제자백가 사상을 전공한 필자가 마키아벨리에 관심을 가진 이유는 이 때문이다.

예나 지금이나 절박하면 기모기책奇謀奇策이 나오는 법이다. 춘추 전국시대에 전개된 제자백가의 백가쟁명百家爭鳴은 그래서 나온 것 이다.

『군주론』도 똑같다. 마키아벨리가 활약할 당시의 이탈리아 혼란상 은 춘추전국시대와 아무런 차이가 없었다. 마키아벨리가 볼 때 조국 이탈리아의 통일과 로마제국 영광의 재현에 대한 염원이 그만큼 절 실했다.『군주론』이 춘추전국시대에 나온 제자백가서와 다를 바 없 는 이유다.

제자백가와 마키아벨리 모두 치세와 난세의 치국평천하 이치가 엄연히 다르다는 사실을 통찰했기 때문에 나온 것이다. 군주의 고독 한 결단과 강력한 추진력 등을 중시한 것도 똑같다.『군주론』은 서양 에서 난세의 군주 리더십을 논한 고전 가운데서도 압권이다. 객관적 으로 볼지라도 서양의 역대 사상가 가운데 마키아벨리만큼 난세를 깊숙이 연구한 학자는 없다.

이 책에는『남다르게 결단하라 - 한비자처럼』에 등장하는 같은 구 절들을 볼 수 있을 것이다. 그것은 난세를 연구한 책 가운데 이 둘은 너무도 유사하기 때문이다. 두 사람은 난세를 통찰한 면에서 너무도 서로를 닮았다. 두 책은 한 쌍으로 놓고 읽어야 할 것이다. 또한 『한비자』와 『마키아벨리』 모두 세기를 뛰어넘어 살아 숨 쉬는 고전이다. 고전은 한 번 읽고 책장에 넣어둘 것이 아니다. 언제나 가까이 두고 깊이 읽어야 그 참뜻을 이해할 수 있다. 하나의 일화에서도 수많은 교훈을 동시에 얻을 수 있으며, 읽을 때마다 새로운 통찰을 주기 때문에 고전으로 남은 것이다. 많은 사람들이 고전에 담긴 지혜로 지혜롭게 난세를 헤쳐 나가기를 바라는 마음이다.

2015년 봄
학오재學吾齋에서 저자 쓰다.

부록

마키아벨리 연표

서기	나이	주요 사건
1453	-6	백년전쟁이 종식됨.
1454	-5	로디 평화조약에 의해 1494년까지 이탈리아 내에서 세력균형이 이뤄짐.
1469	0세	5월 3일, 피렌체 시에서 법률가 베르나르도 디 니콜로 마키아벨리와 부인 바르톨로메아 디 스테파노 넬리 사이에서 장남 니콜로가 태어남.
1476	7세	마테오에게 라틴어 초급을 배움.
1477	8세	산베네데토 교회의 바티스타 포피에게 라틴어 문법을 배움.
1480	11세	수학을 배우기 시작함. 부친 베르나르도가 1년 전부터 유행한 페스트에 걸렸으나 기적적으로 회복함.
1481	12세	파올로 다 론칠리오네로부터 라틴어 작문을 배움.
1486	17세	부친 베르나르도가 장서인 티투스 리비우스의 『로마사』를 제본함. 이때 니콜로가 이 책을 애독한 것으로 보임.
1500	31세	5월 9일, 아버지 베르나르도가 죽음. 5월 10일, 전선시찰위원을 따라 피사

전선으로 감. 피사전선에서 프랑스 지원군을 관찰하며 불신감을 가짐. 이 무렵 『피사 전쟁론』을 저술함. 7~12월, 루이 12세와 피사 문제를 논의하기 위해 프랑스로 감. 당초 프란체스코 델라 카사의 보좌역으로 파견됐으나 그가 병에 걸려 도중에 귀국한 까닭에 니콜로 홀로 프랑스 각지를 돌아다님. 이때 루이 12세의 고문인 루앙의 추기경과 만나 루이 12세를 비판함.

1501 32세 마리에타 코르시니와 결혼함. 이후 6명의 자녀를 두게 됨. 이해 12월 체사레 보르자를 수행해 체세나와 시니갈리아로 감.

1502 33세 11월 8일, 장남 베르나르도가 태어남.

1503 34세 1월 체사레 보르자의 궁정으로부터 돌아옴. 이해 4월 시에나의 군주 판돌포 페트루치에게 파견됨. 10~12월 로마로 파견돼 알렉산데르 6세의 죽음을 지켜보며 율리우스 2세의 선출을 참관함. 이때 체사레 보르자의 실각을 목도함.

1504 35세 1~2월 루이 121세의 궁정에 2번째로 파견됨. 7월 판돌포 페트루치에게도 2번째로 파견됨. 10월, 차남 루도비코가 태어남. 이해에 3행시 형식의 『10년사』를 써서 알라마노 살비아티에게 헌정함. 이해에 아라곤의 페르난도가 나폴리 왕국을 탈환함.

1505 36세 4월, 페루자에게 파견돼 피렌체에서 반란의 우려가 있는 발리오니와 회담함. 용병의 폐지와 국민군 창설을 진지하게 생각함. 12월, 니콜로가 피렌체의 시민군을 재건하기 위해 제안한 계획이 잠정적으로 승인됨.

1506 37세 1월 피렌체 북쪽의 무겔로에서 시민군의 충원에 협조함. 이때 교황 율리우스는 중부 이탈리아 정복을 위해 피렌체에 용병 파견을 요구함. 8월 말, 이 문제를 절충하기 위해 두 번째로 교황청에 파견됨. 교황을 수행해 비테르보에서 오르비에토, 페루지아, 우르비노, 체세나, 이몰라 등지를 순방함. 이해 12월, 니콜로가 마련한 초안에 기초해 국민군 창설 법령이 비준됨. 대위원회가 9인의 시민군 위원회를 창설하고 니콜로를 비서로 임명함.

1507 38세 피렌체 국민군 창설에 전념함. 4월, 제노바 내란을 계기로 루이 13세가 이탈리아를 침공함. 황제인 막시밀리안 1세도 피렌체에 남하 비용으로 5만 플로란을 요구함. 8월, 피렌체의 부담금을 줄이기 위해 시에나로 파견되어

황제 사절과 만남. 12월 17일, 다시 교섭을 위해 황제를 좇아 나섬. 이후 제노바, 인스부르크, 토렌토 등지를 5개월 간 여행함.

1508	39세	6월 황제의 궁정에서 돌아옴. 『독일의 상황과 황제에 대한 논고』를 씀.
1509	40세	국민군 일에 전념함. 루이 12세가 베네치아를 격파함.
1510	41세	6~9월, 루이 12세 궁정에 3번째로 파견됨. 피렌체가 교황과 프랑스 왕 가운데 어느 쪽을 좇을 것인지 결정할 때까지 시간을 끄는 게 임무였음.
1511	42세	프랑스 궁정에 4번째로 파견됨. 루이 12세와 피사에서 종교회의 개최를 계획하고, 교황 율리우스는 신성동맹으로 대항함. 피렌체는 중립을 지킴. 9월 10일부터 44일 간 프랑스 사절로 파견됨.
1512	43세	4월 12일, 라벤나의 싸움에서 프랑스군이 신성동맹연합군을 격파했으나, 가스통 드 푸아가 전사한 까닭에 퇴각함. 피렌체는 위협을 받게 됨. 8월 29일, 스페인군이 프라토를 약탈함. 9월 1일, 피에로 소데리니가 피렌체를 떠나자 공화정이 해체됨. 같은 날, '대 로렌초'의 3남 줄리오가 귀환함. 이해 11월 7일, 마키아벨리가 장관직에서 쫓겨나고, 사흘 뒤 피렌체 거주 금지의 명령을 통고받음.
1513	44세	2월 13일, 핑트로 파올로 보스콜리의 반메디치 음모가 발각되고, 니콜로가 이에 가담한 혐의로 기소돼 스틴케 감옥에 투옥됨. 2월 20일, 율리우스 교황이 죽고 3월 15일, 조반니 데 메디치가 교황 레오 10세로 즉위함. 4월 1일, 새 교황의 취임 기념 사면으로 출옥하여 피렌체에서 7마일 떨어진 산탄데르아Sant' Andrea에서 사실상의 유배생활을 시작함. 7~12월, 4개월 동안 『군주론』 초고를 집필함. 『로마사 논고』 전반부도 이때 쓰기 시작함.
1514	45세	11월 4일, 3남 피에트가 태어남.
1515	46세	코시모 루첼라이가 주재하는 피렌체 내 오리첼라리 정원Orti Oricellari의 토론모임에 출입하기 시작함. 이해에 『로마사 논고』를 루첼라이에게 헌정함. 이때 그는 이 책이 루첼라이의 간청에 의해 집필되었음을 암시하면서 본격적인 저 술에 나섬.
1517	48세	『로마사 논고』를 탈고함. 이 무렵 루터가 종교개혁의 기치를 듦.

1518	49세	4월, 피렌체 무역상의 의뢰를 받고 돈을 징수하기 위해 제노바로 감. 희곡 『만드라골라』, 『황금 당나귀』, 『미완』 등을 저술함.

1520 51세 6월, 피렌체 정부에서 채권징수 사절로 루카로 가라는 명령을 받음. 루카의 사정을 조사하다 카스트루치오 카스트라카니 다 루카에게 흥미를 갖게 됨. 『전술론』과 『카스트루치오 카스트라카니의 생애』를 집필함. 우화 『벨파고르』가 이 무렵 완성됨.
11월 8일, 피렌체 정부로부터 피렌체 역사의 집필을 위촉받고 『피렌체사』를 쓰기 시작함. 추기경 줄리오 데 메디치로부터 피렌체에 부합하는 정치체제에 관한 자문을 받고 『로렌초 사후의 피렌체 사정』을 저술함. 피렌체에서 『만드라골라』가 상연되어 호평을 받음. 이해부터 실각 전의 수입보다 반이나 더 많은 수입을 올리게 돼 형편이 호전됨.

1521 52세 4월 13일, 소데리니로부터 서신으로 용병대장 프로스페로 콜론나의 비서관이 되어달라는 부탁을 받음. 수입이 4배나 되는데도 피렌체를 떠나기 싫어 거절함. 추기경 줄리오 데 메디치의 부탁으로 카르피에게 가서 피렌체의 프란체스코 수도회 독립을 위해 운동했으나 성공하지 못함. 도중에 모데나에서 프란체스코 귀차르디니를 만남. 12월 교황 레오 10세가 사망. 1519~1520년에 쓰기 시작한 『전술론』이 출간됨.

1523 54세 9월 14일, 전년에 취임한 교황 하드리아누스 6세가 사망. 11월 19일, 추기경 줄리오 데 메디치가 교황 클레멘스 7세로 취임함. 이에 피렌체의 보호자를 잃고 재차 고향으로 낙향함. 이해에 오리첼라리 사교모임의 반메디치 음모가 발각되어 프란체스크 다 디아체토는 처형되고 자노비 본델몬티는 도주함.

1525 56세 1월 13일, 희곡 『클리치아』를 저술함. 로마 주재 교황청 피렌체 대사 베트리의 알선으로 클레멘스 7세를 찾아가 국민군 창설의 필요성을 역설했으나 빈손으로 귀국함.
6월, 로마냐의 귀차르디니를 찾아가 자신의 군사사상을 피력함. 8월 19일, 양모조합 의뢰로 베네치아로 감.

1526 57세 5월 18일, 새로 설립한 제2서기국 산하 '평화와 자유의 10인 위원회' 사무장 자리도 떠맡게 되어 국방문제에 전념함. 이해 9월, 로마 귀족 콜론나 가문에서 반교황 폭동을 일으키고 로마 시내를 약탈함. 콜론나 가문을 후원

하는 신성로마 황제군의 위협에 대처하기 위해 크로모나와 볼로냐 일대를 뛰어다님. 『피렌체사』 수필본이 클레멘스 7세에게 헌정됨. 『만드라골라』를 보완함.

1527 58세 4월, 피렌체로 돌아옴. 5월 16일, 메디치 정권이 전복되고 공화국이 성립함. 새 정부가 치비타 베키오에 있는 니콜로에게 해고를 통고하자 실의 속에 귀국함. 6월 21일, 며칠 동안 병상에 누워 있다가 숨을 거둠. 이튿날 산타 크로체 성당에 묻힘.

1531 +4 『로마사 논고』가 사후 출간됨.

1532 +5 『군주론』과 『피렌체사』가 사후 출간됨.

1559 +32 교황청이 『군주론』을 비롯한 마키아벨리의 모든 저작을 금서목록에 올림.